+.A..c.13.7.

CONSERVATOIRE

DES

SCIENCES ET DES ARTS.

TOME PREMIER.

CONSERVATOIRE

DES

SCIENCES ET DES ARTS,

OU

RECUEIL DE PIECES INTÉRESSANTES

Sur les Antiquités, la Mythologie, la Peinture, la Musique, l'art et la théorie de l'action théatrale, les Belles-Lettres, la Philosophie, &c.

TRADUIT DE DIFFÉRENTES LANGUES.

avec 42 planches en taille-douce.

TOME PREMIER.

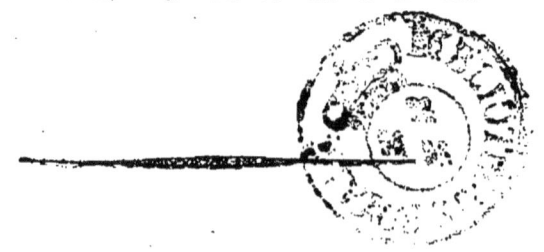

A PARIS,

Chez DETERVILLE, Libraire, rue du Battoir, n° 16, quartier de l'Odéon.

TABLE
DES MATIÈRES,
Contenues dans ce Volume.

Des différentes manières de représenter Vénus dans les Ouvrages de l'Art; par M. Heyne. pages 1

Des distinctions véritables & supposées qu'il y a entre les Faunes, les Satyres, les Silènes & les Pans; par M. Heyne. 61

De l'origine & de la nature des différentes espèces de Fables & de Romans; par M. Beattie. 93

Lettre sur la Peinture-Musicale; par M. Engel. 247

L'Art du Comédien doit-il être rangé parmi les Arts-Libéraux; par M. Lessing. 279

Plaute & Saint-Jérôme; par M. Lessing. 293

Est-il permis d'outrer les caractères dans la Comédie; par M. Lessing. 296

De la Comédie larmoyante ou sentimentale; par M. Lessing. 304

TABLE DES MATIÈRES.

Notice fur le Chevalier Martin Behaim, célébre Navigateur Portugais, avec la defcription de fon Globe Terreftre; par M. de Murr. page 317

Réflexions générales fur le Goût; par M. Kuhls. 364

De L'Humour. 375

Fin de la Table des Matières.

AVERTISSEMENT.

LE brillant succès qu'eut dans le tems le *Journal Étranger*, a fait regretter son interruption aux amateurs des Belles-Lettres & des Beaux-Arts. Le Recueil que nous offrons au Public, & dont nous nous proposons de donner chaque année quatre volumes, n'est pas destiné à remplacer ce Journal si justement célébre. Notre ambition se borne à faire connoître nombre de productions intéressantes, perdues pour les Lecteurs François qui ne possédent pas les langues étrangères. Si notre travail obtient leur suffrage, ils pourront faire des rapprochemens utiles de ce que des Savans étrangers ont pensé & écrit sur des points relatifs aux Antiquités, aux Beaux-Arts,

AVERTISSEMENT.

aux Belles-Lettres & à la Philosophie, avec ce qui en est dit dans les ouvrages nationaux qui traitent des mêmes sujets. Nous ferons aussi attentifs à mettre une variété agréable dans le choix des pièces, qu'à les traduire avec la plus scrupuleuse fidélité, afin de rendre les idées de chaque Auteur, & de le montrer tel qu'il est. Jaloux de remplir ce double objet, nous n'avons que ce seul titre pour réclamer la confiance & l'encouragement du Public, dans une entreprise uniquement destinée à lui ouvrir de nouvelles sources de plaisir & d'instruction.

# DES DIFFÉRENTES MANIERES
DE
REPRÉSENTER VÉNUS
DANS LES OUVRAGES DE L'ART;
PAR M. HEYNE,

Conseiller de Sa Majesté Britannique, & Professeur à l'Université de Gottingue.

TRADUIT DE L'ALLEMAND.

L'ACADÉMIE royale des Inscriptions & Belles-Lettres de Paris, a proposé pour sujet du prix de la S. Martin de 1775 : « Quels furent les noms & les » attributs divers de Vénus chez les diffé-» rens peuples de la Grèce & de l'Italie; » quelles furent l'origine & les raisons » de ces attributs; quel a été son culte; » quels ont été les statues, les temples, » les tableaux célèbres de cette divinité, » & les artistes qui se sont illustrés par » ces ouvrages » ? Un mémoire de M. Larcher (1) a remporté le prix,

---

(1) *Mémoire sur la déesse Vénus.* — Par M. Larcher. 1776. — 8º.

& une dissertation de M. l'abbé de la Chau (1) a obtenu l'accessit : l'un & l'autre sont imprimés. Tout ce qui se trouve de Vénus dans les ouvrages de mythologie a été rapporté suivant les tables des matières & des noms dans le premier ouvrage. Le second paroît approcher davantage du but que la fondation de ce prix semble indiquer ; car il est dû à la générosité du comte de Caylus. Il y a grande apparence que cet amateur éclairé, en cherchant à faire expliquer & constater les points intéressans & obscurs de la mythologie, a voulu la rendre plus utile pour l'intelligence des monumens antiques. M. l'abbé de la Chau s'est plus occupé des manières de représenter Vénus dans les ouvrages de l'art, que n'a fait M. Larcher ; mais il paroît qu'il n'en a pas assez connu, & qu'il ne les a examinés que superficiellement, sans fonder sur des principes certains les jugemens qu'il en a portés. Un essai pour déterminer avec plus de précision les manières dont les anciens & les mo-

---

(1) *Dissertation sur les Attributs de Vénus.* — 1776. — 4°.

dernes ont traité ce fujet, ne peut donc être regardé comme une entreprife abfolument inutile.

Parmi les antiquaires, on entend parler fans ceffe d'une *Vénus de Médicis*, *Anadyomene*, *Cnidienne*, *Pontia*, *Marina*, *aux bains*, *Victrix*, *Genitrix*, *Uranie*, *&c.*; mais d'une manière fi confufe & fi indéterminée, qu'on emploie fouvent plufieurs noms pour défigner la même antique. Cette confufion dans les idées a pris naiffance à l'époque où l'on commença à reftaurer les antiques, fans connoître fuffifamment le coftume & l'efprit des anciens artiftes dans l'exécution de leurs ouvrages. Les antiquaires fuivants s'arrêtèrent aux idées reçues, fans les apprécier par une faine critique. Gori augmenta la confufion, lorfqu'il eut à expliquer une Vénus qui étoit la plus célèbre dans fon genre, fur-tout à cette époque. On devinera facilement que je veux parler de la Vénus de Médicis : il en fit une Vénus Cnidienne, Marina, Anadyomene, &c. En partant de cette idée, on a reftauré avant & après lui ; & l'on trouve aujourd'hui une grande quantité d'antiques bonnes

& mauvaises, qui doivent repréfenter une Vénus de Médicis, & qui, pour la plupart, le font devenues par la main du reſtaurateur. La majeure partie de ces figures étoient des torſes de ſtatues de femmes, ſans aucune détermination précife ; d'autres étoient de ſimples portraits de belles femmes ; d'autres encore étoient au moins des Vénus, mais ſans aucuns attributs, que l'artiſte reſtaurateur y ajouta, en créant de cette manière une Vénus de Médicis, ou une Vénus Vitrix, Uranie, &c. Ainſi, de toutes les ſtatues reſtaurées dans les tems modernes, on ne peut rien apprendre de ſûr ni de poſitif ſur les différentes manières dont les anciens ont repréfenté cette déeſſe.

Depuis que la Vénus de Médicis, comme la plus connue & la plus célèbre dans ſon genre, a offert aux artiſtes la manière la plus commune de repréfenter cette déeſſe, on eſt dans l'uſage d'y rapporter un très-grand nombre de repréſentations ; & chaque Vénus nue ou à demi-drapée, eſt appellée une Vénus de Médicis. A la rigueur, cela pourroit ſe dire de toutes celles dont l'attitude eſt entièrement semblable, quoiqu'il ne soit rien moins que démontré, que la Vénus de Médicis est l'original de la manière de représenter une Vénus nue, tenant une main devant le sein & l'autre devant les parties du sexe. Il est possible que cette statue, ainsi que beaucoup d'autres qui lui ressemblent, soient des copies d'un original inconnu ou perdu; on prétend même que cette statue n'est absolument que le portrait d'une jolie femme, exécuté d'après l'idéal d'une Vénus. Quant à l'idée de l'artiste, il paroît que son application à une Vénus Anadyomene est absolument manquée. Comment est-il possible de la prendre pour une Vénus sortant de la mer, puisque ses cheveux sont nattés & arrangés avec tant de grace (1)?

Le dauphin avec les deux amours, font un attribut général de Vénus, que l'artiste a substitué avec adresse au

___

(1) Je ne remarquerai pas ici que les oreilles sont percées pour y attacher des perles. Cela tient uniquement à la mode, que le caprice de l'artiste, ou une dévotion outrée avoient établie. Lampride dit, *cap.* 50 d'Alexandre Sévère, qu'il a consacré à Vénus deux belles perles, dont un ambassadeur lui avoit fait présent : *Inauribus Veneris eos dicavit.*

tronc destiné à affermir la ſtatue. Combien de fois ne trouve-t-on pas Vénus repréſentée de la même manière, avec un vaſe à côté d'elle, ſur lequel on voit une draperie? C'eſt, ſans contredit, une Vénus ſortant du bain, qui, ſurpriſe au moment qu'elle va s'habiller, n'a pas encore perdu le ſentiment de la pudeur virginale. On remarque la même idée & le même caractère dans la Vénus de Médicis; l'âge s'y rapporte auſſi, car la déeſſe eſt repréſentée dans la première jeuneſſe. Qu'on ſe rappelle la deſcription poétique de Winkelmann : « C'eſt une roſe qui, » après une belle aurore, s'épanouit » doucement au lever du ſoleil; elle » entre dans cet âge où les vaiſſeaux » commencent à s'étendre, où le ſein » prend de la conſiſtance : elle n'eſt » plus ce qu'on appelle une jeune fille; » mais ſon corps n'a pas non plus encore » atteint tout ſon développement (1) ».

Si l'on vouloit conteſter la ſortie du bain, il reſte cependant démontré que c'eſt une Vénus nue qui a de la pudeur. L'antiquité même en jugeoit ainſi. Qu'on

---

(1) Winkelmann, *Hiſtoire de l'art*, L. IV, ch. 2.

se rappelle les beaux vers d'Ovide (1), où il dit qu'on ne voit même jamais Vénus nue, qu'avec la partie inférieure du corps retirée en arrière & couverte d'une main. La suppofition la plus naturelle feroit de la prendre pour Vénus qui fe préfente devant Pâris, juge de la beauté. Elle a, fans doute, affez d'attraits pour cela, fur-tout par fa pudeur virginale : cependant je n'ai rien trouvé dans les anciens qui femble prouver que cette Vénus nue ait fervi à rappeller la manière dont cette déeffe a montré fes charmes à Pâris (2).

J'ignore quel eft le premier des anciens artiftes qui a repréfenté Vénus de cette manière, quoiqu'il foit parlé de plufieurs ftatues de cette déeffe avec le nom même des plus célébres ftatuaires. Malheureufement on ne trouve nulle part une indication précife de la pofition & de l'attitude de ces ftatues. Il eft probable que des

---

(1) Art. II, 613, *Ipfa Venus pubem*, QUOTIES VELAMINA PONIT, *Protegitur læva femireducta manu.*
—— Les auteurs de la *Defcription des Pierres gravées du cabinet de M. le duc d'Orléans*, ont fait la même remarque au fujet de l'expreffion *Semireducta manu.* V. le T. I. p. 138, n. 5. *Note du Traducteur.*

(2) A moins que d'appliquer ici une épigramme de l'Anthologie Grecque, IV, 12, pag. 463 : *Ni*

copies de toutes les manières adoptées à cet égard par les anciens artiftes font parvenues jufqu'à nous ; mais on ne peut rien établir de certain d'après des ftatues uniques en leur genre. Outre les deux Vénus de Praxitèle, & une autre en bronze de cet artifte, tranfportée par la fuite à Rome, & placée dans le temple de la Félicité, on mettoit au rang des ouvrages du premier mérite la Vénus

---

Praxitèle, ni l'acier ne t'ont faite; mais tu es ici comme devant Pâris. Il faut remarquer cependant que ce petit poëme concerne la Vénus Cnidienne. M. de Scheyb croit, avec Koremon, (*De la nature & de l'art dans la peinture, la fculpture, l'architecture & la gravure*, T. II, p. 12,) que la modeftie de la Vénus de Médicis paroît plutôt indiquer une Hélène d'après Zeuxis, ou une Pallas, qu'une Vénus ; parce qu'il eft à préfumer que celle-ci fe fera préfentée à Pâris avec plus de hardieffe. Cette dernière obfervation eft fort bonne ; car après l'exemple donné par Junon & Pallas, qui fe dépouillèrent de leurs vêtements, la modeftie ne devoit plus avoir lieu pour Vénus, & moins encore, fi elle s'eft montrée telle que Coluth la repréfente ; c'eft-à-dire, « Qu'elle-même arracha fes » vêtements, & découvrit fon fein, en déliant fa » ceinture ». Voyez *Coluth, page* 151 *& fuiv.* Cependant cette ftatue ne peut pas repréfenter Pallas ; & nous ne connoiffons, ni ne trouvons nulle part rien de femblable d'Hélène ; mais on fait pofitivement que Vénus a été repréfentée de cette manière ; & le certain doit ici l'emporter fur ce qui n'eft que probable, ou feulement poffible.

de Cephissodore, fils de Praxitèle (1); la Vénus de Phidias, en marbre, d'une beauté rare (2), & placée dans les portiques d'Octavie; la Vénus de Scopas (3), qui se trouvoit dans le temple de Mars, près du cirque de Flaminius hors de Rome : cette dernière étoit nue, & on la préféroit même à celle de Praxitèle. Ce n'est que la Vénus de Scopas, dont la Vénus de Médecis puisse avoir été, à mon avis, la copie.

Il se trouvoit aussi une Vénus de Philisque à Rome, dans le temple de Junon, qui faisoit partie des portiques d'Octavie; & dans le temple contigu de Jupiter, une Vénus au bain, de Polycharme (4). Je n'ai pas encore fait mention de la Vénus d'Alcamènes, placée à Athènes, dans l'endroit nommé *les Jardins* (5); car elle ne fut pas

---

(1) Pline XXXVI, sec. 4, 6. Elle étoit alors placée à Rome, dans les monumens d'Asénius Pollion.
(2) Pline XXXVI, sec. 4, 3.
(3) Pline XXXVI, sec. 4, 7, *Præterea Venus in eodem loco nuda Praxiteliam illam antecedens & quemcunque alium locum nobilitatura.*
(4) Pline XXXVI, 5, sect. 4, 10.
(5) Τ'εν Κηποις *Vid.* Pausan. I, 19. Pline XXXVI, §. 4, 3. La Vénus qu'Agoracrite de Paros exécuta en concurrence avec Alcamènes, & qu'il changea

transportée à Rome. Pausanias la vit encore à sa première place. Le sein, les bras & les mains étoient les plus belles parties de cette statue. Une autre de marbre de Paros, exécutée par Phidias, se trouvoit encore, à la même époque, dans le temple de Vénus Uranie à Athènes (1); ainsi elle ne ressembloit pas à celle qui étoit à Rome ; non plus qu'une troisième Vénus de Phidias, placée à Elis (2), qui étoit d'or & d'ivoire : la draperie probablement en or couvroit le corps travaillé en ivoire. On ne peut nullement parler ici des manières de représenter cette déesse relativement à son culte (3). Vénus étoit pour l'artiste l'idéal de la beauté du sexe, accompagnée de tous ses charmes,

---

ensuite en Némésis, retenoit probablement sa robe relevée devant son sein, ainsi qu'on le voit dans d'autres figures dont il sera parlé ci-après. *Vid.* Winkelmann, *Histoire de l'Art*, L. *VI*, chap. 2.

(1) Pausan. I, 14, p. 36 ; ainsi M. Larcher se trompe, page 73.

(2) Ibid. VI, 25, p. 515.

(3) On en trouve quelques-unes sur des médailles ; comme la Vénus de Paphos, de Berytus, & celle d'Aphrodisium dans le Museum de Médicis, T. 72, 1. Sur une médaille de Gordien, & sur une autre de Sal. Barb. Orbiana, épouse d'Alexandre Sévère, chez Maffei, *Verona illust.* P. III. p. 235.

qu'il cherchoit à rendre par une attitude avantageufe, ainfi que par une action & une expreffion convenables.

A la vérité, le nom de l'ancien artifte Cléomènes, fils d'Apollodore, d'Athènes, dont Pline cite les Mufes Thefpiades (1), fe trouve à la Vénus de Médecis; mais il eft démontré que cette infcription eft fuppofée. Gori s'en eft long-tems occupé; mais je pafferai fous filence tout ce que lui, Richardfon & Winkelmann en ont dit.

Il faut convenir que la Vénus de Médicis fe trouve fur des médailles: comme fur celle de Julia Domna de la ville d'Ulpia Sardica, dans la Moëfie (2), & fur une autre de la ville d'Apollonie en Epire (3); mais cela ne fuffit pas pour indiquer la trace qui pourroit faire découvrir le premier auteur de cette idée.

―――――――――

(1) Pline, XXXVI, 5, fect. 10. Il faut qu'il y ait eu un tems où l'on a fingulièrement abufé du nom de cet artifte. A Wiltonhoufe, dans la collection du comte de Pembrock, il y a quatre morceaux avec fon nom: une Euterpe, une Amazone, un Faune & un Amour; cependant M. Kennedy ne s'avife pas de douter de la vérité de ces infcriptions.

(2) Frælich, *Tentam. Rer. num.* p. 253.

(3) Theupoli *ant. Numifm.* T. II, p. 950, & deffinée dans les *Statues della libr. di S. Marco*, p. 111, ad. n. 19.

Selon l'opinion commune, la Vénus de Médicis ne peut être que la Cnidienne, c'eſt-à-dire, le chef-d'œuvre de Praxitèle en marbre, qui vint à Cnide, & qui valut à cette ville ſa célébrité & le concours des étrangers (1). Nous ſavons poſitivement que cette Vénus avoit un air riant, qu'elle étoit nue, & qu'elle couvroit les parties du ſexe de ſa main gauche (2); mais, autant que je le ſache, il ne ſe trouve ni dans Lucien, ni dans l'Anthologie, où il y a cependant une ſuite d'épigrammes peu ſpirituelles ſur la Vénus Cnidienne, ni ailleurs, aucune notion ſur le reſte de ſon attitude. On s'eſt imaginé que la Vénus de Florence eſt celle qui ſe trouvoit à Cnide; car de cette ville elle doit avoir été tranſportée à Conſtantinople, & de-là il étoit facile, a-t-on peut-être penſé, de la conduire à Rome. Suivant Cedrenus, elle doit avoir été placée dans le palais

---

(1) Pline XXXVI, 5, ſect. 4, 5.
(2) Lucien *Amor.* 13. Elle eſt toute nue, dit-il, excepté qu'avec une main elle couvre à peine les parties, πλην ὁσα τη ἑτερα χειρι την αιδω λεληθοτως επικρυπτειν. Si j'entends bien le ſens de ce paſſage, j'y trouve la preuve que l'autre main ne couvroit pas le ſein.

de Lausi à Constantinople (1); mais je n'ai aucune confiance dans les assertions des auteurs de ces tems-là & de ce genre. Il est possible qu'il y ait eu une Vénus, même dans l'attitude de la Cnidienne; mais que ce fut la statue de Cnide, cela exige un meilleur témoignage. Quand même cette notice seroit plus digne de croyance qu'elle ne l'est, on peut y opposer que le grand incendie qui, sous Léon I, en 462, détruisit les trois quarts de la ville & la grande bibliothèque impériale, avec une infinité d'anciens ouvrages de l'art, a pu endommager la Vénus Cnidienne, ainsi que le Jupiter Olympien. Les auteurs que je connois ne parlent pas positivement de ces ouvrages, mais ils indiquent en détail les quartiers & les places de la ville qui furent la proie des flammes, & dans ce nombre est le palais de Lausi (2).

Théodore Siegfried Bayer a écrit une longue dissertation sur la Vénus

---

(1) Cedren. p. 322.

(2) Voyez Zonares, *Annal.* XIV. p. 50; B. Cedren. *Hist. comp.* 348; Evagrius, *Hist. eccles. Lib. II*, c. 13, & *ibid.* Valois.

Cnidienne (1), pour prouver qu'une statue placée dans une grotte du jardin impérial, près le palais d'été à Péterfbourg, repréfente cette déeffe : elle diffère de la Vénus de Médicis par la pofition & la tête, & cependant l'attitude en eft la même. Mais la chofe n'eft pas démontrée, parce que les médailles des Cnidiens prouvent le contraire; car on y voit, à la vérité, une Vénus nue, mais qui de la main droite couvre les parties du fexe, & tient de l'autre fon vêtement étalé fur un vafe placé à côté d'elle. Une femblable fe trouve fur le médaillon de Plautille, femme de Caracalla, dans la collection du roi de France, & fur un autre cité par Haym (2). La circonftance qu'il y a un Efculape à côté de Vénus,

---

(1) *In Comment. Acad. Petrop.* T. IV. p 259. Cette differtation eft écrite avec beaucoup d'art & de connoiffances de l'antiquité.

(2) Vaillant *Numifm. Gr.* p. 102. La première fe trouve dans Spanheim : *De ufu & præft. numifm.* T. II, p. 296; l'autre, dans Haym, *Teforo Brit.* T. II, t. 16, 3, p. 245; répétée dans la differtation de M. l'Abbé de la Chau, p. 71 ; toutes deux dans Gefner, t. 150, n. 46, 47. Au refte, on ne voit que des têtes de Vénus fur les médailles des Cnidiens.

me paroît être une flatterie adroite pour Caracalla & fa femme. Cependant on pourroit objecter que la Vénus repréfentée fur ce médaillon, peut être une autre que celle dont il a été queftion jufqu'ici, puifqu'on ne voit pas la néceffité que les Cnidiens aient dû employer précifément la Vénus de Praxitèle fur leurs médailles. De plus, nous favons, par les premières pages de Paufanias, que les Cnidiens avoient trois temples de Vénus : le premier & le plus ancien étoit confacré à Vénus Doritis; le fecond, bâti fur le promontoire, à Vénus Acréenne; & le troifième à la Vénus qu'on appelloit particulièrement la Cnidienne. Les Cnidiens eux-mêmes la nommoient Eupléenne. Mais ce ne feroit qu'un cercle vicieux dans la difcuffion; car c'eft feulement fur des conjectures, & non fur des notions certaines, qu'eft fondée cette prétendue manière de repréfenter la Vénus Cnidienne. Cependant nous en trouvons une fur les médailles des Cnidiens, qui doit avoir exifté chez eux; on peut donc foutenir, avec beaucoup de vraifemblance, que c'eft précifément celle qui a rendu leur ville fi célèbre. La dénomination d'une Vénus Cnidienne paroît être devenue générale ensuite, de forte qu'on s'en est servi pour chaque Vénus placée dans la même attitude. Pareillement, lorsqu'il est question, en plusieurs endroits, d'une Vénus de Praxitèle, il ne faut pas toujours croire qu'il s'agit d'un ouvrage des mains de cet artiste (1).

La seconde Vénus de Praxitèle, placée à Cos, étoit drapée ; les habitans de Cos la préférent à la première, parce que, suivant la remarque de Pline (2), la nudité de cette statue leur parut indécente (3). Elle étoit aussi de marbre.

La Vénus Anadyomene, d'Apelle proprement dite, ce tableau si célèbre, placé d'abord dans le temple d'Esculape à Cos, et transporté ensuite par Auguste dans celui de Vénus Génitrix à Rome (4), étoit une Vénus essuyant ses cheveux. Les épigrammes con-

___

(1) Etienne de Byzance dit qu'à Alexandrie, ville de la Carie, il y avoit une Vénus de Praxitèle. C'étoit sans doute une copie ; du moins aucun autre écrivain n'en a fait mention depuis.

(2) Pline, XXXVI, 5, 4, §. 5.

(3) Pline, XXXV, 36, 15.

(4) Ovid. IV, de P. 1, 30. *Æquoreo madidas quæ premit imbre comas.*

nues,

nues, indiquent qu'elle tenoit ses cheveux *des deux mains* (1), & son attitude doit avoir été à-peu-près semblable à celle que l'on voit sur quelques pierres gravées (2). Il se trouve un bas-relief à Rome (3), qui représente Vénus assise sur une coquille supportée par deux Tritons : l'Amour lui présente un miroir. Les figures en sont très-mal groupées ; celle de Vénus est sans grace ; il paroît cependant que c'est une copie de la Vénus Anadyomène d'Apelle. L'artiste doit néanmoins y avoir fait quelques changemens ; car le tableau ne représentoit qu'une figure à mi-corps. On remarque quelque différence dans l'expression d'une petite figure mal dessinée, qui se trouvoit autrefois dans la collection de M. Wilde (4). Les cheveux en sont arrêtés par un bandeau ; ce qui se voit aussi à une petite figure de bronze d'Hercula-

---

(1) Dans le quatrième livre de l'*Anthologie Grecque*. La douzième est traduite par Ausone, Epigr. 106, *Ut complexa* MANU *madidos salis æquore crines humidulas spuma stringit* UTRAQUE *comas*.

(2) Gravelle, *Recueil de pierres grav.* T. I, t. 25 ; Lippert, *Dactylioth. Mill.* I, 1, 96, II, 1, 88, 89.

(3) *Admiranda Romæ*, n. 30.
(4) De Wilde, t. 22.

B

num (1). Une autre petite figure de bronze, publiée par le comte de Caylus, doit de même repréfenter cette Vénus (2). Mais il faut l'avouer, on y cherche vainement les charmes de cette déeffe, quoiqu'il paroiffe cependant qu'elle empoigne fes cheveux humides.

On doit regarder comme un changement de l'idée d'Apelle, lorfque Vénus effuie fes cheveux avec une feule main (3); mais alors cette idée eft appliquée à une Vénus fortant du bain, laquelle eft drapée & tient un miroir. Une pareille Vénus, dont la partie inférieure du corps eft drapée, & qui paroît effuyer fes cheveux de la main gauche, c'eft celle du cardinal de Richelieu, placée à Verfailles (4). Si l'on favoit que cette ftatue eft véritablement antique, on pourroit en conclure quelque chofe de certain ; mais

---

(1) Tom. VI, t. 17 ; une autre dans le *Raccolta d'Opufc.* T. XV, p. 479.

(2) *Hift. de l'acad. des Infcr.* tom. XXX, p. 442, où il fe trouve un article fur la Vénus Anadyomène d'Apelle, mais qui eft bien loin d'être auffi inftructif que d'autres écrits de ce célèbre amateur auquel les arts ont tant d'obligation.

(3) Comme dans le tableau du Titien, dans la collection de M. le duc d'Orléans.

(4) *Recueil de figures de Verfailles*, par Thomaffin, t. 43. On prétend que c'eft une copie d'une fig. antique.

fi elle eft reftaurée, il y apparence qu'elle repréfentoit autrefois une Vénus fortant du bain. Gravelle parle d'une autre Vénus fur une pierre gravée, qui d'une main exprime fes cheveux, & de l'autre tient un miroir (1). Sur une médaille de la colonie de Corinthe, frappée à l'honneur d'Agrippine la jeune (2), eft une véritable Anadyomene, qui vient de fortir du fein de la mer : elle effuye fes cheveux de la main gauche, & étend le bras droit ; elle eft toute nue, débout fur un char traîné par un Triton & une Néréide : on ne peut donc pas la prendre pour une autre Vénus. Lorfque les pierres gravées offrent une Vénus affife fur des chevaux marins, il faut la regarder comme une Vénus Marine (3).

La dénomination de Vénus Victrix, eft employée pour plus d'une manière de repréfenter cette déeffe : d'abord, lorfque triomphant de fes rivales, Pâris lui adjuge la pomme d'or. Enfuite, on

---

(1) Tome I, t. 24.
(2) Vaillant *Numif. Coloniar.* p. 165, répétée par M. l'abbé de la Chau, page 9.
(3) Lippert. *Dactylioth.* Mill. I, 1, 77.

donne ce nom à Vénus armée du casque & de la lance, & quelquefois du bouclier. Cette représentation fait croire que l'artiste avoit en vue Mars désarmé (1); puisqu'on la trouve aussi sur des médailles avec Mars qu'elle caresse, & la légende : *Veneri victrici*. Les amours de Mars & de Vénus sont connus ; c'étoit un sujet très-favorable aux artistes qui l'ont représenté en marbre, ainsi que le prouvent différens groupes dont il sera parlé ci-après.

Cette représentation de Vénus Victrix a aussi souvent été employée pour désigner certains événemens, comme sur les médailles frappées pour célébrer les victoires des Césars ; mais alors on y a ajouté d'autres attributs. Vénus est debout entre des enseignes légionnaires ; elle porte le pied sur la proue d'une galère ; & tient à la main une Victoire, une branche de palmier ou d'olivier, &c. Déja sur les médailles de Jules César on lui voit un caducée : belle allusion à

---

(1) Aussi, dans une épigramme de Léonidas sur la Vénus armée, *Anthol. Grec.* IV, 12, 464 : « Pourquoi, Déesse, as-tu pris les armes de Mars ? Il est vrai, tu l'as désarmé ; mais si un dieu a été vaincu, comment peux-tu vouloir faire la guerre aux hommes » ?

la fin des guerres civiles. Elle a auſſi à côté d'elle les aigles des enſeignes légionnaires. Dans un ſens différent, cette Vénus Victrix doit avoir été employée ſur les médailles de Julia Domna, de Fauſtine, de Plotine, de Julia Mammœa & d'autres impératrices. Peut-être a-t-on voulu indiquer par-là l'amour de leurs époux, qu'elles avoient ſubjugés par leurs charmes.

La première repréſentation de Vénus Victrix avec la pomme ſe trouve auſſi ſur des médailles de quelques impératrices, comme de Fauſtine la jeune (1), de Lucilla, de Julia Domna, de Plautille; quelquefois auſſi avec le ſurnom de Vénus Félix. De la même manière, on la trouve comme Vénus Auguſta, ſur les médailles de Titus & de Fauſtine l'ancienne.

La ſeconde Vénus Victrix, avec le caſque & la lance, eſt de la plus haute antiquité. En Chypre on la repréſentoit déja avec la lance. Dans l'ancien temple de Cythère (2) on la voyoit de même, mais

___

(1) Geſner, T. 114, 12. 115, 13. 14. 15. 35, 36, 37.

(2) Pauſan. III, 23.

armée d'un arc. Cependant cette déesse, représentée avec le casque & la lance, ne pouvoit être que ce qu'on appelloit à Sparte la Vénus armée, qui y eut un culte particulier (1). Le nom de *Victrix*, paroît avoir été plus en usage chez les Romains (2). Sous ce nom, Pompée lui dédia le temple connu près de son théâtre. César lui bâtit un autre temple, aussi à l'occasion d'une victoire (celle Pharsale), mais sous le nom de Vénus Genitrix ; & sous cette même dénomination, ainsi que je le dirai tout-à-l'heure, elle est armée de la lance & du bouclier. Cependant on la trouve aussi en Vénus victorieuse proprement dite, sur les médailles de César, où elle est nue avec une petite draperie, tenant d'une main le casque, & de l'autre le bouclier ou la lance (3) ; mais elle paroît plus souvent encore ainsi sur les pierres gravées.

Les anciens semblent avoir adopté

---

(1) Larcher, p. 218 & suiv.

(2) La Vénus *Nicéphore*, ou *qui donne la victoire*, avoit rapport à une absolution juridique. Pausan. *II*, 19, p. 153. M. Larcher n'auroit pas dû citer les Nicéphores de Ptolemée Hépheftion ; car cet auteur créa lui-même ses mythologies.

(3) *Thes. Morell.* t. 8, n. 7, 8.

la Vénus Genitrix dans une double application. D'abord César l'appella ainſi, comme la mère commune de ſa famille (1) ; & ſous ce nom, il lui dédia ſon célèbre temple, le premier grand monument d'architecture de Rome. Je ne trouve nulle part dans quelle forme & attitude elle y fût repréſentée ; pluſieurs circonſtances favoriſent l'opinion que c'étoit ſous celle d'une Vénus Victrix ordinaire. La Vénus qui ſervit de cachet à Céſar, & enſuite à Auguſte, étoit de même armée; par conſéquent Victrix(2). Cependant les médailles de Céſar ſervent à fixer notre opinion à cet égard; car on y voit Vénus avec une draperie traînante ou relevée (3), ayant le ſein gauche découvert & un diadême ſur la tête. Sur d'autres médailles de Céſar on trouve cette tête de Vénus ceinte d'un diadême, mais avec de légères différences dans la coëffure : d'une main

---

(1) Voyez plus au long, *Theſ. Morell. T. I*, Schlegel, *Comment. ad. t. 3, 5.*

(2) Dion, 43, 43, 47, 41; comparez Larcher, p. 228 & ſuiv.

(3) Avec la draperie relevée, elle ſe trouve ſur les médailles de la famille de M. Mettius, & avec la robe traînante ſur celles de L. Buca.

elle tient une lance & de l'autre communément une Victoire. On la voit auſſi aſſiſe avec la même armure (1). Quelquefois elle a à côté d'elle un bouclier qui porte ſur un globe. On devine aiſément pourquoi cette Vénus Genitrix pourroit être nommée auſſi Victrix. Elle tenoit une Victoire à la main, & c'eſt à la ſuite d'un vœu, fait avant la bataille, que le temple lui a été conſtruit. Cependant la Vénus Genitrix proprement dite, ſe trouve auſſi ſur quelques médailles de Céſar (2) & d'Auguſte (3). Il eſt ſurprenant que parmi les anciennes ſtatues conſervées ou reſtaurées, il n'y ait, du moins autant que je le ſache, aucune Vénus Genitrix repréſentée de la manière détaillée ci-deſſus.

Dans les tems poſtérieurs, j'apperçois beaucoup d'inexactitude au ſujet des Vénus Genitrix & Victrix. Je reconnois la première ſur des médailles de Fauſtine, où elle eſt aſſiſe portant la Victoire ſur la main (4) avec la légende :

---

(1) Morell. *Theſaur. premières planches.*
(2) Ibid. t. 8, n. 7, 8.
(3) Ibid. t. 9, 13, 14, 26.
(4) Geſner *Numiſm. Impp.* t. 113, n. 68.

Venus Genitrix. Une autre médaille de Julia Domna avec la même légende, a une Vénus assise avec une haste (1); au lieu qu'on reconnoît la véritable Vénus Génitrix sur les médailles de Lucilla, avec la légende: *Vénus Victrix;* & sur celles de Crispina & de Julia Mammœa, avec l'inscription: *Vénus Félix.* Tandis que sur des médailles de Sabine on trouve Vénus, tenant d'une main sa draperie supérieure, & de l'autre, une pomme avec ces mots: *Veneri Genitrici* (2). La médaille de Plautille qui représente Vénus avec la pomme & la lance, ayant l'Amour à son côté, avec la légende: *Vénus Genitrix*, paroît approcher davantage de l'idée d'une Vénus mère (3). A celle-ci ressemble celle d'une médaille de Julia Mammœa, mère d'Alexandre Sévère (4); & sur une médaille de Salonine, elle paroît avec une haste, tenant l'Amour sur le bras (5). Il est probable

---

(1) Ibid. t. 138, n. 49.
(2) Pedrusi, T. VI, t. 39, 6.
(3) Tristan, T. II, p. 247.
(4) Gesner, t. 166, 47.
(5) Vaillant, *Numism. Impp. præstantiora*, P. II, p. 389. Cependant, sur une médaille de Julia Paula,

que par ces représentations on a voulu célébrer les couches des impératrices. On voit même sur une médaille de Faustine, Vénus avec la pomme dans une main, & portant sur l'autre bras un enfant enveloppé de langes (1).

Il est hors de doute, que la dénomination de Vénus Uranie ou Céleste est ancienne. On prétend que la femme de Cadmus a fait ériger la statue très-ancienne qui s'en trouvoit à Thébes. Dans l'origine cette représentation servoit en Phénicie, en Syrie, en Chypre, &c., à désigner la force créatrice ou reproductive & générative de la nature, & la nature elle-même; mais cela est étranger à cette discussion. Ensuite on la regarda comme le symbole de l'amour pur, opposé à celui des sens (2); cependant elle ne paroît avoir été en usage

---

femme d'Héliogabale, on la voit en *Genitrix*, avec l'Amour sur le bras, & la légende : *Veneri felici*. Gesner, t. 159, 65.

(1) Gesner, t. 115, 11. Une figure de femme drapée avec un enfant, sur les médailles de Magnesie en Jonie, rapportées par Frœlich. *Tentam.* n. 239, paroît être Latone avec Diane.

(2) Pausan. IX, 16, p. 742. On prétend qu'Harmonie, femme de Cadmus, avoit fait ériger à Thèbes, à côté de la Vénus céleste, une Vénus vulgaire (*Pandemos*), & une autre surnommée *Apostrophia*.

que dans les tems les plus reculés. Auſſi à Athènes le temple de la Vénus Céleſte étoit-il un des plus anciens ; on y plaça depuis une ſtatue de marbre blanc de Phidias (1) ; mais nous en ignorons l'attitude & l'expreſſion. Dans un endroit appellé *les Jardins*, il y avoit une petite chapelle ou petit temple de Vénus, & dans le voiſinage une ſtatue carrée comme un Hermès, avec l'inſcription : *Vénus Céleſte, la plus ancienne des Parques* (2). On ne peut pas indiquer avec exactitude, ce qui formoit la marque caractériſtique de cette repréſentation. Pauſanias dit poſitivement, qu'il y avoit un ancien temple de la Vénus Céleſte à Cythère ; &, il ajoute, que ſa ſtatue étoit armée (3). Les médailles des Cythereens, rapportées par Golzius (4), en indiquent peut-être la véritable forme : elle y est repréſentée toute nue, & tenant d'une main un arc poſé à terre, &

―――――

(1) Voyez Pauſan. I, 14, p. 36.
(2) Car c'eſt ainſi qu'on doit expliquer : Μοιρῶν πρεσβοταιη. C'eſt un fragment de la plus ancienne mythologie. Pauſan. I, 19, p. 44.
(3) Pauſan. III, 23. Αὑτη ἡ Θεος ξοανον ὡπλισμενον.
(4) *Numiſm. Gr. Inſul.* t. 3, 1 & 2.

de l'autre la pomme ou une flèche. C'eſt ainſi qu'elle ſe trouve ſur des médailles d'Alexandre, auſſi avec l'arc; où à ſa place, avec un bouclier poſé à terre (1). Du reſte, je ne me rappelle aucun monument ancien avec la Vénus Céleſte, excepté les médailles de Julia Soæmias, mere d'Héliogabale (2), où elle eſt repréſentée debout drapée avec la lance, tenant de la main droite un globe, quelquefois avec une étoile ou le ſoleil, & avec l'Amour vers le bas côté; l'inſcription porte : *Venus Cæleſtis*.

Il réſulte de ce qui précede, que la repréſentation d'une Vénus armée étoit auſſi ancienne que commune. Pauſanias fait mention d'un ancien temple de Sparte avec une ſtatue en bois de cèdre d'une Vénus armée (3). Il n'eſt pas fort facile de deviner aujourd'hui le ſens que les premiers Grecs y attacherent, à moins d'adopter ma conjecture; ſavoir, que dans les premiers tems les Grecs ne ſavoient pas caractériſer

---

(1) Golzius, *Numiſm. Gr. t.* 33, 8, 9, 10, 11.
(2) Voyez Vaillant, Mezzobarba & Geſner.
(3) Pauſan. III, 15, vers la fin.

autrement leurs divinités que d'après eux-mêmes ; c'eſt-à-dire, armées de l'arc & de la fleche, ou de la lance & du bouclier. Telle étoit la figure la plus ancienne d'Apollon à Amicle, armée de l'arc & de la flèche. Diane conſerva cette manière d'être repréſentée ; & Junon Pallas, Veſta, &c., gardèrent la lance.

La célèbre Vénus Erycine a probablement eu une forme particulière : je ne la vois nulle part, excepté ſa tête ſur les médailles d'Eryx, rapportées par Paruta, avec un diadême & une coëffure qu'on retrouve ailleurs. On prétend reconnoître auſſi ſa tête ſur des médailles de Ségeſte, mais les cheveux n'en ſont pas noués avec un diadême garni de perles, ni les boucles flottantes relevées ſous ce diadême (1). Il eſt à remarquer, que cette tête ne doit pas avoir un profil Grec, & je ferois plus porté à la prendre pour Egeſta ou Ségeſta, fille de Crimiſus.

Sur une médaille de la ville de Tyndaris en Sicile, on voit une Vénus debout nue, avec une petite draperie ſur

---

(1) Par exemple, chez d'Orville, t. 6.

le dos, tirée en avant fur les deux bras, tenant une flèche d'une main & conduifant l'Amour de l'autre (1). Mais de pareilles manières uniques en leur genre, qu'offrent les types des médailles des villes me meneroient trop loin, & n'appartiennent pas à mon fujet.

La plupart de ces repréfentations fe rapportent vraifemblablement aux ouvrages des grands maîtres, que d'autres ont enfuite imités ou copiés.

Il eft même probable que les ouvrages de ces grands maîtres ne furent que d'anciennes idées mieux rendues. En Chypre, par exemple, fe trouvoit, dès les tems les plus reculés, une Vénus nue attribuée à Pigmalion, qui eft devenue célèbre par la paffion extraordinaire qu'elle infpira à fon auteur. Une Vénus armée d'une lance doit auffi y avoir exiftée (2). Les hommes de génie tirèrent parti de femblables repréfentations; mais en pareils cas, le génie jouit des droits du conquérant, qui moiffonne là où d'autres ont femé : on lui attri-

---

(1) Golz. *Numifm. Sic. t. 7, 5*; auffi chez Paruta.

(2) On le juge d'après le fur nom d'*Encheia*, qui fe trouve dans Hefychius.

bue l'invention de ce qu'il a perfectionné ou fait valoir avec plus d'avantage & de fuccès.

Les artiftes modernes & les antiquaires ont formé leur fyftême d'après toutes ces repréfentations, fans avoir eu des idées fûres & précifes de chacune. D'après le type de la Vénus de Médicis, on a reftauré une infinité de torfes de ftatues de femme, en leur donnant ce nom, quand même leur attitude différoit du type primitif. On a de la peine à croire que ces torfes appartenoient jadis à des ftatues de Vénus; ceux même dont les têtes fe font confervées peuvent avoir été des portraits de belles femmes, que l'artifte aura exécutés d'après l'idéal d'une Vénus. A l'égard de plufieurs cette conjecture équivaut à une preuve. On a exécuté tant d'autres ftatues de déeffes, d'héroïnes & de femmes célèbres dans les anciens tems, qu'il ne paroît pas poffible que toutes aient été détruites, & que les ftatues feules de Vénus foient parvenues jufqu'à nous en une auffi grande quantité? Mais fi le nombre confidérable de ces ftatues d'anciennes héroïnes, & leurs copies avoient été confervées quoique mutilées, à quels signes certains pourroit-on les reconnoître ? On se borne donc à les transformer en Vénus par la restauration. Si la Phryné de Praxitèle, qu'il plaça à Delphes, existoit encore, il est certain que les antiquaires & les artistes modernes n'en sauroient faire qu'une Vénus. Au fond le nom ne fait rien à la chose, pourvu que les antiques soient bonnes : mais il faut se garder de faire servir des torses mutilés & rendus méconnoissables par des noms & par des restaurations arbitraires, à l'explication de la fable, ou à un système raisonné du costume des anciens. Souvent on adopte, sans examen, les noms une fois reçus, & l'on est si persuadé de leur exactitude que, par exemple, on regardera plutôt les choses les plus ineptes comme démontrées, que de se permettre de douter si les prétendus Gladiateurs sont réellement des Gladiateurs.

En attendant, il est vrai qu'anciennement la Vénus de Médicis a été souvent répétée & copiée, & que ces statues, d'un mérite inégal, sont aussi plus ou moins restaurées (1). Celle

---

(1) Il y en a plus de cent à Rome, suivant Richardon, *p.* 526. On peut se convaincre de quelle manière

qui

qui a été découverte en 1762, & qui est connu sous le nom de la Vénus de Jenkins, obtient même la préférence sur celle de Médicis, au moins par quelques parties. Elle fut trouvée sans tête ; &, si je ne me trompe, Cavaceppi l'a restaurée. M. Thomas Jenkins la vendit à un de ses compatriotes (1) ; savoir, M. Weddels, qui l'a placée dans sa maison de campagne à Newby près Rippon, en Yorkshire (2).

---

elles se sont, en examinant le torse dessiné chez *Bischof*, N°. 82. Celle de la collection d'Arundel est plutôt une répétition qu'une copie, *Marm. Oxon.* t. 4, que Pricœus avoit déjà donnée (*Apullj. Apolog.* p. 92) où elle est très-mal dessinée & gravée. La tête & la main gauche sont modernes ; & peut-être même aussi la droite, placée devant le sein, & dans laquelle elle paroît tenir une coquille. Il y en a deux dans la *villa Borghèse*. Voyez Thomassin, t. 27, 33. Une restaurée par Cavaceppi (n. 36), a passée en Angleterre, &c. Dans les premiers ouvrages modernes sur les antiquités de Rome, il est fait mention, avec beaucoup d'éloge, de plusieurs torses de Vénus : il est probable qu'ils ont été restaurés depuis long-tems. Voyez Aldrovande, p. 210, 206. Je parlerai encore moins des copies modernes. La belle statue de bronze, une des six moulées sur l'antique & jettées en fonte à Florence, est dans mon voisinage, à Cassel.

(1) Casanova dit, dans son *Discorso sopra gli antichi*, P. *XXI, XXII*, qu'elle fut vendue 16000 écus romains, ou 6000 livres sterling.

(2) Un très-beau modèle en plâtre de cette statue se

C

Une autre Vénus très-estimée, qui partage au moins la célébrité de celle de Médicis, si elle ne l'efface pas, c'est celle dont le pape Benoît XIV fit présent au Capitole. Plusieurs parties de celle-ci sont même estimées plus belles & mieux travaillées, sur-tout les jambes & les bras, qu'on trouve très-défectueux dans celle de Médicis (1). Seulement

---

trouve à Hannovre, dans la maison de M. le grand échanson de Steinberg. Le caractère de la statue annonce un âge plus avancé que celui de la Vénus de Médicis : c'est plutôt le corps d'une belle femme faite. La même chose m'est confirmée par un ami, sur les connoissances duquel je puis compter, parce qu'il les a tellement perfectionnées dans ses voyages que peu d'objets peuvent lui paroître neufs ou étrangers. C'est M. de Born, conseiller de la cour de Saxe. Il m'écrit d'Angleterre, que la statue est plus haute que la Vénus de Médicis, & que les parties en sont plus fortes. Le sein est très-beau, mais les autres parties du corps sont un peu applaties. La tête est ajoutée, & la forme n'en est pas trop noble ; le bras gauche depuis le coude est restauré, & un grand morceau se trouve incrusté à la partie postérieure de la hanche gauche ; la jambe gauche au-dessus du genou, & la droite depuis le mollet sont restaurées. Vers le milieu de la partie supérieure du bras gauche l'artiste a indiqué un brasselet. Le marbre est beau compacte & jaunâtre, ayant le vernis de l'antiquité. Comme on n'avoit encore donné aucune description exacte de cette statue tant prônée je n'ai pas hésité à en parler ici.

(1) M. le professeur Casanova en porte le même jugement : mais cela n'est pas surprenant ; car les

la tête en eſt trop grande, & les traits font prononcés d'une manière trop mâle ; ce qui fait croire que cette ſtatue eſt le portrait d'une belle femme d'après l'idéal d'une Vénus. Celle de Dreſde eſt, entre pluſieurs autres d'un moindre mérite, une des plus belles copies ou répétitions (1) de la Vénus de Médicis ; &, d'après le jugement de M. le profeſſeur Caſanova, elle n'eſt pas au-deſſous de celle-ci (2). Il paroît probable qu'elle y a paſſée avec d'autres antiques de la collection Chigi ; car, dans le palais de cette famille, près

---

deux bras de la Vénus de Médicis ſont modernes : le droit depuis l'épaule, & le gauche depuis le coude. Winkelmann l'a également obſervé dans ſon *Hiſtoire de l'Art* En général, elle eſt compoſée de pluſieurs morceaux antiques & modernes, principalement aux jambes, qui avoient été briſées anciennement. On dit que cet accident arriva lorſqu'elle fut tranſportée de Rome ſous le pape Innocent XI, avec la ſtatue nommée le Rémouleur & les deux Lutteurs. Il eſt plus probable qu'elle fut trouvée mutilée de cette manière. Des notions que je dois à la complaiſance de quelques amis qui ont examiné cette ſtatue avec la plus grande attention, m'autoriſent à en parler plus poſitivement, que je n'aurois oſé le faire ſans cela.

(1) Dans *le Recueil*, n. 28, 32.
(2) Caſanova, *Dioſcorſo*, *P. XXI.* La partie ſupérieure, depuis la tête juſqu'à aux hanches, eſt vraiment antique.

de la place Colonne, étoit une Vénus semblable à celle de Médicis, qui passoit pour la plus belle de toutes celles qui se trouvoient à Rome (1).

En comparaison de ces belles statues & de quelques autres morceaux très-précieux en ce genre, on trouve une grande quantité de copies médiocres, même d'anciens artistes ; c'est-à-dire, des torses de statues de femme, que, par la restauration, on a transformés en Vénus, & qui même sont très - mal restaurées.

Dans la galerie Guistiniani, il y en a une qui s'appuie sur un dauphin & qui de l'autre main tient des fleurs(2) : c'est une restauration très-mal-à-droite. Cette Vénus a à côté d'elle l'Amour, qu'elle paroît vouloir soulever (3). On trouve plusieurs exemples de ce genre.

Je vais maintenant rapporter les principales variations dans l'attitude & l'ha-

---

(1) Suivant Richardson, *p.* 525. La Vestale qui passa à Dresde (Tuccia avec le crible), n'y étoit probablement plus, car Richardson en auroit certainement parlé.

(2) *Galer. Guistin. t.* 41.

(3) Dans la maison de l'abbé Peretti, chez Bischof, 76.

billement de Vénus, qu'on a observées aux statues de cette déesse qui se sont conservées. Elles prouveront combien l'art peut diversifier même les plus petits détails dans les figures.

Il y a une grande quantité de statues qu'on peut prendre pour des Vénus sortant du bain, tant par le vêtement entièrement ou à moitié ôté, les cassolettes d'essence ou les grands vases, souvent couverts d'une draperie légèrement jetée par-dessus, qui accompagnent ces statues. Les artistes se sont toujours attachés à montrer le nud. Plusieurs statues ressemblent parfaitement par l'attitude à la Vénus de Médicis, avec cette seule différence qu'elles ont des vases & une draperie à côté d'elles : telle est une statue à Florence (1), & une autre au cabinet du Capitole (2), qui est mieux conservée que la première, car il ne lui manque que deux doigts. A cette dernière doit ressembler celle de la *villa* Albani, dont

---

(1) *Mus. Florent. t.* 34. Gori, qui souvent n'a cherché que des noms savants, l'appelle *Aurea*. De semblables statues se trouvent dans le *Recueil des marbres de Dresde*, 52, 57, 118, 119.

(2) *Mus. Capit, III. t.* 19. Les misérables explications de Bottari n'apprennent rien d'intéressant sur cela.

parle Winkelmann ; celle de Méno-phante, qu'il y ajoute, en différoit certainement (1), & doit être rangée dans la claffe des Vénus drapées.

La Vénus fortant du bain du Belvedère (2), eft celle qui approche le plus par l'attitude de la Vénus Cnidienne. Elle couvre, avec la main droite, les parties du fexe, & lève, avec la gauche, fa draperie pofée fur un vafe. Il me paroît qu'une autre à Florence, qui reffembloit anciennement à celle-ci, a été mal reftaurée : à préfent, elle tient une coquille à la main gauche (3).

Je me fers de l'expreffion : *une Vénus fortant du bain*; quoiqu'elle offre en effet tous les fignes qui peuvent fervir à faire

_____

(1) Winkelmann, *Hiftoire de l'Art*, L. IV, chap. 2.

(2) *Raccolta*, t. 4, Perrier 83, Bishof. 46. On dit que cette ftatue eft médiocre ; & M. Lalande eft de cet avis, *Tom. III*, p. 233. Aldrovande l'avoit déja décrite, p. 120. On la trouve auffi fur des pierres gravées. Lippert. *Mill.* I, 1, 81.

(3) *Muf. Florent.* t. 35, où Gori l'appelle *Vénus Amphitrite*, fans aucun fondement. Cette ftatue eft prefque entiérement moderne ; la tête feule eft antique. Je fuis redevable de ces notions & de quelques autres très-intéreffantes au jeune Comte de Benhof, qui fe diftingue par un goût délicat & une belle ame, qui font rarement le partage des perfonnes de fon rang.

connoître une Vénus qui se baigne. Dans les temple de Jupiter, près des portiques d'Octavie, se trouvoit une Vénus réellement au bain (1). On peut aussi bien se la représenter à l'entrée qu'à la sortie de l'eau. Communément elle ramasse sa draperie vers les parties du sexe : idée très-heureuse (2) ; ou la tire seulement du bas en haut (3) ; ou bien elle a la partie inférieure du corps entièrement drapée (4).

---

(1) Du moins Pline, *XXXVI*, 5, 4, 10, la nomme, *Venerem lavantem sese.* C'est un ouvrage de Polycharme.

(2) *Galer. Giustin. I*, 44 & 43. Ici l'artiste lui a probablement mis dans la main droite une fiole d'essence ; cependant cela vaut mieux que, t. 40, où elle tient une coquille, & où un monstre marin avec un amour sont placés à côté d'elle. Une semblable Vénus est dans la bibliothèque de Saint-Marc. Voyez Zanetti P. II, t. 20; *Villa Pmphili*, t. 11.

(3) Comme dans la *Gal. Giustin. T. I*, t. 37. Il y a apparence que la statue du *Mus. Flor. T. III*, t. 62, qui a été restaurée en Flore, devoit être une pareille Vénus.

(4) Comme dans la *Gal. Giustin. T. I*, t. 39, où elle tient aussi la pomme ; ainsi que dans d'autres endroits. Voyez Cavaceppi, t. 22. Une Vénus dont la partie inférieure du corps est drapée, & qui s'appuye contre un hermès de Silène, dans une attitude peu agréable, & restaurée par Cavaceppi, ne paroît pas être la composition d'un artiste ancien. La Vénus dite d'Arles a aussi la partie inférieure du corps drapée ; elle est à Versailles. Voyez Thomassin, *Figur. de Vers.* t. 3. *Versailles immortalisé*, T. I, p. 400. D'une main elle tient un miroir, qui paroît moderne, &, avec

Cette draperie représente le vêtement du bain proprement dit ; savoir, une couverture à longs poils (1) pour se garantir de l'air froid telles que celles dont, en pareils cas, les malades convalescents se servent encore de nos jours.

On trouve dans la galerie Guistiniani (2) une Vénus avec une draperie jettée sur les épaules ; & une autre semblable à Dresde (3), que M. le professeur Casanova met au rang des plus belles antiques. Ailleurs la draperie est relevée devant le sein, & retombe jusqu'au-dessous des genoux. Il y avoit autrefois une pareille statue dans le palais Bracciano (4) ;

---

deux doigts de l'autre main, une pomme. On l'a trouvée à Arles, sans bras. (Voyez *Antiquités d'Arles*, par Seguin. Arles, 1687, 4, p. 27). Girardon l'a restaurée en Vénus. Le comte de Caylus a jugé qu'elle représentoit plutôt une belle femme sortant du bain. *Recueil*, T. III, p. 328.

(1) C'est ainsi qu'est drapée la Vénus qui se trouvoit dans la maison d'un certain Ignazio Consiglieri. Voyez *Raccolta*, t. 144. Elle est à présent à Dresde, en original ou en copie ; *Recueil*, t. 133. Une autre Vénus de la *villa* Pamphili, t. 39, n'est couverte qu'à moitié par une pareille draperie.

(2) *Tome I*, t. 42.

(3) *Recueil des Marbres de Dresde*, t. 19 ; Casanova, *Discorso*, P. XX.

(4) Richardson, p. 280, 281 ; Twiss, *Travels*, p. 95.

actuellement elle est à Saint-Ildefonse, en Espagne. On la voit à Florence assise & s'essuyant les pieds (1); ailleurs elle s'incline debout, pour essuyer un pied qu'elle tient en l'air (2). Une Vénus tenant le bout d'une draperie légère, avec la main droite sur l'épaule, & posant la gauche sur un vase, se trouve dans la *villa* Borghèse (3).

---

(1) *Museum Florent.* T. *III*, t. 33. Il est assez singulier que Gori en ait fait une Vénus qui se tire une épine du pied, dont elle doit avoir été blessée en errant dans les forêts à la recherche d'Adonis; mais alors une épine l'égratigna seulement, & une goute de sang qui jaillit de la blessure colora la rose. Gori exalte beaucoup la beauté de cette statue. Richardson, page 91, dit qu'elle est très-belle, mais sans finesse. Dans le fait, voici ce qu'il en est: la tête, le genou gauche, la main droite, les doigts de la main gauche, la moitié de la jambe avec la base sont modernes. La Vénus qui se trouve à Wilton, dans la collection du comte de Pembrok, n'en est probablement qu'une copie. Kennedy & son correcteur (*Ædes Pembrok*, p. 6), n'en disent rien, si ce n'est qu'elle tire une épine de son pied. L'auteur du *Six Weeks Tour*. p. 159, prétend même y trouver l'expression de la douleur.

(2) Telle étoit une statue qui se trouvoit dans la maison d'un certain Dorio. Voyez De'Cavallieri, *p. II*, t. 70. Une semblable, mais petite, en bronze, est citée par Borioni & par Caussèo; & on la trouve aussi sur des pierres gravées, comme, par exemple, dans la collection *Odescalchi*, *p. II*, t. 82; & une petite en bronze dans le cabinet d'Herculanum, *Tome IV*, t. 14.

(3) Brigentii, *Villa Borghese*, p. 80; & Perrier,

Il n'est pas croyable, qu'avant leur mutilation, toutes ces ſtatues aient repréſenté des Vénus. Combien d'autres déeſſes & héroïnes peuvent avoir été

---

t. 66. Cavaceppi a reſtauré une ſtatue de femme entiérement drapée, avec le ſein à moitié découvert, & il l'a vendue en Angleterre pour une Vénus, parce qu'elle avoit deux ceintures, dont une devoit être le ceſte de Vénus. Il s'appuie du ſuffrage de Winkelmann. Cavaceppi, *Racc. t. 3*, Winkelm. *Mon. ined.* P. II, *p. 37*, *Hiſt. de l'Art, Liv V. ch. 5*. Seroit-il poſſible que toutes les ſtatues de femme à double ceinture fuſſent des Vénus? Je le crois auſſi peu que ce qu'il rapporte comme une explication toute nouvelle du paſſage d'Homère ſur la ceinture de cette déeſſe. Il. ξ 211 & ſuiv. Le ceſte (κεστος) ne peut être la ceinture du bas ventre; Homère parle du ſein (απο τηθεσφιν ελυσατο) & έω δ'εγκατθεο κολπω ne peut abſolument pas ſignifier: *place-le au tour du bas ventre*. Mais Junon devoit cacher cette ceinture, afin d'en employer le charme en ſecret. Winkelmann n'eſt pas trop heureux lorſqu'il veut donner des corrections & de nouvelles explications des auteurs grecs & latins. Je regarde donc comme non-prouvé, que la ceinture inférieure ſoit propre à Vénus, & porte le nom de κεστος. On trouveroit plutôt le ceſte d'Homère à une petite figure de bronze de Portici, qui tenoit probablement une ceinture à la main; *Bronzi d'Ercol. t. 16*. Winkelmann parle d'une Vénus entièrement drapée, qui, du palais Spada, a paſſé en Angleterre. *Hiſt. de l'Art, Liv. IV, ch. 2*. Je n'en puis conclure poſitivement que ce ſoit la prétendue Vénus de Cavaceppi; j'y trouve ſeulement qu'elle appartient à milord Egremont. Au reſte, ces Vénus drapées doivent avoir eu quelque reſſemblance avec celle que Praxitèle fit pour Cos & pour Cnide, comme il eſt dit dans l'*Hiſt. de l'Art, Liv. IV, ch. 2*.

du nombre ! A quels traits caractéristiques reconnoît-on le torse d'une Laïs ? La manière de représenter la déesse Némésis ressembloit tellement à l'idée d'une Vénus, qu'Agoracrite, élève de Phidias, avoit pu changer sa Vénus en cette déesse, ainsi que je l'ai rapporté plus haut (1). La chose devient très-facile à concevoir, quand on compare le coude courbé d'une Némésis à celui d'une Vénus qui déploie son vêtement. Mais combien de portraits de belles femmes peuvent également se trouver dans le nombre de ces statues ? Winkelmann en a remarqué une dans le jardin, du palais Farnèse, avec la tête de Martiana, sœur de Trajan (2).

Je ne dois pas passer sous silence une autre Vénus sortant du bain (car ce ne peut être autre chose) qui doit être rangée au nombre des plus belles de ce genre. Elle a été trouvée il y a quelques années, & porte sur le socle le nom de l'artiste Ménophante. Elle paroît

---

(1) Pline, *XXXVI*, *sect.* 4, 3.
(2) *Hist. de l'Art*, *Liv. IV*, *ch.* 7. Il paroît que c'est la même que celle d'Aldovrande, p. 162 ; ainsi les mains y manquoient seulement.

d'un âge plus mûr que celle de Médicis. La main droite est placée devant le sein, mais plus près qu'à l'ordinaire; & de la main gauche elle approche une légère draperie des parties du sexe. Winkelmann en parle, mais sans la détailler suffisamment (1). Il remarque aussi qu'on trouve une inscription sur le socle, qu'il rapporte, en copiant la forme des lettres; le sens en est: *Ménophante l'a faite d'après la Vénus de Troas*. Une pareille inscription est sans doute quelque chose d'extraordinaire; cependant nous devons la regarder comme authentique. A Alexandrie Troas (car c'est cette ville où il y avoit, sous les empereurs, une colonie romaine, qu'il faut entendre ici), il existoit donc une Vénus que Ménophante avoit copiée. Cette copie fut trouvée en automne 1760, sur le mont Cœlius, près du Clivus Scauri, dans la vigne du marquis de Carnovallia (2), a qui la statue appartient. Il donna aux ouvriers cinquante écus, s'étant engagé à en payer la moitié de la valeur; ainsi, cette statue n'a été estimée que cent écus, quoiqu'elle en vaille

---

(1) Winkelmann, *Hist. de l'Art*, *Livre IV, chap.* 2.
(2) Venuti, *Antick. di. R.* p. 143.

plusieurs milliers ; c'est-là du moins l'avis d'un Anglois qui en parle dans une lettre insérée dans une collection dont je me sers en ce moment (1). La statue a six pieds de hauteur ; la base & la statue sont d'un seul bloc. Il est assez extraordinaire qu'on pense que Αpo της εν Τρωαδι Αφροδιτης, se rapporte à une Vénus Troyenne, & qu'on se soit cassé la tête pour comprendre comment il se peut qu'avant la guerre de Troie il y ait eu d'aussi habiles artistes. Cet échantillon peut servir à apprécier les connoissances littéraires des savans & des amateurs de Rome. C'est aussi, sans aucun fondement, qu'on prétend que toutes les Vénus drapées sont des ouvrages d'artistes Romains, & que les Grecs n'en ont fait que de nues. Le *Græcum est nil velare* ne signifie pas que les statuaires Grecs n'aient fait aucune draperie. L'opinion de l'Anglois en question est aussi peu fondée, lorsqu'il prétend que l'inscription du nom de l'artiste prouve que cette statue doit avoir été un morceau capital ; car la rêverie du baron de

---

(1) *Archæologia, &c. London 1770, vol. I, p.* 135.

Stofch est depuis long-tems rejettée comme fausse. D'après une conjecture plus probable, on pourroit attribuer à la vanité des empereurs, qui prétendoient descendre de Vénus, la grande quantité de statues que nous avons de cette déesse, & qu'on en découvre encore tous les jours. Cela peut du moins être vrai en partie.

Les anciens avoient réellement une Vénus Callipyge. Tout le monde connoît la fameuse dispute des deux sœurs de Syracuse, dont celle qui a remporté le prix doit avoir dédié un temple à Vénus sous cette dénomination (1). L'idée d'une semblable dispute a été rapporté par un sophiste (2), & elle se trouve aussi dans une célèbre épigramme grecque (3).

Parmi les statues bien conservées, celle du palais Farnèse rend l'idée d'une Vénus Callipyge (4). Elle regarde ses

---

(1) Athenée *XII*, vers la fin.
(2) *Lettres d'Alciphron*, I, 39.
(3) Toup. *Epist. crit.*, p. 86, & avant lui chez Pierson *Verisimil.* p. 93, & dans les *Miscell. Lips. nov.* T. *IX*, p. 107. Une autre épigramme est chez Toup. p. 149.
(4) *Raccolta*, t. 55; Thomassin *Stat. ant.* t. 11.

fesses, qui, sans contredit, sont la plus belle partie de la statue; car, pour le reste, on la met au second rang (1). La tête en est moderne & mauvraise, & la draperie forme, en tombant, des plis secs & parallèles (2); mais elle sert, d'une manière agréable, d'appui à la statue. Une copie faite par J. Clairion s'en trouve à Versailles (3). Une statue placée chez un particulier offroit quelques différences dans l'attitude, avec les parties antérieures découvertes (4).

Dans le vrai, l'idée de représenter de cette manière la déesse est fondée sur celle de Vénus sortant du bain; &, en effet, on en trouve beaucoup qui approchent de cette dernière représentation. Telle est une Vénus du jardin Borghèse, qui, au moment de se

---

(1) Winkelmann, *Du Sentiment du Beau dans les ouvrages de l'art*, morceau qui se trouve dans le *Recueil des différentes Pièces sur les arts*, traduit & publié par M. Jansen, & imprimé; chez Barrois l'ainé, in-8°., 1786, page 259.
(2) Richardson, p. 241.
(3) Thomassin, *Rec. de Fig.* t. 33.
(4) *In ædibus Fabii Bauerii De'Cavallieri Ant. stat.* P. II, 66, où se trouve l'inscription ridicule: *Cytherea* POSTERITATEM *prospiciens*.

couvrir, se présente avec les fesses découvertes (1). Je crois aussi qu'on peut, suivant sa première destination, reconnoître une Vénus sortant du bain, dans une statue qui, avec les genoux ployés, repose sur le talon gauche. L'attitude en est, à la vérité, aussi peu naturelle que celle du Rémouleur. Le genou ne pose sur rien, car il ne touche pas à terre; cependant on peut y avoir remédié jadis en mettant la statue en place. La déesse est vue par derrière, & il y a grande apparence que la restauration n'a pas été faite dans le véritable sens. Au palais Farnèse on voit derrière elle l'Amour, à qui elle semble refuser de donner son arc (2). Dans la galerie Giustiniani,

––––––––––––––––––––––

(1) Chez Perrier, t. 84. L'Amour sur un dauphin qu'on voit à côté d'elle, ne sert probablement que d'appui. Une pareille idée se trouve sur des pierres gravées. Lippert. *Dactyl. Mill. I*, 1, 19; une autre *Mill. II*, 1, 91.

(2) De'Cavallieri, P. II, t. 68; de Scaicchi, t. 28; Aldrovande en avoit déja parlé, p. 146; De'vallieri la nomme *Venus Corollaria*. Pour porter ce nom, il faudroit au moins qu'elle tînt une guirlande de fleurs. Je ne me rappelle pas que ce nom & la chose aient été anciennement en usage. Mais c'est d'après une semblable idée que Paufias doit avoir fait son tableau de *Glicera Corollaria*, qui représentoit sa maîtresse, une jeune fille

elle

elle tient un flacon d'essence (1), & dans les jardins de Médicis, on la voit avec la main devant le sein (2). En comparant ces statues avec le dessin de celle du palais Giustiniani, fait avant sa restauration, & rapporté par Bischof (3), on peut démontrer que leurs représentations actuelles sont toutes de l'invention des restaurateurs. Ce dessin n'offre que le torse sans la tête & sans la main gauche. Un autre semblable torse se trouve dans le même ouvrage (4). Il me paroît vraisemblable que ce fut d'abord une Vénus qui essuyoit ses cheveux, ou une boucle avec une seule main. On la voit ainsi sur une médaille de Cæsarea Germanica, en Syrie, avec la

---

qui faisoit & vendoit des bouquets. Voyez Pline, XXXV, 11, sec. 40 & 21, 3.

(1) *Tome I*, t. 38. Un cigne ajouté est aussi l'ouvrage du restaurateur ignorant.

(2) Raccolta, t. 28. Une semblable statue étoit dans la maison Madama. Voyez Aldrovande, p. 182; peut-être aussi p. 223; une autre à Saint-Ildefonse, que le P. Caimo trouve ressembler à celle de Médicis. Voyez *Vago Italiano*, T. II, p. 141.

(3) Bischof, n. 77. C'est par erreur qu'on indique p. 2, la Vénus Corollaria qui est dans De'Cavallieri pour la restaurée, car celle-ci est dans le palais Farnèse.

(4) Ibid. 78.

D

tête de Julia Domna (1). Enfin, on auroit dû restaurer dans le même sens une autre statue dont on a fait une Clytie, cette malheureuse amante du soleil, qui suivoit sans cesse des yeux son char. Richardson décrit une semblable statue, qui se tient posée sur ses genoux, dans le palais Bracciano (2), qui appartenoit ci-devant au prince Odescalchi, & dont les antiques ont été transportées en Espagne. Une autre, dont Gérard Uilenburgh étoit propriétaire, a été dessinée par Bischof (3). Cette attitude appartient donc, en général, aux changemens multipliés qu'on a fait de Vénus sortant du bain ; idée qui est susceptible de beaucoup d'autres variétés, comme il s'en trouve sur les pierres gravées, où l'on voit, par exemple,

_____

(1) Derrière elle est l'Amour. Voyez Gesner, *t.* 138, 28. Suivant Vaillant, *Numism. imp. gr. p.* 91 ; cette médaille se trouvoit dans le cabinet de la reine Christine ; & p. 90, il en rapporte une de Germanicopolis en Paphlagonie, (Voyez *Mémoires de Littér.* de l'abbé Belley, *Tom. XXX, p.* 324), dont la représentation doit être la même. A ces deux médailles j'en ajoute une autre de Sabine, femme d'Adrien, d'Amisus ville du Pont. Vaillant, *Numism. R. imper. præstantior, T. II, p.* 156.

(2) Richardson, *p.* 277.

(3) Bischof. *t.* 79, 80.

Vénus presqu'à genoux, jettant une draperie par-dessus sa tête (1).

Il existe aujourd'hui beaucoup de Vénus Victrix, qui probablement le sont devenues par l'artiste restaurateur ; il suffisoit de mettre une pomme dans la main restaurée pour faire une Vénus victorieuse. Souvent même la pomme y est très-mal-adroitement ajoutée. La statue la plus célèbre de ce genre est à Florence, à côté de la Vénus de Médicis (2). Elle est plus grande que nature (3). La draperie retombe par derrière, & les pans en sont jettés par-dessus les deux bras. De la main droite elle tient la pomme, & de la gauche elle couvre les parties du sexe. Mais ces deux mains sont l'ouvrage d'Hercule Ferrata qui l'a restaurée (4); la tête même est moderne, ainsi que les pieds & les bras (5). Elle se trouvoit jadis au Belvedère, & étoit déja célé-

---

(1) Lippert. *Dactyl. Mill.* I, 1, 82 ; — 86, III, 1, 91.
(2) *Muf. Flor.* t. 31.
(3) Voyez Richardson, p. 101.
(4) Gori, dit en 1677.
(5) Richardson dit la même chose du bras & de la main gauches ; & Gori avoue que le tronc seul est antique. C'est donc probablement la Vénus mutilée dont Aldrovande fait mention., p. 125 & 126.

bre comme torfe. Je paffe fous filence beaucoup d'autres ftatues nues & drapées, que le caprice de l'artifte moderne a gratifié d'une pomme, fouvent même garnie de feuilles (1). Une Vénus tenant le cafque, telle qu'on la voit fur les médailles & les pierres gravées, fe trouve difficilement parmi les ftatues, parce que les mains y manquent ordinairement lorfqu'on les tire des décombres. Celles dont le pied porte fur un cafque, peuvent plutôt nous donner l'idée d'une Vénus Victrix. Une femblable ftatue fe voit au palais de Caferte.

Il a été obfervé plus haut, que la Vénus Uranie paroît avoir eu chez les anciens mêmes un caractère déterminé. Cependant on donne aujourd'hui ce nom à une Vénus qui porte le diadème (2),

---

(1) V. *Villa Pamphilia*, t. 33. Une du palais Barberini eft Vénus fortant du bain, qui raffemble fa draperie par le bas. *Ædes Barber.* p. 217. M. Mais la reftauration la plus mal-adroite avec la pomme eft celle d'une Vénus drapée, dans le *Recueil des Marbres de Drefde*, t. 124. Une autre Vénus affife, *ibid.* n. 17. avec deux Amours, que Cafanova, p. 22, met au rang des plus parfaites, lui paroît mal-reftaurée avec la pomme dans la main; il croit trouver dans les deux petites figures, l'Amour & Pfyché; & celle-ci menacée par Vénus.

(2) Winkelmann, *Hift. de l'Art*, L. IV, ch. 2. « La Vénus Uranie, étoit caractérifée par un dia-

& qui est placé à Florence à côté de celle de Médicis (1). Gori dit qu'on la nomme ainsi, parce que la partie supérieure du corps est nue & celle d'en bas drapée. Quand on se rappelle avoir vu des représentations de Vénus sortant du bain (2), on comprend facilement que celle-ci en est une; mais qu'Hercule Ferrata, cité plus haut, a restaurée dans ce sens (3). Les deux bras & toute la partie supérieure du corps sont modernes; le tronc seul & les cuisses sont antiques. Combien l'explication de l'attitude d'une Vénus Uranie, fondée sur cette statue ne doit elle donc pas paroître hasardée?

Il en est de même d'une antique connue du Belvédère (4). Elle a aussi un diadême avec des tresses de ses cheveux tombant sur les épaules, & sa draperie

---

» dême élevé sur sa tête, dans le goût de celui » que porte Junon ». Cela est bientôt dit, mais plus difficile à prouver.

(1) *Mus. Floren.* t. 39. Ailleurs Gori en fait une Vénus Aurea.

(2) Par exemple dans la *Gal. Giustin.* 1, 44, 43, 40.

(3) Richardson, p. 102, paroît confondre ce qui est dit de celle-ci, & de la Vénus Victorieuse.

(4) Chez Perrier, t. 86; mais on la regarde comme un ouvrage médiocre.

à moitié relevée par-dessus la partie inférieure du corps : à son côté il y a un Amour qui se groupe avec elle. Il faut convenir que tout en est antique ; car il ne lui manque que la main gauche, & les deux bras à l'Amour, & rien n'en a été restauré(1). Ce groupe se trouvoit déja au commencement du seizième siècle, dans l'endroit où on le voit aujourd'hui (2).

Ce que Winkelmann dit du diadême, savoir, que cet ornement étoit propre à Vénus seule, & qu'on ne l'a donné à aucune déesse, excepté à Junon, est (3)

---

(1) Il ne faut pas en juger d'après l'estampe, mais d'après ce qu'en dit Aldrovande, p. 119 & 120

(2) Car non seulement, il est cité par Aldrovande, mais aussi par de Albertinis *Mirabil. Romæ.* Il est connu par son inscription sur la base : *Veneri Felici Sacrum.* Dessous se trouve : *Sallustia* ; & à côté, *Helpidus DD.* Comme on sait, d'après le témoignage de Flaminius Vacca, chez Montfaucon, *Diar. Ital.* p. 222, 3, 4, qu'il y avoit un petit temple de Vénus dans les jardins de Salluste : on croit que cette statue a été placée dans cette chapelle. Je pense (& Richardson me l'apprend, p. 518) que Montfaucon lui-même doutoit, dans un autre endroit, que le mot *Sallustia* permette cette application. Il paroît que c'est plutôt le nom d'une personne, qui avec Helpidus, a dédié cette statue à la déesse. Ici Vénus est appellée *Félix*, surnom qui est échappé à M. Larcher malgré l'étendue de ses recherches. Mais il se trouve aussi ailleurs que sur les médailles de Julia Domna.

(3) Winkelmann, *Hist. de l'Art. L. IV, ch.* 2.

une opinion qui ne se soutient pas à l'examen. Chez les poëtes, toutes les déesses ont le diadème. Parmi les productions des artistes il s'est conservé trop peu de figures qui offrent, d'une manière précise & déterminée, les signes caractéristiques d'une déesse. Diane, comme chasseresse, & Pallas, comme guerrière, avec le casque ne peuvent avoir le diadème; mais Diane Lucifera le porte. Les Muses l'ont aussi, &c.

On connoît à Florence une antique sous le nom de Vénus Génitrix; elle est assise, avec la partie inférieure du corps drapée, & tient dans son giron un enfant, auquel elle semble refuser un arc en badinant (1). Il seroit peut-être possible de deviner l'intention de l'artiste, si l'on connoissoit toutes les parties antiques de cette statue. Les curieux n'apprennent rien là-dessus chez Gori; & dans mille occasions on n'est pas plus heureux avec les voyageurs & les antiquaires qui ont vu les objets sur les lieux; mais on sait au moins par Winkelmann que la tête en est moderne (2). Si le reste est

---

(1) *Muj. Florent. t. 32.*
(2) *Préface de l'Hist. de l'Art.*

vraiment antique, il faut alors la regarder comme une Vénus Genitrix, dans le fens qu'elle fut repréfentée de cette manière, avec l'Amour dans fon giron, en l'honneur des impératrices, à l'occafion de leurs couches. Cependant il y a plus d'apparence que l'artifte a feulement cherché à varier l'idée de Vénus, en la repréfentant badinant avec l'Amour, telle qu'on la voit fouvent fur les pierres gravées. Autant que je puis me le rappeller, je n'ai encore trouvé dans aucune ftatue la Vénus Genitrix, comme a dû l'être celle du temple de Céfar, dont il a été parlé plus haut.

Vénus careffant Mars, n'eft autre chofe qu'une variété de la Vénus victorieufe, ainfi que je l'ai obfervé plus haut. Par cet exemple, on peut très-clairement s'appercevoir comment une idée purement philofophique dans le principe, & exprimée par des fymboles, peut devenir avec le tems un fujet heureux pour les ouvrages de l'art. Dans les anciennes cofmogonies l'idée du combat des élémens & celle de leur réunion néceffaire à la création ou formation de l'univers, ont été repréfentées de plufieurs manières. On doit y rapporter Eris, Eros, ainsi que Mars & Vénus, qui, réunis, furent les auteurs de l'harmonie. Les poëtes en prirent, & même de très-bonne heure, la fable des amours de Vénus & de Mars ; les artistes la transformèrent dans un idéal de deux belles figures, de l'un & de l'autre sexe, avec une expression propre à chacune. On connoît trois antiques de ce genre : une à Florence (1) qui est un beau groupe de Vénus demi-drapée avec Mars entièrement nu, ayant seulement la ceinture & le parazonium ; l'autre au cabinet du Capitole (2) ; & la troisième, dans le jardin du palais Borghèse (3). Vénus est drapée dans ces deux dernières. Je ne trouve aucune notice sur leurs parties restaurées (4). D'après les gravures, les statues des deux derniers groupes paroissent être faites d'après nature. On s'en est formé des idées bien variées ; car on y a cherché Coriolan

---

(1) *Muf. Florent.* T. III, tit. 36.
(2) *Muf. Capit.* t. 20, Winkelmann dit aussi, que la tête est d'après le naturel ; *Hist. de l'Art*, liv. IV. chap. 5.
(3) Chez Perrier, 21.
(4) Sur des tombeaux, on trouve des figures pareilles de mari & de femme ; comme, par exemple, chez Boissard & dans la *Gal. Giustin.* I, 140.

& fa mère suppliante (1), ou la bonne Faustine avec son Gladiateur; & dans cette supposition, on a voulu y trouver une expression sublime du combat intérieur des passions dans le cœur d'une femme qui va s'abandonner au crime, telles que la crainte, la pudeur, le desir, &c. (2). Comment a-t-on pu trouver vraisemblable, qu'une passion honteuse & secrete d'une impératrice auroit été divulguée par le moyen d'un monument public? Il seroit plutôt permis de regarder ce groupe comme une allusion à Faustine & Marc-Antoine. On connoît deux médailles de Faustine (3), sur lesquelles l'on retrouve ce groupe; & sur l'une de ces médailles, on lit : *Veneri Victrici. S. C.* Il se peut

---

(1) Sur-tout dans le groupe Borghèse. Winkelmann, dans la préface de son *Histoire de l'Art*, dit : « D'après la supposition que cet ouvrage a » été fait par un artiste Romain, on le trouve » plus médiocre qu'il ne l'est en effet ».

(2) Voyez Raguenet, *Monumens de Rome*, p. 28, 27, *édit. d'Amsterdam*, 1701, 12. Ce petit ouvrage a été réimprimé depuis. L'auteur appartient au grand nombre de ceux qui se répandent en éloges sur tout ce qu'on leur prône, & qui s'exaltent par un enthousiasme factice, sans rien voir par eux-mêmes.

(3) Gesner, t. 114, I. 115, 34.

qu'elles aient été frappées au départ d'un empereur pour la guerre, ou dans une autre occasion qui y avoit rapport. Mais il ne s'enfuit cependant pas que cette idée, inventée d'abord pour les médailles, ait été copiée ensuite. Il est plus probable, & plusieurs exemples le prouvent, que des statues anciennement existantes ont été employées en copies sur des médailles (1).

Une très-belle idée d'une Vénus Victrix se trouve dans un groupe du palais Borghèse : Vénus y porte la ceinture de Mars ; à côté d'elle l'Amour se couvre de son casque, & derrière eux est l'armure du dieu de la guerre (2). Des pierres gravées offrent encore des variétés plus belles de cette idée (3).

On connoît une statue de la *Villa* Borghèse, sous le nom de la Vénus

---

(1) Cette idée se trouve souvent sur les pierres gravées. Lippert. *Dactyl. Mill.* 1, t. 88, 89, 90, 91 ; II, 1, 77, 73, 79 ; III, 1, 92, — 95 ; *Muf. Florent.* T. I. t. 73.

(2) Une mauvaise gravure s'en trouve chez Thomassin, t. 4. Ce morceau qui se trouvoit jadis dans la maison de Tib. Cevoli, est cité par De'Cavallieri, p. 11, t. 69, *Venus in contabernio Martis.*

(3) Par exemple, chez Lippert. *Dactylioth. Mill. I*, 1, 92, 95.

qui puife de l'eau avec une coquille (1). On en a fait toutes les applications poffibles, fans penfer que ce n'eft autre chofe qu'une Nymphe. Une pareille ftatue eft dans la collection de Walmoden ; elle a été trouvée dans les fouilles de la vigne Verofpi, & Cavaceppi l'a reftaurée (2).

La Vénus couchée avec un petit Amour eft connue. Ce tableau antique, dont il y en a fi peu à Rome, ne donne pas une grande idée de l'artifte, à en juger d'après les gravures qui en ont été faites.

On dit, qu'une Vénus endormie fe trouve à Wiltonhoufe, dans la collection de milord Pembrock. Des torfes de ftatues couchées, telles qu'on en plaçoit principalement fur les tombeaux, près des fontaines ou dans des grottes, les reftaurateurs modernes en ont fait des Vénus endormies, des Cléopâtres ou des Nymphes ; & cette dernière idée avoit au moins le plus de probabilité. K.

---

(1) Perrier, *t*. 89, chez Sandrart, *Liv. II. Bb*. Cette figure eft une Latone, & chez Brigenfi, *in villa Borghefia*, *p*. 80, une Thétis.

(2) Voyez Cavaceppi, *t*. 60.

DES DISTINCTIONS VÉRITABLES

ET SUPPOSÉES

Qu'il y a entre les FAUNES, les SATYRES, les SILÈNES & les PANS;

PAR M. HEYNE.

TRADUIT DE L'ALLEMAND.

LES poëtes & les artistes ont imaginé, dans leurs fables, plusieurs êtres pour accompagner Bacchus, & pour lui servir de cortége, qui tous approchent plus ou moins de la nature animale, qu'ils ont représenté de diverses manières, & auxquels ils ont donné différens noms. Les uns tiennent de l'animal par les pieds de chèvre, une queue, des oreilles pointues & des cornes. D'autres conservent davantage le caractère de la nature humaine, & n'ont de l'animal que les cornes & la queue de bouc ; il y en a même à qui l'on ne voit que de petites cornes naissantes au front. La nature du bouc y est aussi exprimée sur toute la physionomie, par l'os frontal, le poil de la barbe & les poireaux ou appendices de chair pendus au bas des machoires. D'autres, au contraire, sont représentés seulement sous une figure humaine rustique & grossière; laquelle néanmoins a été rendue par quelques artistes, à des figures de jeunes sujets, de manière que ce qu'elles offroient de laid & de rebutant, est devenu agréable & gracieux. Ces êtres sont connus sous les noms de Faunes, Satyres, Silènes; & il y a aussi des Pans. Mais il règne une si grande confusion sur la nature de ces êtres, & particulièrement sur leur dénomination, qu'on a bien de la peine à la débrouiller, sur-tout lorsqu'on veut comparer entr'eux les écrivains modernes qui en ont parlé (1).

Dans les écrits des modernes sur les antiquités, & dans ceux de Winkelmann même, on a adopté une différence marquée entre les Faunes & les Satyres : les premiers, dit-on, n'ont que des oreilles pointues & une queue, tandis que les seconds se reconnoissent par leurs pieds de chèvre; mais les Silènes ne sont absolument que de vieux Faunes. On a aussi accusé d'erreur quelques

---

(1) Vossius sur *Mela*, I, 8; Casaubon, *De Satyrica Poesi*; Salmasius, & les Mythologues.

auteurs pour avoir donné le nom de Faunes à l'eſpèce aux pieds de chèvre.

J'ai toujours regardé cette diſtinction comme une choſe décidée ; mais je me ſuis auſſi toujours trouvé embaraſſé lorſque j'ai voulu en donner la raiſon & la preuve , & quand j'ai tâché d'expliquer pourquoi les Faunes doivent plus tenir de la nature humaine que les Satyres. Cet embarras a été augmenté encore par la réflexion que les Grecs n'ont point connu les Faunes, quoiqu'ils aient eu des figures auxquelles nous donnons ce nom. Quelle eſt donc la figure qu'il faut ſe repréſenter par les Satyres de Pline & de Pauſanias, lorſque ces deux écrivains parlent des ouvrages des grands maîtres ? L'idée même de ces êtres , moitié homme moitié animal, eſt étrange. Comment peut-elle avoir été conçue par les anciens ; & qu'elle a été la première repréſentation qu'ils en ont faite ? Il eſt naturel de croire que la plus ancienne repréſentation de ces êtres a été celle qui tenoit le plus de la nature animale ; & que c'eſt de-là que les maîtres de l'art ſont partis pour les repréſenter , d'après l'idéal qu'ils s'en font formé, fous une figure qui approchoit davantage de celle de l'homme. Cependant on trouve, dès les premiers tems, des figures de ces êtres qui tenoient plus de la nature humaine. Mais fans fatiguer le Lecteur, en le conduifant par tous les détours du dédale de mes recherches, (ce qui ne ferviroit qu'à perdre un tems précieux) je pafferai tout de fuite à ce que je crois avoir découvert fur cette matière. La route la plus courte eft toujours la meilleure, particulièrement dans l'étude de l'antiquité, laquelle n'eft pas moins chargée, en général, de chofes inutiles que toutes les autres connoiffances humaines.

De même que tous les autres fujets de la Mythologie ancienne, les races des Faunes, des Satyres, des Silènes & des Pans ont été produites & formées par des idées totalement difparatés. On y reconnoît certaines fables primordiales ; d'autres idées ont été puifées dans la fable de Bacchus, auquel on a donné pour cortége les Satyres, les Silènes & les Bacchantes; mais ces idées ont été fort étendues & multipliées, tant par la danfe dionyfiaque, dionyſiaque, qu'on doit regarder comme l'origine de la tragédie & de la comédie, que par les drames ſatyriques qui furent joués depuis, & dans leſquels il paroiſſoit toujours ſur le théâtre des Satyres & des Silènes qui compoſoient ordinairement le chœur, comme on en voit encore un exemple dans le Cyclope d'Euripide. D'autres manières de repréſenter ces êtres ont été ſuggérées par les anciennes orgies & les fêtes dionyſiaques, qui ſervoient à repréſenter, en forme de pantomime, le paſſage de la vie ſauvage de l'homme à l'état de civiliſation. Ces fêtes ne furent plus, avec le tems, que des cérémonies auxquelles on n'attachoit aucun ſens, & des parades pompeuſes, qui dans la ſuite dégénérèrent même en boufonneries indécentes & licentieuſes. Ces orgies paſſèrent auſſi en Italie, où elles furent généralement reçues ; & c'eſt de ces fêtes que les artiſtes Etruſques prirent la plus grande partie des ſujets qu'ils ont repréſentés. Ajoutons à cela les idées des poëtes, particulièrement des ſiècles ſuivans, qui cherchèrent à embellir les fables de Bacchus qu'on avoit déja traitées tant de fois & de tant

E

de manières différentes dans les hymnes, les dithyrambes & les autres poéfies lyriques, ainfi que dans les épopées. On avoit, depuis long-tems, perdu le fens des anciennes fables & des ufages religieux; les antiquaires & les philologues mêlèrent enfuite enfemble, & confondirent des fables de nature différente & de caractère difparate. Il ne faut donc pas s'étonner s'il règne, dans toute cette partie de la fable, tant de confufion & tant d'obfcurité, qu'il n'eft guère poffible de s'en tirer. On me fauroit peu de gré fans doute de la peine que je pourrois prendre pour débrouiller & expliquer d'une manière claire tout ce qui regarde les Satyres & les Faunes. Je me bornerai donc à dire quelque chofe de ce qui concerne la manière de repréfenter ces êtres.

Suivant la fable de Bacchus, Silène fut le père nourricier & le compagnon de ce dieu; & ils étoient tous deux efcortés de Satyres & de Nymphes. Dans l'origine, il n'y eut qu'un feul Silène; mais dans la fuite on les trouve au nombre pluriel, & aujourd'hui ils ne font plus que de vieux Satyres. Jufqu'ici la remarque grammaticale eft

juste : « On donne le nom de Silènes
» aux Satyres qui sont le plus avancés
» en âge (1). Il semble que cette multiplication doit son origine aux chœurs bacchiques & aux drames satyriques ; de même que c'est aux orgies qu'il faut attribuer le changement des Nymphes en Bacchantes. Mais ici le père Silène reste cependant toujours à la tête du chœur des Satyres. Il est d'ailleurs distingué des autres Silènes (2). On le voit aussi sur des anciens monumens de l'art, représenté au milieu de vieux Satyres ; mais toujours néanmoins d'une manière qui le fait facilement reconnoître (3).

---

(1) Pausanias, I. 23, Τους γαρ ηλικια των Σατυρων προηκουτας ονομαζουσι Σειληνους. Comparez l'Etymol. M, au mot, Σειληνους ; ainsi que le Scholiaste de Théocrite 4, 62 ; si toutefois je comprends bien ce passage.

(2) Hymnes d'Orphée, 53, Σιληνων οχ'αριϛε, où il introduit aussi (vers six), des Nayades & des Bacchans. Ces derniers ne paroissent que rarement au nombre pluriel. Casaubon, I, 2. de Satyr. Poes. p. 46, en cite deux exemples, qui peut-être même sont encore contradictoires. Il faudroit également savoir, si dans l'Hymne d'Orphée, on ne doit pas lire Ναϊσι και Βακχαις.

(3) Par exemple, sur le bas-relief de la Villa Montalti ; Admir. 55, où Silène est représenté monté sur un âne & soutenu par un jeune Faune,

E 2

Mais de quelle manière, demandera-t-on, les figures des Satyres & des Silènes ont-elles été conçues & introduites? --- Elles n'étoient rien autre, autant que j'ai pu le découvrir, que celles des êtres qu'on appelle communément Faunes & Silènes ; c'eſt-à-dire, de ceux qui ne s'écartent de la figure humaine que par la queue de chèvre & les oreilles pointues. Au lieu que les pieds de chèvre & une phyſionomie qui tient plus de l'animal faiſoient le caractère des Pans.

L'origine de l'idée des Silènes & des Satyres ſe perd dans la plus haute antiquité. Il ſe peut que la repréſentation de ces êtres ait été faite d'après

---

& où l'on voit néanmoins de l'autre côté un vieux Faune avec deux flûtes. Dans les repréſentations de Bacchus, il manque rarement un Silène. La deſcription d'une fête Dionyſiaque, inſtituée à Alexandrie par Ptolémée Philadelphe, ſe trouve chez Callixène, dans *Athenée*, *L. V, p.* 197, *F*; fête dont le goût pourroit nous fournir plus d'une remarque ; mais voici ce qui appartient au ſujet que nous traitons. « Il y avoit entr'autres, eſt-il dit,
» pluſieurs troupes de Silènes & de Satyres, vêtus
» & arrangés de différentes manières; on y voyoit
» auſſi un preſſoir dans lequel ſoixante Satyres
» (Faunes) fouloient le raiſin & jouoient de
» leurs flûtes un air de vendange. A leur tête étoit
» Silène, *p.* 199, *A.* »

l'aspect d'hommes grossiers, vêtus de peaux d'animaux. Lorsqu'on se figure un homme couvert d'une peau de chèvre, dont la partie supérieure lui passe par-dessus la tête, il ne paroîtra pas impossible que cette vue puisse avoir donné lieu à la représentation imparfaite ou embellie des êtres dont nous parlons. Il se pourroit aussi que, dans les tems les plus reculés, ont ait voulu représenter par ces figures une nature sauvage & grossière ; ou la réunion de la figure animale avec celle de l'homme, telle que l'est encore celle des Centaures, des Tritons, des Néréides, des Géants, &c., qui sans doute a été, pour les premiers hommes, la manière la plus facile d'exprimer des idées compliquées. Il est certain du moins qu'il y avoit quelque chose de symbolique dans le premier usage qu'on a fait de ces figures. Ni le diable, ni les orang-outang, ni les hommes à queue, qui, à ce qu'on croit communément, ont fait naître la première idée des Satyres, n'y ont certainement contribué en rien. Dans la Grèce on ne connoissoit ni démons, ni hommes à queue ; & les singes n'y étoient pas non plus des animaux indigènes.

Il paroît que les Satyres & les divinités des bois exiftoient déja avant qu'on les eût donné pour cortége à Bacchus. Il eft fait mention d'un Satyre dans la très-ancienne fable d'Amymone, des Argiens (1); & Héfiode les fait paroître au milieu des Nymphes &des Curetes(2). On trouve qu'il eft même déja parlé des Satyres, comme de divinités des bois, dans une hymne d'Homère (3). Cette idée eft donc très-ancienne, & n'a été que reçue dans la fable de Bacchus, puifque le caractère des divinités des bois étoit déja fixé; mais la marque de cette nature *Sylvanique* des Satyres & des Silènes paroît, comme je l'ai déja fait obferver, avoir toujours été la même que celle que nous connoiffons encore, & que nous défignons

---

(1) Apollodor. *II*. 1, 5.

(2) Dans un fragment chez Strabon *X*, p. 723. Cafaubon *de Satyr. Poef. I*, 2, le cite également, ainfi que d'autres paffages. Mais il ne faut pas chercher chez ce favant homme, ni chez d'autres fes pareils, ce que l'efprit de l'antiquité doit nous faire conclure de ces paffages.

(3) *Hymn. in Vener.* 263.

sous le nom de figure de Faune. Car quoique j'aie remonté fort haut dans l'antiquité, tant par ce que m'ont fourni les écrivains, que par les ouvrages de l'art, je n'ai découvert aucune trace de quelque autre figure qui y ait rapport.

On n'en trouve rien dans Homère; Hésiode n'a parlé qu'en passant des Satyres, comme de divinités des bois, ainsi que je l'ai déja remarqué plus haut. Il paroît donc vraisemblable que c'est des danses des chœurs dionysiaques & des drames satyriques que toute l'espèce de ces êtres fabuleux a reçu en premier sa représentation & sa destination; de sorte qu'on peut leur donner en effet le nom de personnages dramatiques ou scéniques. Le premier éclaircissement sur leur figure se trouve dans les passages connus de Platon & de Xénophon, où l'on compare la tête de Socrate à celle de Silène; &, véritablement, elle ressemble beaucoup aux têtes de Silène que nous avons de l'antiquité : c'est le même crâne chauve, la même barbe, le même nez camus. Nous savons d'ailleurs que les Silènes n'étoient autre chose que de vieux Satyres, auxquels on donne maintenant le nom de Faunes. Les jeunes Satyres ne peuvent donc non plus avoir été que nos jeunes Faunes ; & c'eſt dans ce même ſens que nous voyons que ſont exécutées toutes les figures qui nous en reſtent, ou dont les écrivains nous ont donné une deſcription claire & intelligible ; de forte que lorſque nous trouvons que les anciens Grecs parlent de Satyres, nous ne pouvons, en général, nous en former d'autre idée que d'après la figure des Faunes, & nous ne devons jamais penſer aux pieds de chèvre. Il y a encore des paſſages d'anciens écrivains où il eſt fait mention de Satyres ; mais ils ne diſent rien qui puiſſe ſervir à caractériſer leur figure : ils déſignent ſeulement quelque choſe de brute , ſans qu'on puiſſe en conclure juſqu'à quel point alloit cette forme animale, & s'il faut y comprendre les pieds de chèvre (1).

───────────

(1). Dans *l'Hymne d'Orphée*, 53 , les Satyres ſont appellés ϑηρότυποι , *Animaiformes ;* mais il n'ajoute point juſqu'où alloit cette forme animale. Il veut donc auſſi parler ici, je penſe, des Faunes ordinaires qui avoient les oreilles pointues ; &, ſi l'on veut, de petites cornes & une queue. Je m'étois d'abord flatté de trouver de plus grands éclairciſſe-

Par d'autres paſſages il paroît clairement que, par les figures à pieds de chèvre, les Grecs entendoient une toute autre claſſe d'êtres ; ſavoir, la race des Pans, dont je dirai quelque choſe dans la ſuite. Il eſt de même décidé que les Satyres, auſſi bien que les Silènes des Grecs, avoient une figure tout-à-fait humaine, qui n'étoit que plus ou moins rendue d'après un certain idéal déterminé ; & l'on voit aux ſta-

---

mens ſur cette figure de Satyres, dans le Cyclope d'Euripide, le ſeul Δραμα Σατυρικον, qui ſe ſoit conſervé : le chœur de cette pièce eſt compoſé de Satyres avec Silène. Dans le V. 620, ils ſont appellés Θηρες, ce qui ne demande point non plus d'autre explication, que celle que nous avons donnée plus haut. C'eſt le même nom, avec une autre prononciation Φηρες, que les anciens Joniens donnoient aux Satyres ; & c'eſt par-là qu'Hyppocrate explique Φυρθον, mot qui ſignifie une groſſeur au-deſſous des oreilles, comme on en voyoit aux Satyres. *Vide*, Galéen ſur Hyppocrate. *Epidem VI , 3 , 10, & Fœſii Æcon. Hippocra. h. v.* (Galéen, cite là, un paſſage du ſeptième livre des maladies épidémiques : επεδημησαν βηχες, μαλιϛα δε παιδιοις τα περι τα ωτα πολλοιϛιν, οια τοις Σατυροις, lequel, à ce que je vois, ne ſe trouve pas dans le texte d'aujourd'hui) On apperçoit un peu d'obſcurité ſur cela chez Caſaubon, *p.* 66. Cette excroiſſance de chair au-deſſous des oreilles ſe voit encore aux ſtatues des vieux & des jeunes Faunes, & ſemble avoir été priſe d'après ce qu'on remarque aux chèvres.

tues des Satyres exécutées par les artiftes Grecs, tout ce que Winkelmann & d'autres on dit de la manière de repréfenter les vieux & les jeunes Faunes.

Un des plus anciens ouvrages de l'art fur lequel il y a des Satyres, c'eft la frife du monument de Lyficrate, à Athènes, lequel mérita le prix à la danfe théâtrale ou des chœurs, qu'il exécuta fous l'archonte Evænetus, dans la cent & onzième olympiade, l'an 335 avant l'ere chrétienne. Cet édifice, appellé communément la Laterne de Démofthène (1), a été conftruit du tems de Démofthène, &, par conféquent, à la plus belle époque de l'art. Cette frife fait voir, en très-beau bas-relief, la punition des matelots Tyrhéniens qui voulurent enlever Bacchus, & qui furent changés en dauphins. Les Faunes, ou les Satyres, comme les appelloient les Grecs, font repréfentés fur cette frife en différentes attitudes, & de

___

(1) *Lanterna di Demoftene : Monumentum choragigum*. On trouve ce monument fort bien deffiné dans *Stuart's Antiquities of Athens*, chap. 4. Comparez-y le Roi, *Ruines de la Grèce*, pl. 13, p. 24, P. II, pl. 25, (& de la nouv. édit. P. I, pl. 10 & 34); & de même dans les planches de Dalton.

divers âges : quelques-uns sont très-beaux. Tous n'ont que les oreilles pointues & une petite queue ; ils ont de plus une autre marque caractéristique, que je n'ai vu que sur les vases Etrusques, & cela même peut être encore aux Satyres seulement ; savoir, que leur membre viril est pointu & arqué à la manière des animaux.

Le célébre Satyre de Praxitèle, statue à laquelle les Grecs ont donné le nom de fameux (Περιβοητος), n'étoit point une figure à pieds de chèvre ; mais représentoit ce que nous appellons un jeune Faune, auquel l'artiste avoit par conséquent fort bien fait de donner toute la beauté juvenile (1); comme il s'en

―――――――――――――――――――――――

(1) C'étoit cette statue & celle de l'Amour, que Praxitèle préféroit à tous ses autres ouvrages. *Vide*, Pline, XXXIV, 8, p. 19, 10. Comparez Athenée, 13, 1, p. 591, B. ; ainsi que Pausanias I, 20, pr. Mais le passage entier de ce dernier écrivain est un peu obscur, & même, à tous égards, fautif. S'il ne parle que d'une seule statue, cette statue célébre étoit alors celle d'un jeune-homme, qui présentoit une coupe à Bacchus Διονυσω δε Σατυρος εςι παις, και διδωσιν ςαπωμα. Mais il est plus probable, qu'il est question de deux statues différentes. Winckelmann, (*Histoire de l'Art*, *L. IV*, *ch.* 2), dit : « Comme » il se trouve à Rome plus de trente statues de » jeunes Satyres ou Faunes, qui se ressemblent » toutes pour la position & pour l'attitude » ; (mais il

trouve en effet encore parmi les ſtatues de jeunes Faunes; de ſorte qu'on pourroit les prendre pour Bacchus, ainſi que Winkelmann l'avoit déja remarqué. L'artiſte a changé le corps lourd, groſſier & non développé d'un ruſtre, en un idéal qui, à la vérité n'offre rien de noble & d'élégant, mais qui fait voir cette gaité & cette innocence d'un jeune homme, & cette agréable vigueur des gens ſains & bien conformés de la campagne. Ce

---

ne dit point de quelle attitude, ni de quelle poſition il eſt queſtion; ſans doute que c'eſt celle où Faune eſt repréſenté tranquille, appuyé, & avec une jambe croiſée devant l'autre). « Il eſt à croire que l'ori- » ginal de ces figures fut le fameux Satyre de » Praxitèle ». — Dans la traduction de M. Hubert, de *l'Hiſtoire de l'Art*, *tome II*, *page* 53, faite d'après la nouvelle édition de cet ouvrage, en Allemand, il s'eſt gliſſé une erreur beaucoup plus groſſière encore. « Après ce célèbre ſtatuaire, (Praxitèle), y eſt-il dit : « ceux qui ſe ſignalèrent dans ce genre de » figures furent Pratinas & Ariſtias de Phliaſium, » près de Sycione, & un certain Eſchyle ». Voilà certainement avancer autant de bévues qu'il y a de mots. Pratinas, (& non pas Pratinus) (*) & Ariſtias), n'étoient point artiſtes, mais deux poëtes dramatiques, qui ont écrit des drames Satyriques, Σατυρους, dont les chœurs étoient compoſés de Satyres, ainſi qu'en a fait le poëte Eſchyle. Ce n'eſt pas non plus Phliaſium que ſe nommoit la ville, mais Phlius, dont les habitans s'appelloient Phliaſiens, (Φλιους, ουτος).

(*) La traduction de M. Hubert, porte Pratinas.

même grand artiste avoit fait une statue avec des pieds de chèvre; mais c'étoit un Pan qui tenoit une outre (1). Un autre Satyre, de même exécuté en marbre de Paros, par Praxitèle, étoit placé dans le temple de Dionyſus ou Bacchus à Mégare (2). Le Satyre de Myron, qui tenoit une flûte à l'oreille & paroiſſoit étonné d'entendre les ſons qu'elle rendoit (3); les quatre Satyres de marbre du meilleur tems, qui ſe trouvoient dans les portiques d'Octavie à Rome, dans une ſalle appellée l'école (4); celui de bronze

---

(1) Voyez l'Antholog. IV, 12, p. 343, Steph. VI, 4, p. 416.

(2) Pauſanias I, 43, p. 104, Σατυρος δε παρεϛηκει αυτω (Διονυσω) Πραξιτελους εργον παριον λιθον. Ce qui ſuit eſt obſcur. On pourroit croire qu'il faut le rapporter au Satyre; mais cela doit néanmoins être entendu de Bacchus, & peut être corrigé de cette manière: Τουτον μεν δη (τον Διονυσον) πατρωον, καλουσιν ετερον δε Διονυσον Δασυλλιον επονομαζοντες.

(3) Pline, XXXIV, ſec. 19, 3. Il étoit de bronze. L'épigramme d'Agathias, Anthol. IV, p. 339, n'a donc point pour objet cette ſtatue, mais un tableau du même ſujet.

(4) Plin. XXXVI, ρ. 48. L'un portoit ſur la main & préſentoit Bacchus vêtu d'une longue robe; l'autre portoit pareillement une Libera ſur la main; præfert, ainſi que je l'entends des grandes ſtatues qui tenoient ſouvent de petites ſtatues ſur la main; le

de Lysippe à Athènes (1); toutes ces statues représentoient, selon notre manière de parler, des Faunes. Un Satyre endormi sur une coupe d'argent, de Stratonique (2), & un Satyre couronné tenant une coupe, célèbre tableau d'Ariston (3), nous sont tous connus par Pline, & doivent tous être pris pour nos Faunes. Plus fameux encore cependant étoit le tableau de Protogène, représentant un Satyre en repos, tenant une flûte à la main, connu sous le nom d'*Anapavomenos* (4). Suivant ce que dit Strabon (5), il étoit appuyé contre une colonne; ce qui me feroit croire que les jeunes Faunes appuyés, avec une flûte à la main, en

---

troisième empêchoit un enfant de pleurer; & le quatrième buvoit dans la coupe d'un autre, ainsi qu'un des précédens.

(1) Pline, XXXIV, *sec.* 19, 6, *Athenis Satyrum.* Harduoin en a fait, *Satyrorum turmam*, ce qui offre, sans doute, un contre-sens.

(2) Pline, XXXIII, *sec.* 55. On trouve encore parmi les antiques, des Faunes endormis. Il y en a un pareil dans le palais Barberin. Voyez *Tetii Ædes Barberinæ*, N. 215. Le beau jeune Faune de Portici est représenté assis. *Bronzi di Ercolano.* t. 40.

(3) Pline, XXXV, *sec.* t. 26, 23.
(4) Pline. XXXV, *sec.* t. 36, 10.
(5) Strabo. 14, *p.* 965, A.

font des copies : tel eſt, entr'autres, le jeune Faune de la *villa* Adrienne, dans le cabinet du capitole (1). Un autre fameux tableau d'un Satyre étoit celui d'Antiphile ; il étoit couvert d'une peau de panthère, & tenoit la main devant les yeux, comme s'il vouloit promener ſes regards au loin : changement heureux dans la poſition & l'attitude de la figure, dont il faut peut-être chercher la raiſon dans ce que les Satyres étoient quelquefois placés ſur des côteaux, ainſi que Pan qui eſt repréſenté dans la même attitude (2).

---

(1) *Muſ. Capit. T. III, t, 32.*

(2) Plin. XXXV, *ſec. t. 36, §. 32, Apoſcopevonta appellant*. Que n'a-t-on pas déja dit ſur ce mot ; le paſſage qui peut l'éclarcir ſe trouve dans Athenée, 14, *p.* 629, *F.* Auſſi Hardouin le cite-t-il, ainſi que Junius, *in Voc. Antiphilus*, de même que le commentateur d'Heſychius, dans σκωψ. On a obſcurci la choſe à force de vouloir y mettre de l'érudition ; & l'on a confondu, à ce que je vois, deux choſes tout-à-fait différentes : σκωψ, σκοπευμα, *une danſe*, & σκοπευμα de σκοπευθν, σκοπος, *regarder autour de ſoi, en tenant les mains devant les yeux.* Qu'on a auſſi repréſenté des Satyres dans cette attitude, c'eſt ce que Heſychius dit, dans ὑποσκοπον χθρα, & il ſe peut bien, que parmi les Faunes & les Satyres, qu'on a reſtaurés avec les mains élevées en l'air, il y en ait eu qui tenoient la main devant le front. Ce que Scaliger dit de la manière de cacher la calvitie, ne doit pas être

On ne peut pas douter que les Silènes n'aient eu, dès les premiers tems, la figure que nous leur voyons sur d'anciens monumens (1). Il se trouvoit à Rome des Silènes de Praxitèle ; ils doivent avoir eu une attitude gaie, peut-être dansante, autant que je puis le conjecturer du moins par une

───────────────

entendu pour le général, & ne convient qu'aux vieux Silènes. Changer *Apofcopevonta* en *Apofcopunta*, (αποσκοπωυντά) étoit très-inutile; car ces deux façons sont en usage, & signifient la même chose. Que Pan étoit aussi représenté de cette manière, se voit dans Silius, *XIII*, 341. *Obtendenfque manum, folem infervefcere fronti Arcet, & umbrato perluftrat pafcua vifu.* Nous apprenons par l'épigramme de Mœcius, que Pan étoit placé sur des collines : ευτεταλαν γλαυκαν αναδενδραδα τανδε παρ απραις Ιδρυνθεις λοφιαις Παν ιδ επισκοπεω. *Anthologie IV*, p. 343, Steph. « Moi Pan : placé sur ce côteau, je veille sur toute cette vigne entière ».

(1) Quand Nonnus donne aux Silènes des jambes velues, cela ne décide rien : Σιληναων φαλαγγα δασυκνημοιο γενεθλης. Il y a encore des Silènes qui ont du poil sur tout le corps, tels que ceux de bronze d'Herculanum, chez Cavaceppi, *tab.* 16 & *tab.* 25 ; *Tome I* ; & *Tome II*, *tab.* 29, dans l'œuvre de Zanetti, des statues de la bibliothèque de Saint-Marc, à Venise. Mais lorsque ce même Nonnus, dans un autre endroit, (*Vide*, Casaubon *de Satyr. Poefi. p.* 61), attribue des cornes aux Silènes ; il faut se rappeller que cet écrivain, n'est pas un bon garant pour ce qui regarde le costume.

épigramme

épigramme grecque d'Æmilien (1). Pline cite auſſi un tableau de Philoxène qui repréſentoit trois Silènes danſans (2). On reconnoît encore le vrai Silène, le père nourricier de Bacchus, dans la figure qui tient dans ſes bras un enfant, qui ſans doute eſt le petit Bacchus (3).

---

(1) *Anthol. IV*, 6, *édit. d'Etienne*, p. 302. Voyez cela corrigé dans les *Analect de M. Bruck*, T. II, p. 275. Τεχνας εἱεκα σθο ; dont le ſens eſt : « Voyez vous » Praxitèle, par votre art la pierre même ap- » prend à ſauter. Donnez-moi la liberté, & je » danſerai. Notre vieilleſſe n'eſt plus débile ; il n'y » a que cette pierre envieuſe, à laquelle nous » ſommes attachés, qui nous empêche de danſer ». Ce groupe étoit placé dans les monumens d'Aſi- nus Pollion, Pline, *XXXVI*, ſect. 4, §. 5.

(2) Pline, *XXXV*, ſect. 36, 22. *Idem pinxit* Laſciviam, *in quâ tres Sileni comeſſantur*; κωμαζουσι a-t-il voulu rendre : comme le nom grec du tableau auroit dû être ακολασια ou ασελγεια ; ſi ce n'eſt que Pline ne nommât point ici cette danſe *Laſcivia*, comme il le fait ailleurs ; & par conſéquent le tableau s'ap- pelloit κωμος Σειληνων.

(3) On en voit encore d'autres à Rome, outre les deux que cite Winkelmann dans le palais Ruſpoli. Le plus admiré eſt, autant que je le ſache, celui de la *Villa* Borghèſe. *Vide, Raccolta,* t. 77 ; De'Cavallieri *II*, 75 ; Perrier *t*. 6. Il y a une repréſentation tout-à-fait différente & infiniment moins agréable d'un vieux Faune qui tient un enfant aſſis ſur ſon épaule ; il doit y avoir auſſi un Silène avec Bacchus, dans le palais Farnèſe.

F

(82.)

Le corps trapu & replet n'eſt remarquable que dans les repréſentations qu'on voit de Silène monté ſur l'âne, dans ce qu'on appelle fêtes de Bacchus ou bacchanales. Un nez plus ou moins camus eſt propre à toute la race des Faunes & des Silènes (1); tandis que la race des Pans a le nez aquilain. La tête chauve ne convient qu'aux vieux Silènes; les vieux Faunes ne l'ont pas toujours. --- A la race des Faunes, ou ce que les Grecs appelloient Satyres, appartient Marſyas, auquel on donne tantôt le nom de Silène, & tantôt celui de Satyre (2). Sur les anciens ou-

---

De' Cavallieri *II*, 76 ; la planche en eſt mauvaiſe. Cependant je crains que ce morceau ne ſoit moderne, & qu'il n'ait été exécuté d'après la figure d'un bas-relief du jardin Montalto. *Admir.* 53.

(1) Τὸ σιμον ἤ ρις σιμη. Pollux *IV*; 147 remarque même cela comme un caractère particulier des figures groſſières & ruſtiques. Winkelmann, dans ſon *Hiſtoire de l'Art*, embrouille la choſe en cherchant à l'éclaircir ; il a voulu dire, que quelques phyſionomies ont un σιμον qui leur donne une certaine grace & un certain agrément. On voit tous les jours chez les deux ſexes des viſages avec un nez applati, qui néanmoins ont quelque choſe de fort agréable, & un caractère particulier.

(2) Hérodote, *VII*, 26, Τον Σιληνον Μαρτυεω.

vrages de l'art, même sur des médailles, il ne paroît également qu'avec des oreilles pointues (1).

Ceux de la race aux pieds de chèvre, qui, ordinairement aussi, (sur-tout ceux qui sont représentés d'un certain âge), ont une large face grossière & sauvage, avec des cornes, de grandes oreilles, une barbe hériffée & en désordre, un nez aquilain, n'ont rien de commun avec Bacchus. C'étoit-là, chez les anciens, la figure de Pan. On le prenoit commu-

---

Mais il porte le nom de Satyre chez Ovide & chez Alcée, dans un petit poëme grec, que cite Casaubon, *page 51, Anthologie, Tome IV, 6*. Il a pour sujet une statue qui représente Marsyas attaché à l'arbre pour être écorché. Mais cet Alcée n'est point le poëte lyrique ; c'est un poëte du siècle du roi Philippe & de Persée.

(1) *Vide, Pitture d'Ercolano*, T. I, p. 47; T. II, p. 125, Pellerin avoit des médailles d'Apamée ; *Médailles des Villes*, T. II, p. 30. Dans les peintures d'Herculanum, il enseigne à jouer de la flûte à l'Olympe. La figure qui paroît souvent sur les pierres gravées & les bas-relief qui représentent Marsyas au moment où il a reçu son châtiment, est aussi un jeune Faune. On voit dans la *Villa* Ludovici un Satyre, c'est-à-dire, une figure à pieds de chèvre, qui enseigne de même à jouer de la flûte à un jeune Faune ; *Raccolta da Rossi*, t. 64. On peut croire, que c'est le même

nément pour le symbole philosophique; tantôt de la nature en général, tantôt de la vertu générative en particulier, &c. Il est déja question de l'ancienne fable de Pan dans une hymne d'Homère ; & l'on en trouve une en son honneur parmi les hymnes d'Orphée (1). Dans l'un & dans l'autre il est également parlé des signes caractéristiques qui lui sont particuliers ; savoir les pieds & les cornes de chèvre. On trouve aussi que les plus grands artistes ont fait des figures de Pan : Protogène & Zeuxis en ont peint tous deux.

Dans la suite il y eut chez les Grecs des Pans & des AEgipans, lesquels sans doute ont été imaginés pour répandre plus de diversité & d'agrément dans les drames

---

sujet qu'on a voulu représenter, mais que les artistes des tems postérieurs se sont écartés de l'idée ordinaire ; car on voit un pareil exemple au groupe d'Apollon qui va punir Marsyas, qui est à Dresde ; *Vide*, *Recueil de Marbres*, t. 65. Ce morceau y a, sans doute, été transporté du palais Chigi à Rome, où Richardson l'a encore vu, *p.* 526.

(1) *Hymn.* 10, & *Hymn. Homeric.* 17 ; chez Hérodote, *II*, 46, αιγοπροσωπον και τραγοσκελεα, & chez Simonide dans *l'Anthol. IV*, *p.* 336, Τον τραγοπουν εμε Πανα, &c.

satyrique, & dans les chœurs des dionyfies. C'est probablement aussi dans la même vue qu'on y a introduit des *Panisques* & des *Faunisques*, c'est-à-dire, de petits Pans & de petits Faunes (1). Enfin, ces idées ont été étendues sur l'autre sexe, & l'on a représenté des Faunes & des Satyres femelles; & c'est depuis ce tems-là qu'ils ont été regardés comme des êtres qui appartenoient au culte de Bacchus. Les artistes les introduisirent aussi dans les ouvrages qui avoient Bacchus pour objet (2), & changèrent par-là l'idée

---

(1) Les jeunes Satyres sont ce que nous appellons de jeunes Faunes ; voyez Athenée à l'endroit cité, p. 200, D. Σατυρισαι, par exemple, chez Denis d'Halicarnasse, 71, 72, sont ceux qui, dans les fêtes solemnelles, représentoient des Satyres. Les anciens donnoient le nom de Pan à nos jeunes Satyres. C'est un pareil Satyre que Tauriscus avoit peint. Pline, *XXXV*, S. 40, 140.

(2) On ne doute plus que les Pans aient enfin formé le cortége de Bacchus. On les trouve sur un grand nombre de bas-reliefs & de pierres gravées. Parmi ces dernières est la pierre de Bagarris que Casaubon, *de Satyr. Poesi. p.* 52, a citée & fait graver. On peut voir, par ce passage, combien de pareilles productions de l'art étoient, dans ce tems-là, rares pour les savans. Il en décrit avec admiration jusqu'à la moindre petite particularité ; & pense qu'on avoit mis l'arbre qui s'y trouve, pour désigner un site champêtre A côté d'un

attachée à la figure des Satyres, qui, jusqu'alors, n'avoient eu que des cornes & une queue de bouc. On a ce-

---

Silène, il y a une figure avec une draperie volante, qu'il prend pour la coëffure de Silène. Cette pièce est, en général, mal gravée. Je ne citerai ici des bas-reliefs, que celui de l'*Admiranda*; & parmi les statues, il en a une qui appartient à notre objet ; elle représente Bacchus appuyé sur un Satyre, quoiqu'il fasse autrement presque toujours groupe avec un jeune ou un vieux Faune ; groupes dont il en subsiste quelques bons & plusieurs mauvais. Le groupe dont je veux parler ici, est dans le *Museum Florent*. III, 51, 52, 53 ; dans le *Raccolta*, t. 46 ; & chez Bischof, 52, 53, 54 ; mais ce morceau est de Michel-Ange. On pourroit croire que le Satyre placé près de Bacchus n'offre rien que de naturel ; cependant, ce qui me surprend, c'est que jusqu'ici je n'en ai point trouvé d'exemple dans l'antiquité, si ce n'est un dessin que Bischof, *t.* 62, en a donné, sans qu'il dise où se trouve cet ouvrage ancien

A cette même espèce d'êtres bachiques, appartient encore la représentation qu'on voit sur une pierre gravée, copiée d'après l'antique : ce sont un jeune Faune & un Pan qui se heurtent le front l'un contre l'autre. Il est probable que l'ouvrage dont parle Pline, *XXXVI, sec.* 4, 10, représentoit le même sujet : *Pana & Olympum luctantes eodem loco*, (dans un temple de Jupiter, près les portiques d'Octavie), *Heliodorus : quod est alterum in terris symplegma nobile*. Le mot, *alterum* a rapport à un autre ouvrage, *§.* 8. *Nec minor quæstio est, in Septis*, (le champ de Mars), *Olympum & Pana qui fecerint*. Les figures de ce groupe paroissent donc avoir eu la même attitude.

pendant compris auſſi ſous le nom de Satyres les êtres à pieds de chèvre ; de ſorte que dans la ſuite il y eut des Satyres avec & ſans pieds de chèvre. Mais enfin on en fit une race particulière à laquelle on donna le nom de Satyres ; en réſervant le nom de Faunes pour l'autre claſſe, qui n'a point de pareils pieds de chèvre & qui tient plus de l'homme.

Cette confuſion de races ſemble cependant n'avoir été introduite d'abord que par les Romains. Les cérémonies du culte de Bacchus ont paſſé de bonne heure en Italie. Les Silènes & les Satyres avec & ſans pieds de chèvre, ou ce que nous appellons proprement Faunes, ſont repréſentés en grande quantité ſur les vaſes peints auxquels on donne le nom d'Etruſques, & même ſur ceux des premiers tems ; de manière qu'il paroît aſſez vraiſemblable que c'étoit l'uſage à ces fêtes Dionyſiaques que les initiés ſe traveſtiſſent & paruſſent en Silènes, en Satyres & en Faunes. Nous ſavons, par le décret que le ſénat de Rome prononça contre les bacchanales, que les cérémonies du culte de Bacchus s'étoient introduites & répandues dans cette ville. En abolissant les cérémonies secrettes du culte de Bacchus, qui, dans ce tems-là, étoit devenu une espèce de confrairie ou d'ordre, on n'a sans doute pas anéanti tout-à-fait le culte même qu'on rendoit à ce dieu. On faisoit même paroître des Satyres & des Silènes aux fêtes des jeux du cirque, ainsi qu'aux funérailles ; les premiers avoient des *nebrides* (peaux de chèvres) autour du corps, & le front garni d'un toupet de cheveux droits, destiné sans doute à représenter des cornes. Les Silènes portoient des vêtemens velus (1). La figure des Faunes proprement dite, ainsi que nous avons coutume de les représenter aujourd'hui, paroît déja sur un ancien ouvrage de bronze, qui est au collége de Saint-Ignace, à Rome, dont je parlerai

---

(1) Denis d'Harlicarnasse, *VII*, 72. — Μαλλωτοι χιτωνες, ους ενιοι χορταιους καλουσι και περιβολαια εκ ταυτος ανθους. Je ne puis pas m'en faire une idée bien claire, même en consultant sur ce point Pollux, *IV*, 118. Il faut que ces vêtemens aient été garnis de brins d'herbe & de fleurs ; sans cela, je croirois pouvoir expliquer, par le passage de

dans une autre differtation (1), comme d'un des plus anciens monumens de Rome, dans l'ancien ftyle romain.

Les Grecs ne connoiffoient point les Faunes par ce nom, qui eft purement latin, & qui, dans le principe, figni-fioit un dieu particulier au pays, qu'on confultoit comme un oracle. Dans la fuite on l'a confondu avec Pan, qui rendoit également des oracles ; & c'eft

―――――――――――

Denis d'Halicarnaffe, deux ftatues qui autrefois appartenoient à Ficoroni, qu'il a décrit lui-même, & dont il a donné une étrange explication. Ce font des Silènes ou des mafques de Silène, tels qu'ils étoient en ufage en Italie, tout-à-fait velus comme la toifon d'un bélier. A Rome même, on a introduit ces êtres champêtres fur le théâtre. On trouve en particulier des Pans, que, pour repré-fenter leurs pieds de chèvre, l'acteur marchoit fur des échaffes, d'où le nom de *Grallatores* eft venu de *Grallæ*. Voyez Feftus.

(1) *Differtation fur le trône d'Amycle.* L'ouvrage de bronze dont il s'agit ici, eft un vafe ou plutôt un coffret à trois pieds & avec un couvercle, lequel eft furmonté de trois figures qui danfent en fe tenant enlacées ; favoir, un jeune-homme vêtu d'une robe brodée, avec une bulle pendue au col, entre deux Faunes. Les éditeurs du *Mufeum Kir-kerianum* ont cru reconnoître ici le père de Dindia Malconia, lequel, s'il faut en croire l'infcription, a confacré ce coffret. Mais ces éditeurs ont tout-à-fait mal expliqué ce monument antique, ainfi que

ainsi que parurent les Faunes, les Pans & les Satyres (1).

Quelle a été, dans l'origine, la figure qu'on a donnée, en Italie, aux Faunes, & si elle a plus tenu de l'homme ou de l'animal ? ce sont des questions qu'il n'est pas possible de bien résoudre. Mais on trouve que dans la suite ces noms ont été confondus & changés (2) : il y a eu des Faunes avec &

---

je le fais voir dans ma *Dissertation sur le Trône d'Amycle*. Je remarquerai seulement ici, que Winkelmann, *Histoire de l'Art*, liv. *V*, ch. 1, prétend que ce vase est d'une forme cylindrique que je ne lui trouve pas; & qu'il en a donné quelques figures dans la vignette qui est à la tête de ce chapitre, dont le cul-de-lampe représente le vase même, sans parler du *Museum Kirkerianum*, où ce morceau est entièrement gravé & décrit. — Nota. Cette *Dissertation de M. Heyne, sur le Trône d'Amycle*, se trouvera dans un des volumes suivans de notre *Recueil*.

(1) Voyez Virgile, *Æn. VIII*, *Excurs. V*, page 125.

(2) C'est ainsi qu'Ovide, *Ep.* 4, 49, les appelle *Faunos bicornes & Cornipedem Faunum. Fast.* II, 361, tandis qu'Horace, & avant lui Lucrèce, les nomment *Capripedes Satyri*. Horace prend aussi Faune au lieu de Pan, quand il dit, que : « Faune » ne fait pas toujours sa demeure sur le Lycée; » souvent il lui préfère les délices du Mont-Lucrétile », *livre I, ode 17*.

sans pieds de chèvre; de sorte qu'on ne peut rien établir d'après ces dénominations. En comparant tout ce que j'ai pu rassembler sur ce sujet, il me paroît qu'il faut en conclure :

Que les Grecs n'ont point connu d'autres Silènes ni d'autres Satyres que ceux qui avoient entièrement la figure humaine, avec une petite queue & des oreilles pointues; mais qu'ils avoient aussi des Pans & des Ægipans, qui tenoient davantage de la chèvre, & qu'on s'accoutuma avec le tems à appeller Satyres. En Italie, on a confondu les Faunes & les Pans; & dans la suite, quand on a voulu les représenter, on leur a donné plus ou moins du caractère de l'animal.

On ne trouve rien dans l'antiquité qui nous autorise à distinguer, comme on le fait aujourd'hui, les Faunes des Satyres, en donnant aux premiers une nature qui approche de celle de l'homme, & aux autres un caractère qui tient davantage de l'animal, avec des pieds de chèvre. Cependant on feroit bien de convenir une fois pour toutes de cette distinction, afin de pouvoir désigner les deux claffes de ces êtres, qui fans cela, doivent proprement être appellés Satyres & Pans ; à la première efpèce defquels appartiennent auffi les Silènes.

J.

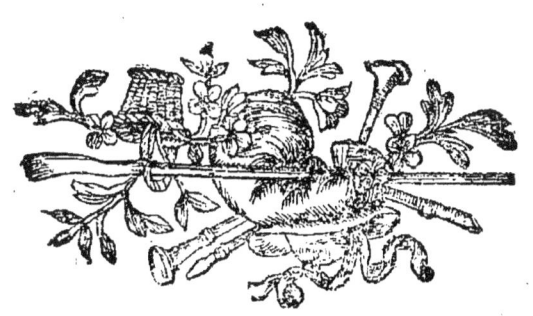

DE L'ORIGINE ET DE LA NATURE

Des différentes espèces

DE

FABLES ET DE ROMANS;

PAR M. BEATTIE,

Profeffeur de Philofophie Morale & de Logique à l'Univerfité d'Aberdeen.

TRADUIT DE L'ANGLOIS.

L'AMOUR de la vérité eft naturel à l'homme, & c'eft un devoir indifpenfable pour lui d'y être attaché. Mais ce n'eft pas enfreindre les loix de la véracité que d'imaginer une narration fabuleufe pour faire mieux goûter l'inftruction, ou pour fervir de délaffement à l'efprit ; à moins qu'on ne veuille la faire recevoir pour une vérité. Le fabulifte & le romancier ne trompent perfonne ; car, quoiqu'ils cherchent à rendre leurs inventions vraifemblables, ils ne prétendent cependant pas les donner pour des vérités réelles : du moins, ce qu'ils avancent à cet égard n'eft-il considéré que comme des termes d'usage, auxquels on ne prête aucune attention. Les narrations fabuleuses ont donc été admises dans tous les siècles, & employées par les hommes les plus respectables qui se soient mêlés de l'instruction publique.

C'est, sans doute, pour se prêter à la foiblesse humaine, qu'on s'est servi de tous les tems de la fable, comme d'un moyen nécessaire ou propre à faire recevoir la vérité. Il faut prendre l'homme tel qu'il est ; & si le peuple ne peut saisir promptement les principes de morale ou de politique dont il a besoin d'être instruit, il est aussi louable d'expliquer ces principes par une fable, pour qu'il puisse les écouter avec attention & les comprendre sans peine, qu'il est permis à un médecin de fortifier un estomac débile par des cordiaux, pour le préparer à faire une bonne digestion. Telle étoit l'idée de Jotham, en donnant la parabole des arbres qui se choisissent un roi, dans le neuvième chapitre du livre des Juges ; & tel étoit aussi le but du fameux apologue de la dispute entre les parties du corps humain, par lequel Menenius Agrippa appaisa le peuple de Rome; en le convainquant que le bonheur de l'état dépendoit de l'union & de la bonne harmonie de ses différens membres. En effet, le peuple n'est pas toujours en état de raisonner. Un proverbe laconique & énergique dont on se ressouvient facilement, ou de petits contes agréables qui s'adressent, pour ainsi dire, directement aux sens, font une impression bien plus profonde que la démonstration la plus formelle.

Il ne faut donc pas s'étonner de voir qu'anciennement on annonçoit souvent les préceptes en forme de proverbes ou d'aphorismes, appuyés & rendus sensibles par des narrations fabuleuses. Parmi les fables dont on prétend qu'Esope est l'auteur, il s'en trouve sans doute de modernes; mais il y en a aussi d'autres qui sont marquées au sceau de l'antiquité; & rien ne peut être mieux imaginé que plusieurs de ces fables, pour imprimer des vérités morales dans la mémoire, ainsi que dans l'esprit. Il n'est pas possible de donner un plus bel exemple de l'espoir trompé de ceux que tourmente le desir d'accumuler des richeſſes, que celui qu'offre la fable du chien qui lâche ſa proie pour l'ombre ; de même que celle de la grenouille & du bœuf nous préſente une image frappante du ridicule & du danger attachés à la vanité. On eſt, en général, porté à ne pas eſtimer aſſez à leur juſte valeur ces petites allégories, à cauſe qu'on nous les a enſeignées à l'école ; mais elles n'ont pas pour cela un mérite moins réel : on doit les admirer comme des monumens de la ſageſſe des anciens, qui ont long-tems contribué à l'amuſement & à l'inſtruction de l'homme, & qui ſont dignes d'être louées pour la juſteſſe de leur application.

Les apologues grecs qu'on attribue à Eſope, & les fables latines de Phèdre, ſont des chef-d'œuvres en ce genre, & ont à peine été égalés par nos meilleurs fabuliſtes modernes. Ils ſont (du moins la plus grande partie, car il y en a quelques-uns de mauvais), remarquables par la ſimplicité du ſtyle, & par l'attention que leurs auteurs ont, en général, donnée à la nature des animaux & des autres objets qu'ils y ont introduits comme agens & interlocuteurs. Car dans la plupart des

fables

fables modernes, inventées par Gay, la Fontaine, l'Estrange, le Poge & autres, la marche est moins naturelle, & le langage, quoique simple, est affecté & plein de pointes & de traits d'esprit. Qu'un chien morde après l'ombre d'un chien, & qu'il perde par-là le morceau de viande qu'il tenoit dans sa propre gueule, cela convient bien au caractère de cet animal, & offre, en effet, beaucoup de vraisemblance ; mais qu'un éléphant s'entretienne avec un libraire sur des auteurs grecs, ou qu'un lièvre prie un veau de le porter sur son dos, pour le sauver de cette manière des chiens, ce sont là des fictions dans lesquelles on n'a eu aucun égard à la nature des choses. Dans ces fables, ainsi que dans celles d'un genre plus élevé, il est bon de s'écarter le moins possible de la vraisemblance. On peut faire parler & penser les animaux & les végétaux mêmes, & l'on pardonne cette licence à cause de la nécessité qu'on en a ; car sans cela leurs aventures ne pourroient ni nous instruire, ni nous amuser ; mais avec la restriction cependant, qu'il ne faut pas violer la nature, ni

G

attribuer les propriétés d'un animal ou d'un végétal, à un autre d'une espèce différente. Si l'on ne voit pas les grenouilles s'enfler de vanité, on sait du moins qu'elles se gonflent d'air ; un chien peut traverser une rivière à la nage ; il est possible qu'un homme mette une vipère gelée dans son sein, & qu'il reçoive la mort pour prix de son imprudence ; rien n'empêche qu'un renard joue avec le casque d'un acteur tragique ; il se peut qu'un agneau & un loup s'abreuvent au même ruisseau, & que le premier perde la vie à cette occasion ; mais qui est-ce qui a jamais entendu parler d'un éléphant qui lit le grec, ou d'un lièvre qui courre à cheval sur le dos d'un veau ?

La sage antiquité ne se contenta pas de donner de brièves leçons de morale dans ces apologues ou petits contes ; les poëtes parcoururent un plus vaste champ de la fable, afin de produire des morceaux d'instruction mieux travaillés, & de plaire par des inventions plus extraordinaires & une vraisemblance plus sublime. Mais je me bornerai, pour le moment, à parler des Fables en prose.

Un des meilleurs modèles d'hiftoire fabuleufe qu'on connoiffe dans les parties occidentales du monde, c'eft la *Cyropédie* de Xénophon. Il ne faut cependant pas ranger cet ouvrage dans la claffe des fimples Romans, car le fond de l'hiftoire eft vrai. Mais l'auteur a pris la liberté de feindre plufieurs incidens, afin de pouvoir montrer fous différens afpects le caractère de Cyrus, qu'il a voulu peindre comme le parfait modèle d'un grand & bon prince. L'ouvrage eft d'un ftyle élégant & agréable, & il abonde en connoiffances morales, politiques & militaires. Il eft dommage feulement que nous n'ayons point de guide certain pour pouvoir diftinguer ce qu'il contient de vraiment hiftorique, de ce qui n'eft que de l'imagination de l'auteur. L'hiftoire de Cyrus-le-Grand, fondateur de l'empire des Perfes, qui jouit de l'honneur d'avoir fon nom cité dans l'Ancien Teftament, eft, fans contredit, digne d'être connue; mais elle eft couverte de grandes ténèbres pour nous. Le récit qu'Hérodote fait de ce roi, diffère grandement de ce qu'en dit Xénophon ; & dans plusieurs occasions, on ne sait trop auquel de ces deux historiens on doit donner la préférence. Il faut remarquer cependant, que la description de Xénophon, de la manière dont Cyrus se rendit maître de Babylone, en détournant le cours de l'Euphrate, & en passant par le canal desséché sous les murs de la ville, s'accorde fort bien avec les différens rapports qu'on trouve de cet événement dans les prophéties d'Isaïe, de Jérémie & de Daniel.

Les Fables allégoriques n'étoient pas inconnues du tems de Xénophon. La Table ou le Tableau de Cébes le Thébain fut écrit à-peu-près à cette époque, ainsi que l'histoire d'Hercule placé entre la Vertu & le Vice, & qui préfère les honneurs que lui promet la première aux plaisirs que lui offre le second. Le Tableau de la vie humaine de Cébes est admirable par l'exactitude des descriptions, la justesse de l'allégorie & la douce simplicité du style. La Fable d'Hercule, comme elle a été écrite originairement par Prodicus, est perdue, & semble même n'avoir plus exiſtée du tems de Cicéron (1); mais Xénophon en a donné un extrait élégant & fatisfaifant, dans le fecond livre de *Memorabilia*.

A l'exception de quelques Fables allégoriques répandues çà & là dans les écrits de Platon, je ne me rappelle pas qu'il y ait parmi les ouvrages claſſiques, grecs & latins, quelque autre modèle remarquable de Fables en profe; car la mythologie payenne, quoique pleine d'allégories, ne peut pas être citée ici; tant à caufe qu'il faut la ranger parmi les ouvrages poëtiques, que parce que mon principal objet eſt de faire des recherches fur l'origine & la nature des Romans modernes.

Mais il eſt convenable d'obferver avant tout, que les Orientaux ont long-tems été célébres par leurs Contes fabuleux. L'indolence auquel l'heureux climat de l'Afie porte naturellement fes habitans, & la vie oifive que les rois & les autres grands perfonnages de ces contrées mènent dans leurs

---

(1) Cicéron, *de Officiis*, lib. *I*, cap. 32.

harems, leur font chercher avec avidité cette efpèce d'amufement, auquel ils ont de tous tems attaché un grand prix. Lorfqu'il arrive que les princes de l'Orient fe trouvent défœuvrés, ainfi qu'ils le font, pour ainfi dire, toujours, ils ordonnent, (faute de favoir mieux amufer leur loifir), à leur grand vifir ou à leur favorite de leur conter quelque hiftoire. Leur profonde ignorance les rend extrêmement crédules; & comme ils n'aiment point l'étude de la morale, & qu'ils n'ont aucune connoiffance de la nature des chofes, ils ne s'inquiétent nullement fi ces hiftoires font vraies, ni fi elles ont un but moral : il leur fuffit qu'elles offrent quelque chofe d'extraordinaire à l'imagination. Il ne faut donc pas s'étonner que les Contes orientaux foient fi extravagans : tout s'y fait par enchantement, par prodige, par le fecours des fées, des génies, des démons & des chevaux de bois, qui, en tournant une cheville, traverfent l'air avec une inconcevable vélocité.

Une autre chofe remarquable dans les Contes orientaux, c'eft le plaifir fingulier avec lequel leurs auteurs fe livrent à la defcription pompeufe de riches vêtemens, de fuperbes meubles, de fomptueufes fêtes, de palais tout brillans d'or, ou tout étincellans de diamans. Ces defcriptions conviennent de même parfaitement au caractère & à la manière de voir de ce peuple. Leurs chefs, dont le goût n'a jamais été épuré par l'étude de la noble fimplicité qui caractérife la nature, & qui conftitue la beauté de l'art, font confifter leur feule grandeur dans la magnificence de leurs équipages & l'immenfe quantité d'or, de pierreries & d'autres chofes précieufes qu'ils amaffent dans leurs férails.

La plus grande, & même la feule collection de Fables orientales que je connoiffe, c'eft celle des *Mille & une Nuit*, appellées communément *Contes Arabes*. Ce livre, tel que nous le poffédons, eft l'ouvrage de M. Galland, de l'académie françoife, qui, à ce qu'on prétend, l'a traduit de l'original arabe. Mais il ne m'a jamais été poffible de favoir fi ces Contes font véritablement arabes, ou fi c'eft M. Galland qui les a inventés. S'ils ont été originairement écrits en arabe, il faut convenir alors que M. Galland les a traduits avec une grande liberté ; car le ſtyle en eſt abſolument françois, & l'on y parle au calife de Bagdat & à l'empereur de la Chine, dans les mêmes termes & ſuivant le même cérémonial qu'on emploie à la cour de France. Mais quoique, ſuivant moi, cela ôte au livre tout ſon mérite, à cauſe que je crois que dans un Conte oriental il faut tracer le tableau des mœurs orientales, on ne doit pas en conclure que cet ouvrage appartienne entièrement à M. Galland ; car les François ſont tellement attachés à leurs coutumes & cérémonies, qu'il n'eſt, pour ainſi dire, pas poſſible d'en admettre d'autres ; & ils manquent rarement d'introduire dans leurs traductions, même des auteurs les plus anciens & les plus graves, les formes actuellement à la mode de la politeſſe pariſienne.

Comme les Contes, intitulés *les Mille & une Nuit* ſont aſſez connus par la jeuneſſe de ce pays, il eſt inutile que je m'arrête ici à en apprécier le caractère, ou à faire obſerver qu'ils répondent parfaitement à l'idée que j'ai déja donnée des Fables orientales. On y trouve des defcriptions pompeufes fans élégance, & une grande variété d'invention; mais rien qui foit propre à élever l'efprit ou à toucher le cœur. Tout y eft merveilleux & incroyable, & l'on y a plus cherché à étonner le lecteur qu'à l'inftruire dans la morale ou dans la connoiffance de la nature. Il y a cependant deux chofes qui méritent d'être louées, & qui peuvent en rendre la lecture utile; favoir, une idée affez jufte du gouvernement & de quelques ufages & coutumes des peuples orientaux; & il y a quelque part l'hiftoire d'un barbier & de fes fix frères qui contient de bons traits de fatyre, & dont la defcription eft plaifante. Je puis même ajouter que le caractère du calife Haroun Alrafchid eft bien peint, & que l'hiftoire des quarante voleurs détruits par un efclave, eft intéreffante & conduite avec art. Les voyages de Sindbad méritent attention; & il eft apparent que l'auteur des *Voyages de Gulliver* a fu les mettre à profit.

Les Anglois, ainfi que quelques autres peuples de l'Europe, ont écrit des Contes dans le goût oriental , dans lesquels , outre le style figuré & l'imagination extravagante des Asiatiques qui sont faciles à imiter , ils ont cherché à peindre les mœurs & les coutumes de ces contrées. Ils y accumulent de grands trésors d'or & de pierreries ; & les unuques , les esclaves , les nécromanciens n'y manquent pas non plus. Leurs personnages sont tous mahométans ou payens , & soumis au gouvernement despotique des califes , des visirs , des bachas & des empereurs ; ils boivent du sorbet , se reposent sur des sophas & vont à cheval sur des dromadaires. Nous avons des Contes chinois , tartares , persans & mogols ; pour ne point parler des Contes des fées & des génies , dont j'en ai lu quelques-uns dans ma jeunesse : mais comme cette lecture n'a laissé aucune trace dans ma mémoire , je ne puis rien en dire ici.

On trouve plusieurs Contes dans le style oriental dans *le Spectateur* (1) , *le Rodeur* (2) & *l'Aventurier* (3) , dont

---

(1) The Spectator.
(2) The Rambler.
(3) The Adventurer.

la plupart font fort agréables & ont un but moral ; le Conte intitulé *Raſſelas*, par Johnſon, & celui *d'Almoran & Hamet*, par Hawkeſworth, ſont des ouvrages fort célébres en ce genre. Le premier eſt admirable par les belles deſcriptions, & ſur-tout par cette morale ſublime qui caractèriſe tous les écrits de ce grand & vertueux auteur ; le ſtyle du dernier eſt grave & plein d'éloquence, & les idées en ſont généralement bonnes ; mais le plan en eſt obſcur & ſi mal conçu, qu'il en réſulte des notions confuſes ſur la providence divine ; objet que l'élégant écrivain ſemble avoir conſidéré d'une manière fort ſuperficielle & peu nette (1). Addiſon a excellé dans cette eſpèce de Fable. Sa *Viſion de Mirza* (2), dans le ſecond volume du *Spectateur*, eſt le plus beau morceau que j'aie jamais lu en ce genre. On y trouve réuni la plus exacte

---

(1) Voyez la Préface qui eſt à la tête de ſes Voyages.

(2) Il y a une traduction de cette hiſtoire orientale de *Mirza*, dans le premier volume des *Variétés Littéraires*, page 459.

convenance dans l'invention, avec une noble fimplicité & une douce harmonie dans le ftyle qui touchent le cœur, en même tems qu'elles charment & flattent l'imagination.

Les Fables modernes en profe, (fi l'on en excepte celles dont il a déja été queftion plus haut), peuvent être divifées en deux genres; favoir, en Fables Allégoriques & en Fables Poétiques. La partie allégorique des Fables modernes en profe fouffre une fous-divifion en deux efpèces ; favoir, en Fables *hiftoriques* & en Fables *morales* ; & la partie poétique eft de même fous-divifée en deux efpèces, c'eft-à-dire, en Fables *férieufes* & en Fables *comiques*. Ainfi les Fables modernes en profe, peuvent être rangées en quatre claffes, dont je vais parler fucceffivement fuivant l'ordre que voici : 1º. les allégories hiftoriques ; 2º. les allégories morales ; 3º. les Fables poétiques férieufes ; 4º. les Fables poétiques comiques. Je comprendrai les deux dernières efpèces, fous la défignation générale de Roman.

I. L'allégorie historique fabuleuse nous préfente des faits véritables fous des noms fuppofés, & embellis par des aventures fictives. Cette efpèce de Fable peut également être divifée en *férieufes* & *comiques*.

1. Le meilleur modèle que je connoiffe de la première efpèce, c'eft *l'Argenis*, écrit en latin, dans le dernier fiècle, par Jean Barclay, Ecoffois, & qui, à ce qu'on fuppofe, eft un récit allégorique des guerres civiles de France, pendant le règne d'Henri III. Je n'ai lu qu'une partie de cet ouvrage, fans jamais prendre la peine de chercher à en comprendre le fens, par le moyen de la clef qui s'y trouve jointe dans quelques éditions; ou de comparer les aventures fabuleufes de Méléandre & de Lycogènes, avec les faits réels auxquels on penfe qu'elles font allufion. Je ne puis donc pas prononcer en juge compétent fur cet écrit; mais j'ofe en recommander hardiment la lecture, qui dans quelques endroits eft fort amufante & offre des defcriptions animées dont la plupart font remarquables, quoique d'ailleurs le ftyle n'en foit pas toujours élégant.

2. Nous avons un modèle de

l'allégorie historique - comique dans *l'Histoire de Jean Bull*, par le savant & ingénieux docteur Arbuthnot, qui se trouve ordinairement imprimée dans les œuvres de Swift. Ce Roman, qui fut publié du règne de la reine Anne, étoit une satyre contre le duc de Marlborough, & les autres ministres du parti des Whigs, qui s'opposoient au traité de paix d'Utrecht, qui fut conclu peu de tems après. La guerre que la reine d'Angleterre faisoit alors contre la France & l'Espagne y est décrite sous l'allégorie d'un procès, dans lequel Jean Bull, (c'est-à-dire l'Angleterre,) est supposé avoir été entraîné par des voisins processifs. Il ne faut pas s'attendre à trouver un récit fidelle des faits dans un Conte allégorique écrit avec le dessein formel de tourner certaines personnes en ridicule. Cet ouvrage a néanmoins eu beaucoup de lecteurs, & a été imité plusieurs fois. Il est plein d'une plaisanterie basse & triviale, que l'auteur auroit pu éviter s'il l'avoit jugé à-propos ; car il possédoit certainement plus d'esprit, de connoissances & de vertu, qu'aucun autre écrivain de fon tems, fi l'on en excepte Addifon. *L'Hiftoire de Jean Bull* nous repréfente les grandes chofes fous un afpect ridicule ; le ftyle en eft par conféquent burlefque, & la diction de même que la plupart des allufions font baffes & communes. Dans les dernières éditions on a joint une clef au bas de chaque page pour faire connoître le rapport que la Fable de ce Roman peut avoir avec l'hiftoire de ce tems-là.

II. Je défigne la feconde efpèce de Fables modernes en profe, par le nom *d'allégorie morale*. Il y a environ deux fiècles & demi, que les allégories morales & fpirituelles étoient beaucoup en vogue. La plupart des pièces de théâtre de ce tems-là portent ce caractère. On y trouve perfonnifié, non feulement les vertus & les vices de l'homme, mais auffi les bons & les mauvais anges, & des êtres au-deffus des anges mêmes y fervent d'interlocuteurs du drame. Ces comédies, malgré les chofes peu convenables qu'on y trouve, étoient écrites dans l'intention louable de mettre la religion & la vérité en évidence ; ce qui leur fit donner le nom de *mo-*

ralités. La repréfentation publique de ces pièces a ceffé d'avoir lieu en Angleterre vers le tems de Shakefpeare, ou à la fin du feizième fiècle ; mais il exifte encore actuellement plufieurs de ces moralités en anglois, & l'on en trouve dans les collections qu'on a faites depuis peu d'anciennes comédies. L'ufage en dura plus longtems en Efpagne & en Italie. Pendant fes voyages, Milton affifta à la repréfentation d'une pareille farce religieufe, intitulée : *le Péché Originel*, dont un certain Adrieno étoit l'auteur, & d'après laquelle, toute mauvaife qu'elle étoit, il a formé, à ce qu'on prétend, le premier plan de fon *Paradis Perdu*.

C'étoient-là des allégories poétiques ; mais je me bornerai à parler de celles en profe, & qui offrent une certaine forme hiftorique. Jean Bunyan, homme non lettré, mais plein d'efprit, fe diftingua dans le dernier fiècle par cette efpèce d'écrits. Son principal ouvrage eft intitulé : *le Voyage du Pélérin* (1), dans lequel le com-

---

(1) Pilgrim's Progrefs.

mencement, les progrès & l'achevement de la vie chrétienne font repréfentés allégoriquement, fous la comparaifon d'un voyage. Peu d'ouvrages ont eu autant d'éditions en aufli peu de tems que celui-ci. Il a été lu par des perfonnes de tous rangs & de différent degré d'efprit. Les favans n'en ont pas regardé la lecture comme indigne d'eux, & le peuple en fait fes délices. Je conviens que le ftyle de ce livre eft dur, & même quelquefois peu agréable ; que l'invention en eft extravagante, & que, dans plus d'un endroit, il tend à donner des idées erronées de la religion. Mais le conte en lui-même eft amufant, quoique le dialogue en foit fouvent bas; quelques-unes des allégories font d'une invention heureufe, & prouvent que l'auteur étoit doué d'une grande imagination, qui, fi elle avoit été cultivée par l'étude, auroit pu produire des chofes fublimes. Cet ouvrage a été imité, mais avec peu de fuccès. Le favant évêque Patrick, a écrit *la Parabole du Pélerin* (1) ; mais je ne

---

(1) Parable of the Pilgrim.

crois pas qu'il en ait emprunté l'idée de Bunyan, comme on le prétend généralement ; car il n'y a aucune reffemblance dans le plan, & cet évêque ne dit pas un mot du voyage du Pélerin, ainfi qu'il l'auroit fans doute fait, s'il avoit connu ce livre. D'ailleurs, la fable de Bunyan eft pleine d'incidens ; tandis que celle de Patrick eft féche, didactique, prolixe, & d'une invention extrêmement ftérile (1).

Les *Voyages de Gulliver* (2), font auffi une efpèce d'allégorie, mais plutôt fatyrique & politique, que morale. Tout le monde connoît cet ouvrage, qui a été critiqué par de grands écrivains. Tant que l'auteur a pour objet de gourmander la vanité & la folie humaine, l'abus des

---

(1) La *permiffion d'imprimer*, qui fe trouve à la tête de la *Parabole du Pélerin*, de l'évêque Patrick, eft datée du mois d'avril 1665. Bunyan écrivit fon *Voyage du Pélerin*, pendant fa détention dans les prifons de Bedfort, où il refta douze ans ; favoir, depuis 1660, jufqu'en 1672 ; mais il ne m'a pas été poffible de trouver dans quelle année cet ouvrage a été imprimé.

(2) *Gulliver's Travels, by Swift.*

sciences, l'abſurdité des faiſeurs de projets, les expédiens inſenſés ou criminels qu'emploie la politique, & auxquels on ne fait point attention, ou qu'on approuve même, à cauſe que l'habitude nous les a rendus familiers; tant, dis-je, que l'auteur ne s'écarte point de ce but, il mérite la plus vive approbation, & ſa critique doit paroître parfaitement juſte, ainſi que d'une ſévérité louable. Sa fable eſt bien conduite en général, d'un parfait accord dans toutes les parties, & liée à des événemens vraiſemblables. Son héros eſt un marin, dont il conſerve avec une étonnante exactitude le caractère ſimple & uni; ce qui donne à toute la narration un air de vérité, qui forme un agréable contraſte, quand on en fait la comparaiſon avec l'extravagance de la fiction. Le ſtyle mérite de même une attention particulière, il n'eſt pas à la vérité exemt d'incorrection; mais on peut le regarder comme le modèle d'une facile & agréable ſimplicité, qu'on ne trouve pas à un ſi haut degré dans aucun autre ouvrage anglois, & que doivent étudier avec ſoin ceux qui defirent d'écrire purement cette langue. Voilà, je penfe, en quoi confifte le principal mérite de ces roman célébre, qui a eu plus de lecteurs qu'aucune autre production littéraire de ce fiècle. Gulliver eft fait pour toutes les conditions de la fociété : l'homme d'état, le philofophe & le critique en admirent tous également la fatyre fine & délicate, les defcriptions pleines de feu & d'énergie, & le ftyle vif & ferré ; tandis que le peuple & les enfans mêmes, qui ne peuvent pas connoître ces beautés, trouvent de l'amufement dans le fond de l'hiftoire même.

Mais qu'on ne s'imagine pas que je veuille louer fans diftinction tout cet ouvrage. Quoique l'auteur fe foit livré à tout le feu de fon imagination dans le dernier des quatre voyages, il faut convenir qu'il offre une fiction auffi abfurde que répréhenfible. Elle eft abfurde, à caufe qu'en y introduifant des animaux raifonnables & des hommes privés de la raifon, il y préfente une contradiction manifefte aux loix les plus évidentes & les plus connues de la nature, fans avoir même recours aux songes de l'homme crédule ou aux préjugés de l'ignorant. Et elle est répréhensible, en ce qu'elle abonde en images sales & idécentes ; que d'ailleurs le fond entier de la satyre est absolument exagéré & faux ; & qu'il doit y avoir une espèce de profanation dans un ouvrage qui, comme celui-ci, attribue une raison & une félicité parfaite à une espèce d'êtres qui, à ce qu'il est dit, n'ont aucune notion de religion. Mais ce qui est pire encore, si toutefois quelque chose peut l'être, c'est que ce conte représente l'homme même comme un objet de mépris & d'aversion. Que l'esprit emploie le ridicule, pour se moquer des folies du genre-humain, & que la satyre frappe de son fouet les crimes : cela est pardonnable, & même digne de louanges, parce qu'on peut le faire dans une bonne intention, & qu'il peut en résulter d'heureux effets. Mais quand un écrivain cherche à nous faire mépriser & haïr nos semblables, & à nous rendre mécontens de la Providence, il doit être considéré comme l'ennemi, non-seulement du genre-humain en particulier, mais de la vertu même ;

& fon ouvrage ne pourra être regardé comme exempt de reproche, que lorfque l'impiété, la haine & la mifère cefferont d'être des maux pour l'homme.

Le *Conte du Tonneau*, ou du moins la partie narrative de cet ouvrage, eft une autre fable allégorique de la même excellente plume, & offre, comme la précédente, grande matière d'admiration & de blâme. Comme ouvrage d'efprit, il n'y a rien qui puiffe y être comparé. Ce fut la première production de l'auteur, & felon l'opinion générale c'eft fon chef-d'œuvre. Peut-être que le ftyle en eft moins correct que celui de quelques-uns de fes derniers écrits; mais il n'a jamais montré plus d'efprit, de gaieté originale & de fatyre ironique que dans le *Conte du Tonneau*. C'eft la religion qui en fait le fujet, mais l'allégorie fous laquelle il repréfente la réformation eft trop commune pour un auffi grand fujet; & tend à produire, dans l'efprit du lecteur, une affociation difparate des plus auguftes vérités avec les idées les plus burlefques. Que les beaux efprits de profeffion jouiffent du droit de dire ce qui leur plaît, & que les rieurs se rangent de leur côté ; j'y consens : mais je soutiens que c'est une chose dangereuse, & le signe d'un esprit déréglé, que de contracter l'habitude de tourner tout en ridicule, & d'employer sans cesse le sarcasme. Nous rougirions de présenter sous un aspect absurde les actions & les discours de nos ennemis mêmes ; & quelques personnes (je voudrois ne devoir pas ajouter des ecclésiastiques), se croient autorisés à prendre ces libertés avec les plus terribles & les plus respectables mystères de la religion. Il est trop connu que notre auteur s'est souvent livré à ces coupables excès, pour qu'il soit nécessaire de le prouver ici (1).

---

(1) Je doute même si Swift n'est pas le seul homme qui se soit permis de parler, en termes burlesques, du dernier jugement. Ses vers profanes sur ce terrible sujet n'ont jamais été publiés, que je sache, qu'après sa mort ; car la lettre de milord Chesterfield à M. de Voltaire, dans laquelle ces vers ont été insérés avec éloge, (ce qui ne doit pas étonner de la part d'un pareil critique) & où il est dit qu'ils sont copiés d'après l'original de la propre main de Swift, est datée de l'année 1752. Mais cela ne peut pas servir à excuser l'auteur. On peut se figurer les idées qui remplissoient son esprit lorsqu'il écrivit ces vers ; & quelle a été sa manière de voir par la

Je voudrois qu'il eût mis plus de décence dans la manière avec laquelle il parle de l'églife catholique romaine, & de l'églife anglicane; quoique les fatyres qu'il lance contre l'une & contre l'autre foient peut-être quelquefois juftes. Quant à la façon dont il s'exprime fur les presbytériens, qu'il repréfente comme de tous les êtres raifonnables les plus frénétiques & les plus infenfés

---

fuite, puifqu'il ne tenoit qu'à lui d'en dérober la connoiffance au Public, & qu'il ne l'a pas fait. On ne peut pas non-plus alléguer pour excufe que c'eft de Jupiter dont il fe fert pour agent. En accordant tout ce qui eft poffible à la licence poétique, un Chrétien ne peut pas concevoir l'idée qu'une divinité payenne puiffe exécuter une chofe dont nous n'avons connoiffance que par l'Écriture Sainte, & qu'il fait ne pouvoir être l'ouvrage que de Dieu feul. L'allégorie agréable & inftructive d'Addifon, (*Spectateur*, N°. 558, 559) dans laquelle il fuppofe que Jupiter accorde à chaque homme le pouvoir de choifir fa propre condition, eft non-feulement conforme à l'ancienne philofophie, mais fe trouve même calquée fur un paffage d'Horace.

Ce n'eft pas que je prétende que Swift ait été favorable à l'impiété; il y a même de bonnes raifons pour croire le contraire; & que, malgré plufieurs de fes gaietés fatyriques, qui ne peuvent être excufées, il a auffi, dans l'occafion, fu conferver la dignité & la gravité convenables à fon état. On ne doit donc attribuer l'efpèce de profanation dans laquelle il eft tombé quelquefois, qu'à fa paffion de tourner tout en ridicule, & à fa manie de faire briller fon efprit.

qui exiftent, toute perfonne jufte, foit presbytérien ou de quelque autre fecte, & qui connoît un peu l'hiftoire, s'apperçoit facilement combien ces reproches font fondés fur de fauffes fuppofitions. Cet ouvrage offre encore d'autres défauts que ceux dont je viens de parler, tels que des images baffes, des allufions obfcènes, & qu'un honnête homme ne peut lire, ni entendre lire en bonne compagnie fans rougir.

III. Je vais paffer maintenant à la feconde efpèce de fables modernes en profe, que je défigne fous le nom de *poétiques*. En lifant les *fables allégoriques en profe*, nous prêtons non-feulement attention aux événemens fabuleux qu'en offre la narration, mais auffi aux faits véritables qui s'y trouvent cachés fous le voile de l'allégorie; tandis que dans les *fables poétiques en profe*, on s'attache feulement aux événemens dont il y eft queftion. C'eft ainfi que dans le *Conte du Tonneau*, je remarque non-feulement ce qui eft dit des trois frères, Pierre, Martin & Jacques; mais je ne perds point non plus de vue que, par ces trois frères, l'auteur veut défigner l'églife catholique romaine, l'églife anglicane & l'églife presbytérienne ; au lieu que quand je lis les *Aventures de Robinfon Crufoë*, ou l'*Hiftoire de Tom-Jones*, je m'arrête fimplement au récit, & je n'ai pas befoin de clef pour comprendre l'intention de l'auteur.

Comme je regarde ce point comme le principal de mon fujet, j'ai paffé le plus rapidement qu'il m'a été poffible fur les premiers, afin de pouvoir donner plus de tems à celui-ci. L'origine & les progrès des *Romans modernes*, ou des *Fables poétiques en profe*, font liés à plufieurs matières importantes, qui, fi elles étoient mifes dans tout leur jour, jetteroient une grande lumière fur l'hiftoire & fur la politique, ainfi que fur les mœurs & fur la littérature des derniers fiècles. Remarquez que je donne à cette efpèce de fables le nom de *poétique*, à caufe de la nature de l'invention ; & que j'y joins l'épithète de *profe*, parce qu'elles ne font pas écrites en vers. La rime & la profe font deux chofes oppofées ; mais la profe & la poéfie vont fort bien enfemble. *Tom-Jones* & *Télémaque* font des poëmes épiques ou narratifs, quoiqu'écrits en prose; le premier comique, & le second sérieux & héroïque.

La subversion de l'empire romain par les Goths, les Huns, les Vandales & les autres peuples du Nord, fut suivie, ou plutôt accompagnée d'un oubli total des arts & des sciences, qui dura plusieurs siècles. Pendant cette longue nuit où se trouva plongé l'esprit humain, les auteurs classiques grecs & latins furent entièrement oubliés dans les parties occidentales de l'Europe, & plusieurs anciens auteurs ont été totalement perdus. On regardoit alors comme un talent extraordinaire de savoir lire & écrire (1).

---

(1) Le talent de lire & écrire, étoit si rare aux dixième & onzième siècles, qu'en France, en Allemagne & en Angleterre, on faisoit grace à tout criminel qui savoit lire. Ce fut Guillaume le Conquérant, qui introduisit cette coutume en Angleterre : cela s'appelloit *Bénéfice de Clergie*, *Beneficium Clericorum aut Clegicorum*. Encore actuellement en Angleterre, le meurtre commis sans dessein, & le premier vol qui ne passe pas cinq cens livres sterling, jouissent du *Bénéfice du Clergé*. Le criminel qui sait lire peut le demander, & on n'a pas le droit de le lui refuser. Le juge qui, par l'ancienne loi, étoit réputé ne savoir pas lire lui-même, s'en rapporte encore au chapelain de la prison, qui présente au condamné un livre. En-

Le clergé même, qui, fuivant l'ufage de l'églife de Rome, officioit en latin, ne comprenoit point en général, les paroles du rituel. Il n'étoit pas rare non plus de voir les grands feigneurs fe fervir d'un notaire pour figner pour eux les actes de la plus grande importance, à caufe qu'ils n'avoient pas appris eux-mêmes à écrire. L'expreffion même, *figner un papier*, vient de la coutume qu'on avoit d'y appofer une marque, au lieu d'un nom; & cette marque étoit communément le figne de la croix. Alfred le Grand, roi d'Angleterre, prince qui poffédoit de grandes qualités, & qui, dans la fuite, fit de confidérables progrès dans les fciences de fon tems, parvint à l'âge de douze ans avant qu'on eût pu trouver un maître pour lui apprendre l'alphabet. Les inftrumens néceffaires pour écrire étoient même fi rares dans ces tems-là, que les moines détruifoient fouvent

---

fuite, il demande au chapelain : *Legit ?* Et le chapelain répond : *Legit ut Clericus.* Alors on fe contente de faire marquer d'un fer chaud le criminel, à la paume de la main, qu'on a foin d'enduire de graiffe; le fer fume & fait un fifflement, fans caufer aucun mal. *Note du Traducteur.*

les plus précieux manuscrits dont ils raturoient les caractères pour en employer le vélin pour écrire. On en a vu, il y a quelques années, un exemple remarquable ; on trouva un morceau de vélin fur lequel étoit écrit une partie du Livre de Tobie ; mais après un examen bien exact il parut que ce vélin avoit fervi auparavant à écrire quelque autre chofe, & l'on découvrit enfin que cette première écriture étoit un fragment de Tite-Live, qu'on a publié depuis.

La crédulité de l'homme eft, en général, proportionnée à fa ftupidité. Mais le défaut de livres & de la connoiffance des lettres n'étoit pas la feule caufe de la profonde ignorance qui régnoit à l'époque dont je parle ici. Il n'y avoit que peu, ou, pour mieux dire, point de commerce en Europe ; la navigation & l'induftrie étoient totalement négligées ; &, à l'exception des pélerinages pour aller vifiter les chaffes des faints, on ne paffoit que rarement les limites du pays ou de la province où l'on avoit reçu le jour. Il eft facile de fe former une idée des fuites de cette ſtagnation univerſelle. Ne poſſédant pas les moyens de ſavoir ce qui s'étoit paſſé dans d'autres ſiècles, & ignorant pareillement ce qui ſe paſſoit actuellement dans les autres contrées, on ajoutoit facilement croyance à tous les récits fabuleux qu'on pouvoit faire ſur les pays lointains. C'eſt-là ce qui donna naiſſance à mille idées extravagantes ſur l'exiſtence des géans, des nains, des enchantemens, des féeries, des eſprits, des magicienes & des fafardets. Et lorſqu'on fut une fois convaincu que toutes ces choſes exiſtoient dans d'autres pays, il étoit naturel de croire qu'elles n'étoient pas non plus rares dans celui qu'on habitoit. Les mêmes idées fantaſtiques, & le même penchant pour la ſuperſtition doivent néceſſairement avoir toujours lieu dans les tems d'ignorance ; ſur-tout dans les contrées où l'on conſerve la tradition de l'hiſtoire ancienne & de la fable, & où les prêtres (quoique d'ailleurs pas dépourvus de connoiſſances) s'exaltant eux-mêmes l'eſprit par des légendes myſtiques, & vivant retirés dans des habitations obſcures & ſolitaires, trouvent leur intérêt à amuſer, à tromper,

& à épouvanter le peuple stupide.

Il ne faut pas s'étonner de la crédulité qui caractèrise ces tems d'ignorance. A la fin du treizième siècle, lorsque la littérature moderne commençoit à faire quelque progrès, le Dante, célèbre poëte italien, publia un ouvrage en vers, intitulé : *L'Enfer*, dans lequel il donne une description des régions infernales, par lesquelles il assure, dans son poëme, avoir passé dans la compagnie de Virgile ; & le peuple de ce tems-là prit ce conte absurde pour une relation historique exacte, & crut, de bonne foi, que le Dante avoit descendu plusieurs fois dans l'enfer. Jean Mandeville, Anglois de beaucoup d'esprit, qui se mit à voyager en 1320, employa trente ans à visiter différentes contrées étrangères, & à son retour en Europe, il publia son histoire & ses aventures, en trois langues, savoir, en latin, en anglois & en italien. On présenta, avant de le publier, son livre au pape, qui, après en avoir comparé les descriptions avec les mappemondes, se plut à y donner sa sanction & son autorité ; ce qui prouve que non-seulement l'auteur & le Saint-Père ajoûtoient foi à cette relation, mais qu'on la jugea auſſi digne de foi ſur les notions qu'on avoit alors des pays dont il y eſt queſtion. Cependant ce livre contient les fables les plus abſurdes, quoique d'ailleurs Mandeville paroiſſe avoir été un homme inſtruit & d'un caractère honnête. Il rapporte, entre-autres, gravement qu'il a vu le rocher auquel Andromède étoit enchaînée lorſqu'on la délivra du monſtre marin qui devoit la dévorer. Il ajoute même qu'Andromède a vécu avant le déluge univerſel. C'eſt avec la même gravité qu'il parle d'une femme métamorphoſée en ſerpent ou dragon par une déeſſe appellée Diane, & qui ſe trouvoit alors renfermée dans une priſon de l'île de Chypre, ſi je ne me trompe(1). Il ne dit pas à la vérité, qu'il a vu cette femme; mais aſſure le fait comme l'ayant entendu raconter, & il ne paroît pas qu'il en doute le moins du monde. Il fait auſſi mention d'une race d'hommes de cinquante

───────────────

(1) J'écris de mémoire, n'ayant pas à la main ce livre & ne ſachant pas pour le moment où je pourrois le trouver.

pieds

piéds de hauteur, qui habitoient une île des Indes orientales ; & d'une autre eſpèce, dont les yeux étoient placés dans les épaules. Il paroît que Mandeville a bonnement ajouté foi à ces contes & à pluſieurs autres de cette nature, fur le récit qui lui en avoit été fait. Il y a lieu de croire auſſi que Caxton, un des premiers imprimeurs anglois, a regardé une traduction françoiſe de l'Enéide de Virgile comme une hiſtoire véritable; s'il n'a pas pris le mot *hiſtoire* dans un fens différent de celui qu'on y attache aujourd'hui. Il y a plus, un navigateur Suédois, qui vivoit il n'y a pas deux fiècles, affure que dans les îles de Nicobar, dans le golfe de Bengale il découvrit une race d'hommes à longues queues, pareille à celle des chats. Les îles de Nicobar & leurs habitans font aujourd'hui parfaitement connus des Européens; mais on n'y a nulle part trouvé des hommes à queue de chat.

La profonde ignorance & la grande crédulité du peuple de ces tems-là, donne lieu de penfer que la vérité étoit peu obfervée dans leurs hiſtoires, fi toutefois ils en avoient; & que la vraisemblance, ni même la possibilité n'entroient pour rien dans leurs fables. En effet, les premières productions qui parurent en Europe, sous la forme de roman, étoient extravagantes au dernier degré.

Mais outre la crédulité & l'ignorance de ces tems-là, il y avoit encore d'autres causes qui contribuoient à donner une forme bizarre à ces productions, & à les rendre totalement différentes à tout ce que l'imagination de l'homme avoit enfanté jusqu'alors. Pour expliquer ces causes, il est nécessaire de donner préalablement une idée de la forme politique qu'apportèrent avec eux les peuples du Nord qui renversèrent l'empire romain, & qui est généralement connue sous le nom de gouvernement féodal. Comme plusieurs célébres écrivains en ont parlé fort au long, je ne m'y arrêterai ici qu'autant qu'il est nécessaire pour lier ensemble & pour éclaircir mon raisonnement. Ce fut ce gouvernement, qui, parmi plusieurs institutions singulières, donna naissance à la chevalerie ; & ce fut la chevalerie qui, à son tour, fit inventer l'espèce d'écrits fabuleux auxquels nous donnons le nom de *Romans*.

Ce mot est espagnol ; & l'on sait que les Espagnols appellent leur langage ordinaire *romancé*, nom qui convient assez à la nature d'une langue dont la plus grande partie dérive de l'ancienne langue latine ou romaine. Il paroît que les premiers livres espagnols étoient fabuleux, & qu'on leur a donné le nom de *romans* d'après la langue dans laquelle ils ont été écrits ; mais dans la suite les autres peuples de l'Europe n'ont pas appliqué en particulier ce nom aux livres espagnols, à qui il appartient proprement, mais à une certaine classe d'écrits fabuleux en général.

Il y en a qui pensent que les peuples qui on détruit l'empire romain ont été forcés d'abandonner leurs foyers, & d'aller s'établir ailleurs malgré eux ; à cause que leur population étoit devenue si nombreuse que le sol ne pouvoit plus suffire pour les nourrir. Mais je crois que cette idée est fausse. Il est possible que ces régions hyperboréenes, dont le climat est dur, produisent une race d'hommes robuftes, mais on ne peut pas fuppofer que la population y foit confidérable; & véritablement elle y a été prefque toujours, en général, plutôt trop foible que trop exceffive. Je fuis donc perfuadé que ces peuples n'ont délaiffé leur patrie qu'à caufe du climat ingrat & défagréable, & parce qu'ils avoient entendus raconter qu'on fatisfaifoit bien plus aifément aux befoins de la vie dans les contrées méridionales du globe. Il n'eft donc pas probable qu'ils aient envoyé des colonies, ou qu'une partie de la nation alloit à la découverte de quelque nouvel établiffement à faire, & que l'autre partie reftoit dans le pays. Il femble plus naturel de croire, qu'un peuple entier émigroit à la fois avec fes femmes & fes enfans, fans la moindre intention de jamais retourner dans fes anciens foyers.

L'hiftoire nous apprend qu'une de leurs premières expéditions eut lieu vers l'an 650 de Rome; lorfque les Cimbres & les Teutons (qu'on fuppofe être venus de Dannemarck & des parties feptentrionales de la Germanie) envahirent l'empire romain avec une armée d'environ trois cens mille hommes, fans compter les femmes & les enfans, & furent défaits par Cajus Marius, qui en fit un terrible carnage. Leurs compatriotes furent plus heureux au déclin de l'empire ; & dans la fuite ils enlevèrent une grande partie de l'Europe au pouvoir des Romains, & s'établirent dans les provinces conquifes ; favoir les Francs & les Normands dans la Gaule, les Goths & les Vandales en Efpagne, & les Lombards en Italie.

Le caractère de ces hommes extraordinaires offre plufieurs particularités qui méritent notre attention. On peut regarder ces différens peuples comme ne formant qu'une feule grande nation, à caufe de l'analogie fingulière qu'il y avoit entre leurs mœurs, leurs opinions & leur gouvernement, quoiqu'ils occupaffent plufieurs vaftes régions dans la partie feptentrionale de l'Europe.

Premièrement, c'étoit une race d'hommes forts, robuftes & actifs : qualités qu'ils devoient fans doute au climat qu'ils habitoient, & à la vie frugale à laquelle ils étoient réduits.

La néceffité eft la mère de l'induftrie. Un climat glacé & un fol ingrat demandent des conftans travaux pour fatisfaire aux premiers befoins de la vie, ce qui exerce tout à la fois & l'induftrie de l'efprit, & les forces du corps. Du tems de Céfar, les Germains fe faifoient un honneur de n'avoir pas habité depuis quatorze ans fous un toît (1) ; ce qui donna une telle idée de leur férocité & de leur force aux Gaulois, leurs voifins, qu'ils les regardèrent comme invincibles ; & Céfar même eut beaucoup de peine à perfuader aux Romains de marcher contr'eux. Les pays chauds & fertiles produifent en général la moleffe & l'indolence, à moins que l'efprit du commerce & des manufactures n'y ftimule l'activité du peuple ; car il ne faut dans de pareilles contrées ni art, ni travail pour fubvenir aux befoins de la vie ; par conféquent l'efprit & le corps y tombent néceffairement dans un état de langueur faute d'exercice (2).

---

(1) Céfar. Bell. Gall. I, 36.
(2) Les invafions des peuples guerriers du Nord, dans les contrées efféminées du Midi, dit Gray,

Secondement, ils étoient fiers & courageux, ce qu'on doit attribuer non-feulement à leur vie active & frugale, mais auffi en partie à leur religion, qui leur enfeignoit à méprifer la mort, & à defirer de périr plutôt à la guerre ou par quelque acte de violence, que de terminer naturellement leurs jours, à caufe qu'ils étoient perfuadés que les ames de ceux qui mouroient en combattant, ou de qui l'on abrégeoit les jours de quelqu'autre manière, avoient plus de droit au bonheur de l'autre monde, & paffoient immédiatement dans le *palais d'Odin* (par lequel ils comprirent, dans les derniers tems, le ciel), où ils s'attendoient à être entretenus, pendant une fuite innombrable de fiècles, de fêtes & de feftins non

---

malgré la terreur, le dégat & l'ignorance qu'ils traînèrent à leur fuite, paroiffent avoir été des maux néceffaires pour donner une nouvelle vigueur à l'efprit humain, amoli & corrompu par les arts & le commerce, pour rétablir les peuples dans leur droit naturel de la liberté & de l'égalité, & pour leur infpirer de nouveau le courage de fupporter les dangers & les travaux; de même qu'une comête, malgré l'horreur qu'elle infpire en paffant par notre fyftême folaire, fert à donner une nouvelle chaleur & une nouvelle lumière au foleil, & une humidité néceffaire à l'atmofphère. *Note du Traducteur.*

interrompus. Conformément à cette opinion, les vieillards de quelques nations voisines de la baye de Hudson, qu'on croit être de la même race que ces peuples du Nord, ont encore actuellement la coutume de demander qu'on les étrangle quand ils ne se sentent plus en état de travailler; service qu'ils exigent comme une espèce de devoir de leurs enfans, ou qu'ils prient leurs amis de leur rendre quand ils n'ont point de lignée (1).

───────────────────────────────

(1) N'y a-t il point de nations entières, « dit » Locke, (*Essai philosophique, concernant l'entendement humain, livre 1, ch. 2, sec. 9*), où » l'enfant tue ou expose son père & sa mère sans » aucun remords, lorsqu'ils sont parvenus à un » certain âge « ? En supposant que cela soit vrai, son intention étoit de tirer de ce fait, & de plusieurs autres de cette nature, les conséquences suivantes. 1°. qu'il n'y a point d'affection innée des enfans envers leurs parens ; que sans l'habitude contractée par l'éducation, nous aurions la même indifférence pour les personnes que nous savons être notre père & notre mère, que nous avons pour tout autre homme & pour toute autre femme ; & que si ceux qui sont chargés de nous instruire adoptoient un plan opposé d'éducation, il ne seroit pas plus difficile de nous faire haïr nos parens, à cause qu'ils sont nos parens, qu'il l'est de nous les faire aimer par la même raison. 2°. Et que la même chose est, en général, vraie de toutes les notions primitives, tant morales que spéculatives, & même des Koural

Une troisième particularité qui caractèrisoit ces peuples, c'est l'attention qu'ils donnoient à leurs femmes. Chez

ἀνοιαι, c'est-à-dire, des axiomes de géometrie, ainsi qu'Euclide les appelle ; ou, en d'autres termes, que toutes nos idées de devoir & de vérité seroient exactement le contraire de ce qu'elles sont, si l'on nous enseignoit d'abord que la compassion & la justice, par exemple, sont des crimes, & que la cruauté & la trahison sont des vertus ; que les corps ne sont pas tels que nos sens nous les représentent, & que deux choses peuvent être semblables à une troisième, sans être semblable l'une à l'autre. Si ce n'est pas là ce que Locke a voulu dire, dans le premier livre de son ouvrage, il faut que ses termes & ses argumens soient sans signification. Il est vrai, qu'il abonde ici en mots, qu'il les employe d'une manière si incorrecte, & qu'il examine si superficiellement les faits dont il se sert pour appuyer sa théorie, qu'on pourroit véritablement croire ce qu'il semble faire entendre lui-même, savoir, qu'il se mit à composer son livre avant qu'il eût conçu une idée distincte de ce qu'il vouloit y traiter.

Mais passons cela, & considérons jusqu'à quel point le fait dont il est question dans la citation, sert à prouver ou à combattre la doctrine générale de Locke.

Le fait est confirmé par un voyageur judicieux, M. Ellis, dans son *Voyage pour la découverte d'un passage par le Nord-Ouest*. Dans quelques-unes des contrées adjacentes à la Baye de Hudson, « il y » a une coutume extraordinaire, qui est, que lors- » que les parens sont parvenus à l'âge de ne pou- » voir plus subsister par leur travail, ils *exigent* » de leurs enfans de les étrangler, & cela *est* » *regardé comme un acte d'obéissance* de la part des

nous les deux sexes vivent ensemble, & se policent mutuellement l'un l'autre; mais à Rome & dans la Grece ils vi-

---

» enfans. Ce *dernier devoir* se remplit de la ma-
» nière suivante. Lorsque la fosse du vieillard est
» faite, il s'y place ; & après s'être entretenu pen-
» dant quelque tems, & avoir fumé une pipe, ou
» peut-être bu un ou deux coups avec ses enfans,
» il leur fait signe qu'il est prêt ; aussi-tôt deux de
» ses enfans, placés chacun d'un côté de la fosse,
» lui passent une courroie autour du col, qu'ils
» tirent avec force jusqu'à ce qu'ils l'aient étran-
» glé ; après quoi ils le couvrent de terre, & éri-
» gent dans cet endroit un grossier monument de
» pierres. Les gens âgés qui n'ont point d'enfans,
» *prient leurs amis de leur rendre ce service ;* mais
» ceux-ci ne satisfont pas toujours à leur demande. —
» Ces Indiens, dit le même voyageur, croyent en
» un Etre-Suprême infiniment bon, & le dispen-
» sateur de tous les biens dont ils jouissent. Ils ont
» de même l'idée d'un être mal faisant, qu'ils craignent
» beaucoup ».

Ce récit nous apprend plusieurs choses; 1º. Les parens sont étranglés sur l'ordre qu'ils en donnent eux-memes, à cause qu'ils desirent, à ce qu'il paroît, de mourir de cette manière ; car les personnes âgées qui n'ont pas d'enfans, prient les étrangers de leur rendre un service qu'elles auroient exigé d'eux, comme un devoir de leur part ; 2º. Les enfans seroient regardés comme désobéissans envers leurs parens, s'ils ne satisfaisoient pas à leur volonté à cet égard; 3º. Ce *dernier devoir* n'est pas rempli sans quelque répugnance, puisque ceux qui ne s'y croyent pas obligés par les liens du sang s'y prêtent à regret, & s'y refusent même quelquefois tout-à-fait ; 4º. Les vieillards meurent tranquillement & même avec joie, ainsi que de plein

voient chacun féparément, & la condition des femmes n'y étoit guère au-deſſus de l'eſclavage, ainſi qu'elle l'a

gré ; ce qui prouve que par une pareille mort ils eſpérent échapper à quelque terrible mal, ou obtenir quelque bien d'une grande importance. A quoi je puis joindre, qu'une ſemblable coutume n'a pas pu être générale & continuer de ſiècle en ſiècle, ſans le conſentement de ceux qui en ſouffroient. Dans ces pays, comme par tout ailleurs, les jeunes gens ont l'intention de devenir père & de parvenir, à leur tour, à la vieilleſſe ; de manière qu'il y a lieu de croire qu'ils ne donneroient jamais l'exemple d'un uſage dont ils craindroient d'être un jour eux-mêmes la victime.

Ce fait prouve-t-il donc que ces pauvres Sauvages ſont dépourvus de toute affection filiale ? Il démontre exactement le contraire, ſelon moi. Les enfans ſatisfont aux ordres de leurs parens, à cauſe qu'ils les aiment, & qu'ils regardent comme un devoir de leur obéir ; d'ailleurs, ils ne leur font que ce qu'ils deſirent qu'on faſſe à eux-mêmes quand ils ſe trouveront dans de pareilles circonſtances.

Un prédicateur qui s'aviſeroit de dire : « Vous
» enfans, affligez & tourmentez vos pères & mères,
» & lorſqu'ils ſeront accablés par l'âge, tuez-les ;
» car c'eſt à eux que vous devez la vie & la
» plupart des biens dont vous jouiſſez », ne ſeroit certainement pas écouté une ſeconde fois, & l'abſurdité d'un pareil diſcours révolteroit tout être raiſonnable. Mais s'il s'exprimoit dans ces termes :
« Les enfans doivent de la reconnoiſſance & de
» la ſoumiſſion à leurs parens ; qu'ils obéiſſent donc
» à leur père lorſque, courbé ſous les ans, il
» deſire de goûter le repos, & leur demande de
» terminer ſes peines & ſes ſouffrances ; car de

*

été depuis les tems les plus reculés, & qu'elle l'eſt encore, dans pluſieurs parties de l'Aſie & dans la Turquie

» cette manière ils lui obtiendront la faveur de » la divinité bienfaiſante, & aſſouviront la ma-» lice de l'eſprit impur »; une ſemblable apoſtrophe ne paroîtroit peut-être pas abſurde à des Sauvages crédules & payens. Cependant, on ne pourroit pas dire qu'ils ſeroient privés d'amour filial & de ſentiment moral pour y acquieſcer ; au contraire, il faudroit en conclure qu'ils ſont doués de l'un & de l'autre ; car ſans cela comment recevroient-ils une doctrine & rejetteroient-ils l'autre ?

Quoique cette note ne ſoit déja que trop longue, je ſuis néanmoins perſuadé qu'on ne trouvera pas mauvais que, pour l'honneur de l'humanité, j'y joigne un autre paſſage des voyages de M. Ellis ; cet ouvrage étant devenu fort rare, je ne ſais par quelle raiſon.

« Les Indiens des environs de la Baye de
» Hudſon ſont, en général, à moins qu'ils ne
» ſoient pris d'eau-de-vie, fort obligeans &
» ſerviables, tant envers ceux qui leur ſont abſolu-
» ment étrangers, qu'envers leur propre famille ;
» & leur affection paternelle eſt ſingulière. Il y
» a quelque tems qu'on en eût un exemple remar-
» quable au fort d'York. Deux petits canots paſ-
» ſant la rivière de Hayes, il y en eut un, fait
» d'écorce de bouleau, qui au moment qu'ils ſe
» trouvoient au milieu de l'eau, coula à fond avec
» un Indien, ſa femme & ſon enfant. L'autre
» canot étant petit & hors d'état de recevoir plus
» d'un des parens avec l'enfant, il s'éleva une conteſ-
» tation extraordinaire entre l'homme & la femme,
» qui ne provenoit pas de ce que l'un refuſoit
» de ſe ſacrifier pour la conſervation de l'autre ;

d'Europe & d'Asie. Mais les Goths se faisoient accompagner dans toutes leurs expéditions guerrières par leurs femmes, qu'ils regardoient comme des amis & des conseillers fidelles, & souvent même comme des personnes sacrées par lesquelles les dieux se plaisoient à communiquer leurs volontés aux hommes. Ceci nous fait en partie connoître la cause pourquoi le sexe

---

» mais la difficulté consistoit à savoir lequel des
» deux feroit une plus grande perte pour l'enfant.
» Le père cherchoit à prouver qu'il étoit raison-
» nable qu'il fût plutôt noyé que la mère ; qui, à
» son tour, s'efforçoit de le convaincre qu'il étoit
» plus avantageux pour l'enfant que ce fût elle
» qui pérît, à cause que lui, comme homme, étoit
» plus en état d'aller à la chasse, & par con-
» séquent de lui procurer de quoi vivre. Le peu
» de tems qui leur restoit fut employé en témoignages
» mutuels de tendresse, & la femme recommanda
» pour la dernière fois le soin de son enfant à son
» mari. Cela fini, ils prirent congé l'un de l'autre
» dans l'eau, & la femme quittant le canot fut
» noyée ; tandis que le père & l'enfant arrivèrent
» heureusement à terre, où le peuple les admira
» beaucoup. Il paroît que dans toute cette aventu-
» re, le seul objet qui occupoit le père & la mère,
» fut la conservation de l'enfant ». L'amour pater-
nel & le respect filial ne sont pas toujours proportion-
nés l'un à l'autre ; mais quand le premier sentiment a
un certain degré de force, on ne peut pas supposer que le dernier soit, contre nature, absolument foible.

étoit traité avec tant de respect par ces peuples conquérans ; & comme l'Europe actuelle a conservé plusieurs de leurs coutumes & beaucoup de leur politique, on peut en conclure que c'est-là ce qui a donné naissance à la galanterie décente qui distingue nos mœurs, & qui s'est introduite dans toutes les parties du monde qui sont soumises au pouvoir des Européens (1).

Un amour sans bornes pour la liberté est un autre point qui distinguoit ces nations du Nord. Les climats chauds & fertiles, en portant les peuples à la paresse & à la volupté favorisent les vues des princes despotes, & étoient anciennement, comme plusieurs le sont encore aujourd'hui, le séjour de la tyrannie. Mais les habitans des contrées septentrionales, plus actifs & plus courageux, sont la plupart jaloux de leurs privilèges. Il y a sans doute des exceptions à toutes les théories générales de l'influence du climat sur le caractère de l'homme ; mais on ne peut pas

―――――――――――――――

(1) Voyez *Essai on Laughter and Ludicrous, composition*, ch. IV.

nier la vérité de ce que je viens de dire des anciens Germains & des autres peuples du Nord. Toutes les inſtitutions des Goths étoient dans leur forme primitive favorables à la liberté. Les rois ou généraux furent d'abord choiſis par ceux qui devoient leur obéir, & quoiqu'ils reconnuſſent & euſſent en effet introduit la diſtinction de feigneur & de vaſſal, ils furent néanmoins foigneux à maintenir l'indépendance & les droits reſpectifs de l'un & de l'autre, autant que la fûreté commune le permettoit. Il y a lieu de croire que c'eſt à eux que nous fommes redevables de ces grands établiſſemens qui forment la baſe de la liberté britannique ; favoir, le parlement pour former des loix, & les jurés pour juger les criminels & décider des différens.

Afin de pouvoir mieux comprendre pluſieurs choſes dont il fera queſtion dans la fuite, il eſt néceſſaire de fe rappeller les quatre particularités fuivantes du caractère des conquérans du Nord : ils étoient courageux & intrépides ; ils mépriſoient la mort, ou plutôt s'imaginoient qu'il étoit glorieux & avantageux de mourir les armes à la main ; ils marquoient une grande indulgence & un respect singulier pour leurs femmes; ils étoient tous animés par l'esprit de liberté & d'indépendance.

Il est probable que lorsqu'ils abandonnerent leur propre pays pour aller chercher des contrées plus heureuses, ils firent choix d'un général & d'autres officiers pour les commander; mais ils demeuroient libres dans leur service, & n'étoient point à la solde du prince, ou du moins ne recevoient point de rétribution pécuniaire. Toute la récompense qu'ils desiroient, c'étoit d'avoir leur part dans la distribution du terrein des pays qu'ils pouvoient conquérir : &, en effet, il n'étoit pas possible de leur en donner d'autre, puisque leurs chefs n'avoient point d'argent ; de sorte qu'il paroit fort peu probable qu'on ait pu les forcer au service lorsqu'ils s'y refusoient.

Supposons maintenant que ce peuple ait conquis un pays ; leur intention ne doit pas avoir été d'en exterminer
les

les habitans (1); ils ne vouloient que s'établir parmi eux, & leur faire re-

---

(1) Il est vrai qu'on ne peut pas affirmer positivement qu'il n'y ait point eu d'exemple que les peuples du Nord aient détruit les habitans du pays dont ils se sont rendus les maîtres ; sur-tout, si l'on veut s'en rapporter au témoignage des historiens contemporains. Ces violences peuvent avoir eu lieu, ainsi qu'il s'est sans doute commis plusieurs autres actions atroces, dont l'histoire ne nous a pas conservé la mémoire, dans des tems où il y a eu tant de grandes & terribles révolutions. Quant au caractère des conquérans du Nord, il est impossible de le déterminer exactement, à cause que les historiens ne s'accordent pas sur ce point ; car les uns en parlent comme de barbares cruels & méchans, tandis que d'autres donnent une idée plus favorable de leurs mœurs & de leur gouvernement. Il est assez naturel que les écrivains de ces tems-là aient jugé & parlé de ces peuples avec horreur, & qu'ils aient grossi les calamités dont ils étoient témoins, au lieu d'en parler d'une manière impartiale. Il y a plusieurs circonstances qui me portent à croire, que les malheurs des vaincus, quoique grands sans doute, n'ont pas été aussi terribles que quelques savans écrivains se le sont imaginés. Je me bornerai ici à une seule particularité ; qui tient à un sujet dont j'ai déja parlé ailleurs.

Si nous devions être exterminés par une race d'hommes dont la langue fut totalement différente de la nôtre, notre langue ne se trouveroit-elle pas également détruite ? Peut-on croire que la langue de ceux qui viendroient à nous conquérir pourroit être altérée d'une manière sensible par le mélange de la langue angloise, qu'ils entendroient parler pendant la guerre, mais sans la comprendre ; ou qui seroit encore balbutiée dans quelques lieux cachés par ceux de nos compatriotes qui pourroient

K

cevoir leurs ufages & la forme de leur gouvernement, ainſi que difpoſer du

échapper à ce maſſacre général, & à qui l'on permettroit de reſter dans leur pays, à cauſe que leur nombre feroit trop peu conſidérable pour les rendre redoutables & les en faire chaſſer ? Il paroît probale, que dans un pareil cas, la langue du pays feroit totalement changée, & qu'en ceci, comme dans toute autre choſe, le conquérant donneroit la loi. Mais en ſuppoſant que la Grande Bretagne dût maintenant être ſubjugée par un peuple qui parlât une langue étrangère ; & qu'après un laps de mille ans, la langue angloiſe eût la même reſſemblance avec celle qu'on parle aujourd'hui en Angleterre, que l'Italien & l'Eſpagnol ont avec le Latin, ne feroit-il pas raiſonnable à nos ſucceſſeurs de cette période éloignée d'en conclure, que ceux qui ont envahi cette île au dix-huitième ſiècle étoient en petit nombre, en proportion des inſulaires parmi leſquels ils ſe ſont fixés ; ſi, en ſe rendant maîtres du pays, ils n'en ont cependant pas extirpé les habitans naturels.

Du tems de l'invaſion des Goths, la langue latine étoit généralement parlée dans la Gaule, en Eſpagne & en Italie; mais on peut bien s'imaginer que les dialectes n'en étoient pas purs, dans les parties les plus éloignées, mais fort corrompus, au contraire, ainſi que cela a toujours lieu dans les provinces qui ſont à une grande diſtance du ſiège de l'empire, après l'eſpace de deux ou trois ſiècles. Cependant, malgré ces altérations, & malgré les barbariſmes introduits ſucceſſivement par les Francs, les Vandales, les Lombards, &c.; les langues qu'on parle actuellement en France, en Eſpagne & en Italie ont encore une telle affinité avec l'ancienne langue latine, & les unes avec les autres, que quiconque en entend bien une, peut deviner la ſignification de pluſieurs cen-

fol, ou du moins de la quantité dont ils pouvoient avoir befoin. Ils regar-

taines & même de plufieurs milliers de mots de toutes les autres. En effet, quoique ces langues aient fubies une infinité d'altérations, relativement à leur fyntaxe, à leurs inflexions, à leurs articles, & a d'autres objets de peu de conféquence, on peut dire néanmoins qu'elles font toujours compofées des mêmes matériaux. Un écrivain, qu'on doit regarder comme juge compétent dans cette matière, affure, entr'autres, que quoiqu'un nombre confidérable de mots barbares & des langues feptentrionales aient été introduits dans la langue Italienne, on pourroit non feulement tenir un fimple difcours, mais compofer un gros volume d'Italien pur, fans y faire entrer une phrafe ou même un feul mot dont l'origine ne dérive point des auteurs latins. *Tutto che non fi poſſa negare, che fianvifi aggiunte moltiſſime voci barbare, ed oltramontani, io fono certiſſimo altresì, che potrebbe formare, non dico un difcorfo, ma un intero & groſſo volume in buon Italiano, fenza che vi intraſſe pure una fola parola, o frafe, di cui non fi trovaſſe l'origine negli fcrittori latini.* LE VICENDE DELLA LETTERATURA. CAP. 4.

Après l'Italien, ce font les langues efpagnole & portugaife qui ont le plus d'analogie avec le Latin, quoiqu'elles aient été altérées, non feulement par les conquérans du Nord, mais auffi par les Maures, qui envahirent l'Efpagne au huitième fiècle, & qui n'en furent entièrement chaffés qu'au quinzième fiècle. Si, après toutes ces conquêtes, ces langues ont perdu fi peu de leur forme primitive, combien foible doit avoir été le nombre des Goths & des Vandales victorieux, en comparaifon des peuples qu'ils foumirent, & parmi lequels ils s'établirent.

Les Saxons qui vinrent fe fixer en Angleterre,

doient le pays conquis comme un bien qui leur appartenoit, & ils l'offroient comme un don volontaire à leur chef ou général, avec claufe cependant que le partage en feroit fait entr'eux à certaines conditions & fuivant un certain plan, qui, peut être mal conçue dans le principe, fut avec le tems réglé de la manière que je vais le dire.

Le chef commençoit d'abord par s'approprier une partie du territoire conquis, tant pour fon propre ufage, que pour l'entretien de fa maifon & le foutien de fa dignité. Cette portion fut dans la fuite défignée fous le

---

femblent avoir cherché davantage qu'aucun autre de ces peuples aventuriers, à exterminer les habitans du pays dans lequel ils fe jetterent : ils extirperent la langue des anciens Bretons de toutes les provinces qui tomberent en leur pouvoir, & y introduifirent la leur, ce qu'ils n'auroient pu faire que difficilement, s'ils n'avoient pas détruit la plus grande partie des habitans. Maintenant encore, les dialectes Anglois & bas-Ecoffois (*Lowland-Scotch*), font appellés *Saffnich* ou Saxon, par les montagnards du Nord de l'Angleterre ; &, en effet, ils tiennent plus de cette langue que d'aucune autre. Lors de la conquête des Normands, il s'introduifit un grand nombre de mots françois dans la langue angloife, dont le fond & la conftruction ne fouffrirent cependant alors aucune altération fenfible.

nom de domaines de la couronne, (*Crown-lands*) ou de patrimoine-royal (*Royal Demesnes*). Il partageoit le reste entre ses principaux officiers, à qui il assignoit à chacun sa part. Les officiers conservoient cette propriété à condition de garder fidélité loyale à leur souverain, & de le servir en tems de guerre à leurs propres frais. Celui qui conféroit cette propriété étoit appellé *seigneur*, & l'on donnoit le nom de *vassal* à celui qui la recevoit, & qui, après l'investiture, promettoit foi & hommage à son supérieur, en se déclarant, à genoux, son *homme* (*homo*); d'où est venu le mot latin barbare *homagium*, ainsi que les termes *homage* en anglois, & *hommage* en françois. Si dans la suite il étoit infidelle, ou abandonnoit son seigneur dans le combat, ou s'il refusoit de le servir à la guerre, quand il en étoit régulièrement sommé, il perdoit sa terre, & le seigneur pouvoit ou la reprendre pour lui-même, ou la donner à un autre (1).

―――――――――

(1) Suivant l'ancien droit commun féodal de l'empire d'Allemagne, tous les fiefs masculins qui ne peuvent être recueillis par un héritier mâle,

La portion de terre qu'on accordoit fur ce pied s'appelloit *fief*, en latin *beneficium* ; & l'on donnoit à cette efpèce de ténement le nom de *feud* ou *feod*, compofé de deux mots de la baffe latinité, favoir *fee*, qui fignifie *récompenfe*, & *odh*, qui veut dire *propriété* (1) : dénomination qui donne à connoître que le terrein étoit en effet une propriété du vaffal, mais qu'il l'avoit reçu de fon fupérieur, & ne le tenoit qu'à condition de l'affifter de fa perfonne, en manière de décharge & de récompenfe. C'eft donc de là que

---

appartiennent encore aujourd'hui de droit au prince, qui, dans ce cas, les réunit à fon domaine ou en gratifie d'autres gentils-hommes. Le Margraviat de la Haute-Luface, foumis à la même loi, jouit d'une exemption fingulière qui la rend moins rigoureufe. Le poffeffeur d'un fief mafculin qui n'a point d'héritiers mâles, peut affurer fa propriété à fa fille en fe foumettant à une épreuve. Il s'arme d'une cuiraffe, d'un heaume, d'une lance & de toutes les pièces de l'armure ancienne ; on lui amene un cheval, & fi, malgré la péfanteur de fes armes, il parvient à le monter, il a le droit de requérir l'officier *d'adhériter*, fa fille à fon fief ; & celle-ci acquiert le droit d'y fuccéder & de le tranfmettre à fes héritiers mâles. Cette cérémonie s'eft faite & renouvellée en 1775. *Note du Traducteur.*

(1) Voyez Blackftone's, *Commentaries on the Laws of England*, B. II, ch. 4.

la forme du gouvernement introduit par les peuples du Nord a pris le nom de *gouvernement féodal*, & que les lois qui y étoient particulières ont été appellées *lois féodales*.

Il faut prendre garde de ne pas confondre ce terme *feud* avec un autre mot qui se prononce & s'écrit exactement de même en Anglois, & qui signifie contestation, querelle : l'un est un mot simple & originellement Saxon ; l'autre est un mot composé & dérive d'une autre langue, ainsi que je viens de l'observer.

Comme la propriété du vassal étoit *féodale*, celle du souverain, qui ne relevoit d'aucun supérieur, étoit appellée *allodiale*, de *all, totum*, & d'*odh, propriété* ; pour signifier qu'elle lui appartenoit entièrement en propre, & qu'il n'en devoit aucune charge ni redevance à personne. Il est vrai qu'un souverain peut être le feudataire d'un autre souverain, pour quelques provinces ou terres ; mais dans le gouvernement dont il est ici question, le feudataire étoit aussi vassal, & tenu à foi & hommage envers son supérieur, ainsi qu'on trouve que les rois d'Ecosse l'ont fait fouvent aux rois d'Angleterre pour quelques-unes des terres de la partie méridionale de leur royaume, & les rois d'Angleterre aux rois de France pour leurs domaines fur le continent.

Conformément aux inftitutions féodales & à la langue de ces tems-là, la loi d'Angleterre fuppofe encore que chaque fief qui appartient à un fujet eft en mouvance d'un autre fujet ou du fouverain. Mais dans ce dernier cas le fief eft réellement allodial; car on dit que les terres qui ne relèvent d'aucun fujet dépendent de la couronne.

Ceux qui tenoient leurs fiefs immédiatement du fouverain parvinrent avec le tems aux dignités de *baron*, de *feigneur* & de *noble* d'un royaume féodal. Ils avoient tous des châteaux, & tenoient une cour & une fuite femblable à celles du monarque; chacun jouiffoit fur fon territoire d'un grand pouvoir, & poffédoit plufieurs prérogatives vraiment royales, telles que celles de conférer des dignités, de battre monnoie & d'accorder le pardon aux criminels.

La condition d'un feigneur feudataire ressembloit encore à plusieurs autres égards à celle de son souverain. Il retenoit entre ses mains une partie de son territoire pour le maintien de sa dignité & de sa maison, & il partageoit le reste, avec la sanction du roi, entre ses propres vassaux, suivant la même forme féodale d'après laquelle il tenoit ses terres du souverain. Les vassaux secondaires furent dans la suite connus sous le nom d'*écuyers* ou *armigeri*, qui dans l'origine signifioit porteur d'armes ou porte écusson. Ils tenoient l'investiture de leurs chefs respectifs, & prêtoient foi & hommage à leur supérieur immédiat, en promettant de le suivre à la guerre toutes les fois qu'ils en seroient requis. Ils avoient, ainsi que leurs supérieurs, les *grands barons*, pleine jurisdiction sur leur propre territoire, & ils les imitoient sans doute, autant qu'il leur étoit possible, dans l'état de leur maison.

Les barons secondaires avoient, comme les premiers, leurs vassaux à qui ils accordoient des terres sous le même régime féodal, & par lesquels ils étoient accompagnés & soutenus dans la guerre, aux conditions qu'ils fervoient & accompagnoient eux-mêmes les grands barons, & ceux-ci le roi. En tems de paix, lorsqu'on pouvoit se passer du service militaire, le dernier ordre des vassaux payoit quelquefois une rétribution en grains, en bestiaux ou en argent, pour les terres qu'ils ténoient de leurs supérieurs; cet usage devint même avec le tems l'origine des *cens & rentes.*

Un gouvernement féodal, ainsi établi, ressemble, comme l'a fort bien remarqué un célébre écrivain (1), au campement d'une grande armée, & il n'y a point de forme de gouvernement plus propre à assurer une conquête. Comme le service militaire formoit la principale partie du devoir des vassaux envers leur seigneur; & comme c'étoit aussi là l'occupation des hommes de toutes les conditions, on peut en conclure que la nation entière doit avoir été élevée dans l'exercice des armes, qui étoit regardée comme la plus honorable profession, & même comme

---

(1) Voyez Robertson, *Histoire d'Ecosse*, Liv. I.

la feule digne d'un homme d'un certain rang. Si à cela on joint la férocité naturelle du peuple, & l'idée exaltée qu'il avoit de l'indépendance, on ne fera point étonné de cet amour extraordinaire pour les entreprifes guerrières qui animoit toutes les claffes du fyftême féodal. Un peuple difcipliné de cette manière étoit toujours prêt à paroître fous les armes, lorfqu'il en étoit requis par le fouverain, qui, à la première fommation, fe trouvoit accompagné par fes grands barons, ceux-ci par leurs vaffaux, & ainfi de fuite jufqu'aux derniers rangs.

J'ai dit que toute la nation étoit élevée dans l'exercice des armes. Cela fut fans doute ainfi dans le commencement, mais n'eut plus lieu après que le fyftême des Goths fe trouva bien établi. Tous les hommes libres étoient guerriers ; mais les gens du bas peuple, qui fourniffoient à leurs fupérieurs des vivres, des vêtemens & des armes, ne jouiffoient pas de cet honneur, & n'étoient réellement guère mieux confidérés que des efclaves, quoique tous ne fuffent pas également ferviles.

Il n'étoit guère poffible à une nation conquife & une fois foumife à cette forme de gouvernement, de fecouer le joug, ou de tenter même de recouvrer fa liberté. La vérité eft que les vaincus fe trouvèrent bientôt incorporés avec leurs vainqueurs, qui, lorfqu'ils firent leur première apparition dans les parties méridionales de l'Europe, femblèrent vouloir établir leurs idées politiques fur l'égalité naturelle de l'homme.

L'hiftoire de ces tems obfcurs ne peut guère être confidérée, à plufieurs égards, que comme une fuite de conjectures hafardées. Il eft cependant certain que le fyftême de fubordination féodale devint infenfiblement, pour ainfi dire, univerfel en Europe. Les îles & les provinces qui n'avoient pas été conquifes ou envahies par les guerriers du Nord, jugèrent à propos d'adopter cette efpèce de gouvernement; en partie fans doute par le defir de fe trouver fur même pied que le refte du monde, & en partie pour acquérir par ce régime la même vigueur militaire, & de pouvoir conferver leur indépendance au milieu de leurs voifins belliqueux. Le fyftême féodal ne fut pas introduit dans toute fon étendue en Angleterre avant la conquête de Guillaume, duc de Normandie, qui l'apporta avec lui de fon pays, où il fe trouvoit établi depuis long-tems ; & il le fit recevoir dans les parties feptentrionales de cette île du confentement de la grande affemblée de la nation. Les écrivains n'ont pas encore déterminé exactement, que je fache, en quel tems ce gouvernement fut reçu en Ecoffe ; mais il eft connu que les Ecoffois l'adoptèrent, & qu'il maintint plus longtems fon influence, dans la partie feptentrionale que dans la partie méridionale de la Grande-Bretagne (1).

Toute inftitution humaine eft fujette à éprouver des altérations, & l'on n'a pas encore imaginé une forme

---

(1) Voyez Robertfon, *Hiftoire d'Ecoffe*, *Liv. I.*

de gouvernement qui ne foit pas
foumis à des changemens par mille
caufes différentes, que les loix humaines ne peuvent ni prévoir ni empêcher. Le fyftême féodal devint
bientôt différent de ce qu'il avoit été
dans fon origine. Lorfque les hommes fe trouvent dans des circonftances qui leur permettent à peine
de fatisfaire aux premiers befoins de
la vie, ils ne confidèrent pas les
chofes de la même manière, que
lorfque, dans la fuite, ils jouiffent
paifiblement des honneurs & des richeffes. Les rois ou chefs des gouvernemens féodaux furent d'abord
électifs, & les fiefs n'étoient accordés par le feigneur à fes vaffaux
que pour la vie, ou à volonté. Mais
le fouverain pouvoir & les droits des
feudataires furent, avec le tems,
rendus héréditaires, & paffèrent ainfi
du père au fils, ou même au plus
proche parent. La nobleffe devint
alors fière & ambitieufe, en proportion de l'indépendance qu'elle acquéroit. Dans quelques cas même les
fiefs des grands furent affurés par
fubftitution, ce qui mit bien leurs

defcendans dans le pouvoir d'augmenter leur héritage, mais non pas de le diminuer. A la fin même le fils eut le droit, foit qu'il en fût digne ou non, de conferver les titres & les honneurs que le fouverain pouvoit avoir accordé au mérite du père, & de cette manière les dignités auffi-bien que les terres du baron feudataire fe trouvèrent héréditaires. Mais ce qui eft plus fingulier encore, c'eft que malgré qu'il faille certainement des qualités éminentes pour remplir les premières charges de l'état, & que rien n'eft plus abfurde que de donner les places difficiles à remplir à ceux qui n'ont pas le talent néceffaire, plufieurs des grands feudataires obtenoient cependant, foit par importunité ou comme récompenfe de quelques fervices particuliers, le privilège extraordinaire d'attacher à leurs familles refpectives certaines charges honorables & lucratives.

La corruption fe gliffa imperceptiblement dans l'ancien gouvernement féodal par une fuite de l'efprit ambitieux des nobles & de la foibleffe des rois. Les terres des premiers furent honorées de privilèges qui leur donnoient un pouvoir fort étendu & même quelquefois égal à celui du fouverain. On plaidoit & jugeoit devant eux ou devant les juges qui préfidoient en leur nom , toutes les caufes civiles & criminelles qui concernoient quelqu'un de leurs vaffaux ; & lorfque le vaffal d'un baron étoit cité devant quelque cour du roi , le feigneur de ce vaffal pouvoit refufer de le livrer, en fe refervant à lui-même le droit de le juger ; il lui étoit également permis de punir ceux de fes vaffaux qui fe laiffoient traduire devant une autre jurifdiction que celle de fon feigneur immédiat. Il eft donc facile de s'appercevoir que l'influence de la couronne devoit être extrêmement foible , fi ce n'eft fur le territoire du roi même , & qu'il pouvoit s'élever des conteftations entre lui & fes nobles dans lefquelles ces derniers avoient gain-de-caufe. Par conféquent un riche baron, qui avoit un grand nombre de vaffaux , pouvoit fe rendre redoutable à fon roi , & mettre fa puiffance à l'épreuve ; de-là les infolentes demandes de la

part

part des nobles, & les condefcendances honteufes des rois. En effet l'hiftoire de l'Europe moderne ne contient guère, pendant plufieurs fiècles, que le récit des diffentions entre les princes & leur nobleffe. Car, dans la fuite des tems, le pouvoir des barons feudataires s'accrut à tel point par des héritages, des mariages avantageux, des conceffions imprudentes de la couronne, qu'ils ofèrent attaquer leurs fouverains & fe montrer intraitables envers eux ; de manière qu'ils fe virent obligés de chercher les moyens de mettre des bornes à cette ambition, ce qui leur caufa beaucoup d'inquiétudes. Il y en a qui penfent que c'eft à ces méfintelligences domeftiques que les croifades doivent leur origine.

On fait que les croifades furent des expéditions militaires faites dans la Paleftine par les princes chrétiens d'Europe, dans l'intention de chaffer, à ce qu'ils prètendoient, de la Terre-Sainte les Turcs & les Sarafins qui s'en trouvoient alors en poffeffion, fous le prétexte qu'il étoit honteux pour les ferviteurs du Chrift de permettre que des infidelles occupaffent un pays qui, dans les anciens tems, avoit appartenu à la poftèrité d'Abraham, & que le Sauveur avoit habité pendant fon féjour fur la terre. Ces entreprifes militaires, foutenues & encouragées par le pape, convenoient parfaitement à la valeur exaltée des peuples vivans fous le règime féodal, & aux opinions religieufes que l'ignorance entretenoit alors dans toute la partie occidentale du globe. Les feigneurs & le peuple s'y engagèrent donc avec ardeur, dans la croyance de faire une œuvre méritoire devant Dieu, en détruifant ou du moins en foumettant les ennemis de la foi ; fermement perfuadés que leur récompenfe feroit la célébrité militaire dans ce monde, & la gloire des bienheureux dans l'autre. Le pape réclama & obtint le pouvoir d'accorder la rémiffion des péchés de tous les hommes, & l'on offrit une indulgence plénière avec plufieurs avantages purement temporels (1) à

---

(1) Voyez Robertfon, *Hiftoire de Charles-Quint*, *Tom. I.*

tous ceux qui voudroient s'engager dans ces pieux armemens.

Mais quelles que puiffent avoir été les opinions de ceux qui fervirent dans ces guerres faintes, ainfi qu'on les appelloit, on peut, fans craindre de bleffer la charité, conjecturer que les princes qui les concerterent n'y furent pas moins engagés par des vues politiques que par des motifs religieux. Etant troublés chez eux par leur nobleffe turbulente, ils furent heureux de pouvoir les engager dans des expéditions lointaines, d'où il étoit probable que la plus grande partie ne reviendroient jamais. Ces expéditions furent appellées *croifades*, d'après le mot latin *crux*, ou le mot françois *croix*, qui fut toujours l'emblême du chriftianifme, & que ces aventuriers portoient, comme champions de la foi, fur leurs étendarts & fur leurs armes.

Les croifés acquirent dans leurs expéditions des honneurs fort confidérables; mais ce fut, à la vérité, en prodiguant de grands tréfors & beaucoup de fang. Ils conquirent la Paleftine, dont ils chafferent les Sarafins; & Godrefroi de Bologne ou de Bouillon, fut réellement couronné roi de Jérusalem, vers l'an 1100. Ceux qui s'étoient distingués dans ces guerres, marquerent leurs exploits par quelque devise emblématique, soit gravée ou peinte, sur leur bouclier; & c'est-là, à ce qu'on prétend, l'origne des armoiries, qu'on obtient aujourd'hui avec de l'argent, mais qui n'étoient anciennement que le prix de la valeur. Les armes défensives de ce tems-là étoient d'un genre particulier, & d'une forme totalement différente de celles des Grecs & des Romains. Le baron feudataire couvroit tout son corps d'acier ou de cuivre, & son casque étoit fait de manière que la visière en couvroit entièrement son visage, à l'exception des yeux ; de sorte que dans l'action il ne pouvoit être reconnu que par la devise représentée sur son target, ou par la forme ou les couleurs de ses armes ; & c'étoit par ces signes qu'on distinguoit alors souvent les guerriers. C'est ainsi, par exemple, qu'Édouard, si fameux dans l'histoire, sous le nom de prince noir, reçut cette épithete à cause de la couleur de ses armes, qu'on conserve encore dans la tour de Londres.

J'ai dit que les figures que les croisés mettoient sur leurs boucliers, furent l'origine des armoiries ; c'est-là en effet, l'opinion de plusieurs écrivains; mais elle ne peut néanmoins être vraie seulement, que relativement aux figures qui sont conformes au système héraldique moderne; car l'origine des devises sur les boucliers est plus ancienne, comme on peut s'en convaincre par le bouclier d'Hercule, dont Hésiode fait mention, par celui d'Achille, qu'Homère a décrit, & par ceux des sept chefs devant Troye, dont Eschyle a donné une description particulière. Quelques écrivains pensent même que ces devises sont d'une plus haute antiquité, & prétendent qu'elles furent connues de Noé, d'Abraham & de Jacob, & que les douze tributs d'Israël furent distingués par leurs enseignes respectives. Mais ces recherches sont étrangères à l'objet dont il est ici question.

C'est à cet esprit tout à la fois martial & religieux, & à cette passion de courir le monde & de chercher les aventures, auxquels les croisades étoient si favorables, qu'il faut attribuer l'origine de la chevalerie, qui commença alors à paroître, & qui, avec le tems, produifit de fi étranges révolutions dans la politique, dans les mœurs & dans la littérature. Je n'ignore pas que quelques écrivains la font remonter plus haut, & font plutôt portés à faire descendre les croifades de la chevalerie, que la chevalerie des croifades. Cette difcuffion n'eft guère importante. Il eft certain au refte, que la chevalerie ne fut connue que vers le tems des croifades; & que l'enthoufiafme romanefque, l'imagination déreglée & la valeur outrée qui caractèrifoient ceux qui en faifoient profeffion, étoient grandement excités & même en partie produits par les récits dont s'amufoit le peuple avide des aventures qu'on affuroit être arrivées aux héros de la guerre fainte.

Le nom de *chevalerie* vient du mot françois *chevalier*, qui, de même que le mot latin *eques*, fignifie proprement un homme qui fert à cheval à la guerre. Comme les pauvres fervoient à pied, le mot *eques* en latin, & celui de *chevalier* en françois, devinrent des titres d'honneur qui correfpondent à-peu-près, mais pas parfaitement néanmoins, au titre de *knight* en anglois.

La chevalerie étoit une profeſſion militaire ; celui qui vouloit ſe diſtinguer dans cette carrière ſe revêtoit de l'armure alors en uſage ; & muni d'une épée & d'une lance, il montoit à cheval pour aller entreprendre quelque exploit militaire. Il ne pouvoit cependant être regardé comme un parfait chevalier, qu'après avoir reçu les honneurs de la chevalerie. Aujourd'hui il n'y a que les princes ſouverains qui puiſſent les conférer ; mais dans ces tems-là tout homme qui étoit chevalier pouvoit en faire un autre, & le monarque ſe ſoumettoit à recevoir l'accolade de ſon ſujet. La perſonne à qui l'on accordoit le titre de chevalier le recevoit à genoux, & l'on rempliſſoit pluſieurs cérémonies tant militaires que religieuſes. Il y a dans le caractère des chevaliers pluſieurs choſes ſingulières, dignes d'être remarquées, à cauſe de leur relation avec les obſervations que nous avons faites plus haut.

1°. La première eſt leur eſprit religieux. L'autorité de la cour de Rome étoit alors auſſi univerſelle qu'illimitée en Europe ; & les guerres entrepriſes pour délivrer la Terre-Sainte, inſpiroient un enthouſiaſme religieux à tous ceux qui prenoient part à ces expéditions; c'eſt à dire, à tout Européen qui aſpiroit à une réputation militaire. La piété étoit par conſéquent conſidérée comme auſſi indiſpenſable que le courage même pour former un brave ſoldat. Quelques parties de l'Europe, & particulièrement l'Eſpagne, avoient beaucoup ſouffert par les invaſions des Saraſins & des autres nations infidelles, qui par leurs cruautés avoient inſpiré de l'horreur & pour eux-mêmes & pour leur religion à toute la chrétienté. Lorſqu'un chevalier fait priſonnier par ces infidelles avoit la foibleſſe, ſoit par menaces, par tourmens ou par exhortations d'abandonner la vraie foi, il étoit mépriſé par les chrétiens comme un lâche ou comme un apoſtat : épithètes qui étoient regardées comme les plus odieuſes dont on pouvoit ſe ſervir ; car chaque chevalier promettoit par ferment, lorſqu'on le recevoit, de maintenir la foi catholique malgré tous les dangers qu'il pourroit courir. Ces épithètes ne fignifioient donc, fuivant l'idée de la chevalerie, rien moins qu'un impie, parjure & fcélérat poltron (1).

2º. La feconde chofe remarquable qui diftinguoit les chevaliers de ces tems-là, c'eft le courage, & l'on peut même dire l'amour des combats, qu'ils tenoient fans doute des Goths, leurs ayeux, & que l'inftitution féodale tendoit à encourager. Les expéditions contre les infidelles portèrent même cette paffion pour la guerre à un degré d'extravagance qui tenoit de la phrénéfie, & qui fut entretenue par les divifions inteftines dans lefquelles la nobleffe fe vit continuellement engagée par la nature du gouvernement féodal, & la foibleffe des lois. Les divertiffemens mêmes de ces barons guerroyeurs étoient marqués par du fang; car aux fêtes & aux réjouiffances publiques il y avoit des joûtes, des tournois & d'autres combats finguliers, pour l'amufement des rois, des

---

(1) Voyez Hurd, *Letters on Chivalry and Romance*.

seigneurs & mêmes des dames (1);
& ces combats n'étoient rien moins
que simulés. Les chevaliers en mettant
leur lance en arrêt, faisoient avancer
rapidement leurs chevaux ; de manière
que souvent le cavalier & le cheval se
trouvoient renversés par le choc violent
qu'ils éprouvoient en se rencontrant ;
quelquefois même ils restoient sur la
place. Lorsqu'ils n'étoient pas tué dans

---

(1) Il ne faut cependant pas regarder les joûtes & les tournois comme des moyens peu naturels d'une politique barbare & sanguinaire. Dans le principe ils étoient non seulement raisonnables, mais sages : « A cause de l'avantage singulier dont ils étoient » pour l'instruction des nobles & des gentils-hom- » mes, qui formoient la cavalerie de ces tems-là, » en leur apprenant à manier avec adresse leurs » armes & leurs chevaux ». C'est ainsi que s'exprime un grand historien, d'après l'autorité des écrivains qui vécurent dans le tems que les joûtes & les tournois étoient en usage. Après quoi il ajoute cette sage réflexion : « En effet, toutes les nations » qui ont voulu se distinguer dans la guerre, ont » cherché à rendre leurs divertissemens publics utiles » à ce but politique, (c'est-à-dire, à la discipline » militaire) qui semble ne pas être tombée entiè- » rement en désuétude aujourd'hui dans ce royaume ». Lyttleton, *Notes sur le cinquième livre de son Histoire du tems de Henri II, roi d'Angleterre.* Le combat singulier servoit d'amusement aux héros du tems d'Homère, ainsi qu'on le voit par les combats, qui se faisoient dans les jeux institués en l'honneur de Patrocle.

ce premier affaut, ainfi que cela avoit généralement lieu, ils fondoient l'un fur l'autre le cimeterre à la main, & fe battoit à toute outrance, jufqu'à ce qu'il y en eut un qui s'avouât vaincu ou que le juge qui préfidoit au combat les fit féparer. Ademar de Valence, comte de Pembroke, fut tué dans un pareil combat le jour même de fon mariage. La manière de fe battre de ces tems-là, ainfi que celle qui étoit en ufage dans l'ancienne Grèce & en Italie, influoit beaucoup fur la valeur des combattans, ou les rendoit du moins plus ardens à la mettre en évidence. Chez nous les armes à feu permettent à l'homme le plus foible de fe mefurer avec l'homme le plus vigoureux; & tout ce que nos foldats actuels ont à faire fe réduit à montrer du mépris pour le danger, à conferver une certaine préfence d'efprit, & à demeurer foumis à la difcipline militaire. Mais avant l'invention de la poudre à canon, tout guerrier qui tuoit fon ennemie donnoit une preuve non feulement de fa valeur, mais auffi de fa force & de fon adreffe à manier les armes.

3º. L'amour pour les aventures extraordinaires, eſt un autre trait qui caractèriſoit les braves du tems de la chevalerie. Le monde étoit alors peu connu, & les hommes étoient ignorans & crédules, ainſi que je l'ai déja remarqué plus haut. On s'attendoit à trouver des choſes ſurprenantes dans des pays ſinguliers ; tels que des dragons à combattre, des géans à pourfendre, & des châteaux enchantés à détruire. On s'imaginoit que les cavernes des montagnes étoient habitées par des magiciens, & que les fonds des forêts ſervoient de retraite à quelque ſaint hermite, qui, pour récompenſe de ſa piété, avoit reçu le don de faire des miracles. Dans le ſifflement du vent on croyoit entendre heurler le diable ; les ſpectres vaguoient pendant l'obſcurité de la nuit, & même le doux murmure de l'eau paſſoit pour la voix de quelque eſprit ou farfadet. Les châteaux des grands barons, d'une architecture groſſière, mais impoſante, remplis dans l'intérieur de paſſages obſcurs formant mille circuits, d'appartemens ſecrets, de longues galeries inhabitées, & de chambres qu'on ſuppoſoit fréquentées par des revenans ; des labyrinthes ſouterrains, qui ſervoient de retraite dans l'extrême danger ; le bruit que le vent faiſoit au travers des lézardes & des crevaſſes des vieux murs & autres affreux eſpaces vuides ; le bruit des péſantes portes & des gonds rouillés ; les cris perçans des chauve-ſouris, des chat-huans & des autres animaux qui ſe tiennent dans les lieux ſolitaires & peu habités ; toutes ces cauſes, jointes à pluſieurs circonſtances de la vie domeſtique de l'eſpèce d'hommes dont il eſt ici queſtion, ſervoient à les rendre ſuperſtitieux & crédules, & contribuoient à accroître la paſſion pour les aventures extraordinaires & les entrepriſes périlleuſes de ces guerriers, qui mettoient leur gloire à mépriſer toutes ſortes de dangers.

Joignons à cela la manière de vivre des barons feudataires. Ils ſe tenoient retirés dans leur territoire reſpectif, où leur pouvoir étoit fort grand ; & ils ne ſortoient preſque jamais de leur château, dans lequel ils entretenoient un certain nombre d'amis & de partiſans voués à leur défenſe ; ſe faiſant un point d'honneur de mettre une magnificence royale dans l'entretien de leur maison. Un criminel qui avoit fu se souftraire, soit à la justice publique de son pays, ou à la vengeance de quelque chef courroucé, étoit assuré de l'impunité s'il trouvoit le moyen de s'introduire dans le château de quelque autre seigneur (1). Par-là l'autorité

―――――――――――――――――

(1) C'est à ces tems déplorables de confusion & d'anarchie, qu'il faut attribuer l'usage de parsemer en France les grands chemins de croix, à cause que la noblesse, toujours à cheval, courroit la campagne, & tailloit en pièces les laboureurs desarmés, pour le seul plaisir d'exercer son courage féroce & l'ardeur de ses chevaux. Les malheureux payfans quittoient leurs charrues & alloient se précipiter au pied de ces croix pour éviter ces terribles guerroyeurs. On se faifoient un jeu de les y pourfuivre, & de les atteindre avant qu'ils eussent tendus les bras & embraffé la croix, l'unique asyle où on les respectât. Quelques personnes ont pensé, que c'est cette même cause qui a donné lieu à la coutume que les payfans catholiques ont en Hollande, de peindre des croix blanches sur les étables, mais cela n'est pas ; & cette coutume doit plutôt être attribuée à une idée pieuse. A la suite du traité du célèbre Outhof, intitulé : *Judicia Jehovæ Zebaoth*, imprimé en 1721, se trouve un poëme dont le titre est : *Severi Sancti, id est Endeleichi Rhetoris de moribus Boum Carmen*. L'auteur de ce poëme (qui vivoit au cinquième siècle, ou, selon d'autres, en 395), fait demander par un pâtre Payen, au berger Tytire, qui est Chrétien, ce qu'il a fait pour

de la justice étoit éludée, la loi sans force, & le baron méchant & puissant, demeuroit tranquille dans son propre château où il défioit jusqu'au pouvoir souverain ; quelquefois même il se livroit aux hostilités, & alloit le trouver en pleine campagne à la tête d'une armée de partisans déterminés. Guillaume, comte de Douglas, étoit ordinairement accompagné, dans les grandes occasions, d'une troupe de deux mille cavaliers. Il étoit dangereux pour le roi même de provoquer la haine d'un pareil seigneur. On sait que pendant le règne de Marie, reine

---

conserver ses bestiaux & les préserver de l'épizootie ? Sur quoi Tytire répond :

Signum quod perhibent esse crucis Dei
Magnus qui colitur solus in Urbibus.
Christus perpetui gloria numinis.
Cujus Filius unicus.
Hoc signum mediis frontibus additum,
Cunctarum pecudum certa salus fuit,

Il semble assez probable, dis-je, que l'usage de peindre des croix blanches sur les étables, vient de l'ancien préjugé que ce signe, représenté sur le front des bestiaux, les préservoit de la maladie contagieuse. *Note du Traducteur.*

d'Ecoſſe, il ſe tint encore une cour de juſtice ſur les confins de l'Angleterre, & que les habitans de onze comtés furent ſommés, par proclamation royale, de défendre les perſonnes des juges & de faire recevoir leurs décrets (1).

On peut ſe former par-là une idée de l'état déplorable de ces gouvernemens féodaux, dans leſquels la nobleſſe s'étoit arrogé un grand pouvoir & des privilèges fort étendus. On commettoit journellement les plus grandes atrocités, pour ſatisfaire le reſſentiment ou la rapacité de ces ſeigneurs: les châteaux étoient envahis, pillés & réduits en cendre; les vaſſaux d'un parti faiſoient des déprédations ſur les terres d'un autre; des meurtres horibles & mille autres cruautés marquoient la haine & la fureur de ces prétendus guerriers; les riches héritières & les femmes d'une rare beauté ſe trouvoient ſouvent enlevées & forcées d'épouſer leur raviſſeur; le trône même ne ſe trouvoit pas à l'abri de

_____

(1) Robertſon, *Hiſtoire d'Ecoſſe.*

ces

ces outrages. Lorſque Eléonore, reine de France, fut répudiée par Louis VII, elle ſe vit, à ſon retour dans ſes états héréditaires, expoſée aux embuches de trois princes de différens endroits, dont chacun voulut la forcer de l'épouſer ; cependant elle échappa heureuſement à tous les trois, & donna enſuite ſa main à Henri II, roi d'Angleterre (1). On vit auſſi dans ces tems de déſordre & de confuſion, des proſcrits & des voleurs, qui, en ſe rendant maîtres des montagnes & des forêts, formoient de petites armées & ne vivoient que de rapines ; tandis qu'on employoit envain le pouvoir ſuprême pour les chaſſer de leurs retraites, & les ſoumettre aux lois. Tels furent en Angleterre les fameux Adam Bell, Robin Hood & pluſieurs autres chefs de bandits qu'on célèbre encore dans les ballades & les vaudevilles. Il y a même des perſonnes qui ſe ſouviennent que, dans leur jeuneſſe, il exiſtoit encore des gens de cette profeſſion dans les montagnes d'Ecoſſe ;

---

(1) Lyttleton's, Age of Henry II.

mais la race s'en trouve aujourd'hui entièrement détruite. En un mot, la partie occidentale du globe étoit, dans le tems du gouvernement féodal, un théâtre d'événemens extraordinaires & de viciffitudes fingulières de fortune. On ne doit donc pas être étonné de cette paffion pour les aventures & les entreprifes guerrières qui étoit fi univerfelle parmi les adhérans de la chevalerie.

4°. Les chevaliers fe diftinguoient auffi par leur zèle pour la juftice; & comme les lois étoient fans effet, ils faifoient profeffion de prendre les armes pour venger les droits violés, pour punir les oppreffeurs, pour rendre la liberté aux captifs, pour foutenir & défendre l'honneur du beau fexe, & pour purger le monde des faux chevaliers qui ne le parcouroient armés ainfi de toutes pièces, que pour commettre de méchantes actions. C'étoient là fans doute des intentions louables, & qui doivent avoir produit de bons effets dans le tems qu'on étoit entouré de tant de dangers & que la loi fe trouvoit fi publiquement méprifée. Si l'on demande à quoi il faut attribuer ce caractère héroïque des chevaliers ? Je répondrai qu'ils le devoient en partie à leurs ancêtres, les peuples du Nord, dont l'amour pour la liberté & la conduite généreuse envers le beau sexe sont connus ; & en partie à leur zèle pour la religion chrétienne dont ils étoient les champions déclarés, & qui toute défigurée qu'elle l'étoit alors par la superstition, servoit néanmoins de frein aux passions de ceux qui étoient résignés à se soumettre à ses préceptes.

Les désordres de ces tems d'anarchie étoient d'ailleurs si grands que les personnes raisonnables, un peu éclairées ou capables de réflexion, s'appercevoient bien qu'une pareille institution pouvoit être utile, & qu'elle étoit même en quelque sorte devenue absolument nécessaire à la conservation de la société. Au commencement ils n'y apperçurent peut-être que la défense de leurs amis, & le redressement de leurs griefs (1). Mais l'habitude de remplir ces devoirs, & la gloire que

---

(1) Hurd's, Letters on Chivalry and Romance.

cela leur méritoit, les détermina à donner plus d'étendue à leur plan, & à former la généreuse résolution de se déclarer les défenseurs de l'humanité, & de parcourir le monde pour signaler leur valeur, en protégeant les foibles & en puniffant les méchans. Leur courage, leur paffion pour les aventures, leur defir de voir les chofes fingulières des contrées étrangères & lointaines, l'efpoir enfin d'un bonheur futur que la religion entretenoit dans leur cœur, concoururent, avec l'efprit militaire qui les animoit, & le fentiment des malheurs auxquels ils voyoient leurs concitoyens expofés, à former le perfonnage extraordinaire que nous connoiffons fous le nom de chevalier errant; caractère que ceux qui ont lu Don Quichotte peuvent trouver ridicule, mais qui, dans fon origine, fut honorable pour les guerriers qui l'adoptèrent, & dont la fociété a tiré de grands avantages.

5°. La cinquième & dernière qualité qui caractèrifoit les chevaliers, c'étoit leur courtoifie envers le beau fexe. J'ai obfervé que les fondateurs du fyftême féodal fe diftinguoient de toutes les nations connues alors en Europe & en Afie, par leurs égards pours leurs femmes, qu'ils regardoient & aimoient comme leurs amis & leurs fidelles confeillers, & comme douées d'un certain caractère facré. Auffi, difent quelques hiftoriens, ne fe rendirent-ils jamais, pendant leurs conquêtes, coupables de la moindre violence, lorfque le beau fexe pouvoit en être léfé. Ils ont tranfmis cette délicateffe à leurs defcendans, parmi la plus grande partie defquels il femble que, malgré les outrages commis par quelques individus, on a toujours regardé comme un point d'honneur d'être généreux & courtois envers les femmes. C'étoit du moins là un devoir indifpenfable du chevalier errant. Suivant les ftatuts de la chevalerie l'amour de Dieu étoit la première loi, & la dévotion pour fa dame la feconde (1). Mais cette dévotion n'offroit aucune idée diffolue, étant d'une délicateffe qui tenoit de l'extravagance, & non de l'impiété; car le vrai chevalier n'at-

---

(1) Hurd's, Letters on Chivalry and Romance.

tendoit aucun retour de fa maîtreſſe avant qu'il n'eût donné des preuves qu'il étoit digne d'elle par des faits d'armes, & qu'il n'eût exécuté pluſieurs actes d'héroïſme comme ſon champion & ſon admirateur. Dans le moment même qu'il alloit attaquer ſon ennemi, il avoit la coutume d'implorer le ſecours du ciel, & d'invoquer ſa maîtreſſe, ou du moins de prononcer ſon nom.

On peut attribuer auſſi cette belle conduite des chevaliers, à la ferveur religieuſe qui les portoit à ſe ſignaler comme défenſeurs de la foi, & à remplir les devoirs de bienfaiſance & de charité qu'on ne trouve nulle part recommandés d'une manière auſſi vive que dans l'Ecriture-Sainte, & qui forment la partie la plus eſſentielle de la politeſſe, & la ſeule même qui ſoit véritablement eſſentielle.

La vie domeſtique des barons feudataires doit auſſi avoir eu une influence conſidérable ſur leur caractère, en poliſſant les mœurs & les manières des hommes & des femmes du haut rang. Ils vivoient, comme je l'ai déja obſervé, dans leurs châteaux avec une ſuite conſidérable d'amis & de vaſſaux qui, proportion gardée, formoient une cour semblable à celle du souverain. Le luxe étoit peu connu à cette époque, même dans les palais. Les appartemens des rois d'Angleterre étoient jonchés de roseaux, & leurs lits se trouvoient placés sur du foin ou de la paille. Aujourd'hui chaque personne d'une certaine aisance ou condition à son appartement particulier, même dans les familles nombreuses; mais il n'en étoit pas alors de même : la salle du château formoit le séjour constant de toute la famille (1). C'étoit-là que le baron habitoit lui-même avec sa femme, ses enfans & les personnes à qui par occasion il accordoit l'hospitalité ; c'étoit-là qu'on voyoit souvent

―――――――――――――――――――

(1) „Après avoir été rendre vos respects à votre » dame dans la matinée, « (dit le troubadour Amanieu des Escas, dans son *Avis à une demoiselle*), « Vous pouvez vous promener dans la grande » salle, & saluer civilement ceux qui y passent, » en leur répondant avec courtoisie, mais sans par- » ler beaucoup. Que votre démarche soit grave & » votre regard modeste ». Mrs. Dobson, *History of the Troubadours*, page 444. — Dans ces tems-là, les premiers domestiques des grandes maisons étoient, en général, des personnes de bonne famille. En Ecosse le peuple leur donne encore les titres de *Gentlewoman* & de *Gentleman*.

ses vassaux rangés suivant leur dignité, & que s'assembloient aussi quelquefois, dans une place inférieure, les premiers domestiques de la famille. Or, il est certain que si actuellement un si grand nombre de gens de différentes conditions ou d'un même rang se trouvoient ainsi rassemblés, chacun ne suivroit que son humeur sans beaucoup prendre garde aux devoirs de la politesse. Mais cette grande diversité d'états dans le château du seigneur feudataire, servoit à y entretenir la courtoisie, à cause que les supérieurs trouvoient leur intérêt à être affables, & que les inférieurs gagnoient à se montrer soumis & respectueux. Qu'on s'imagine avec quelle attention les vassaux inférieurs se conformoient aux volontés du baron qui pouvoit disposer de tant d'hommes & de tant de richesses, & qui jouissoit, dans sa jurisdiction, du droit de vie & de mort, & de plusieurs autres grands privilèges. Les dames de la famille, l'esprit rempli du rang qu'elles occupoient, retenues par leur modestie naturelle, & intimidées par la présence de leurs parens, montroient une réserve qui seule suffisoit pour empêcher les hommes de se livrer à la familiarité. Les femmes d'un rang inférieur tâchoient de les imiter ; de sorte qu'il est raisonnable de s'imaginer que les femmes de condition devoient avoir, ainsi qu'elles l'avoient en effet, une certaine dignité & même une certaine majesté dans leur maintien qui servoit à inspirer autant de respect que d'amour à leurs amans. Voilà sans doute l'origine de l'amour romanesque, qui, en supposant quelque chose de surhumain dans l'objet aimé, conduit à des idées extravangantes de perfection & de bonheur ; passion qui semble avoir été particulière à ces derniers siècles ; & qui ne pouvoit subsister dans l'ancienne Grèce & à Rome, à cause que les deux sexes y vivoient séparés, & que la condition des femmes y différoit fort peu de celle des esclaves, ainsi que cela a lieu encore aujourd'hui, à tous égards, dans l'Asie. Car, s'il est vrai qu'une prudente retenue inspire en quelque sorte le respect, & que les plus belles personnes ont des défauts qu'on ne voit pas à une certaine distance, mais qui s'apperçoivent facilement quand on les approche de près ; on ne doit pas être étonné du pouvoir furprenant que la pruderie raffinée des femmes exerçoit fur leurs courtois chevaliers ; ni de l'effet totalement oppofé que produit notre manière de vivre, qui femble autorifer les hommes à regarder les femmes comme une efpèce de propriété, & à placer le beau fexe plutôt au-deffous qu'au-deffus du rang qui lui appartient dans la fociété.

C'eft parmi les perfonnes qui fe craignent & s'obfervent les unes les autres, que la politeffe & la courtoifie ont lieu. Voilà pourquoi le fyftême monarchique, où il y a plufieurs rangs d'hommes, a toujours été regardé comme plus propre aux manières polies & élégantes qu'aucune efpèce de gouvernement républicain, où tous les hommes font égaux, ou du moins à fort peu de chofe près. Le baron feudataire étoit un petit fouverain dans fa propre cour, c'eft-à-dire, dans fon château; & il paroît naturel que toute fa maifon eut les manières aifées & honnêtes qu'on affecte à la cour des rois. Il eft facile de s'appercevoir par la contenance d'une perfonne, fi elle a beaucoup vécu avec fes fupérieurs. Un homme d'honneur ne contracte pas, à la vérité, par-là aucune baffeffe de caractère ; mais il prend néanmoins l'habitude d'aller au-devant des befoins & des defirs de ceux avec qui il vit, ainfi que de fe prêter à leur humeur & à leur manière de voir & de penfer; ce qui fait qu'il apprend à s'énoncer avec facilité & élégance, & à fe préfenter d'une façon aifée & honnête. Plufieurs auteurs ont remarqué, que le véritable montagnard d'Ecoffe fe diftingue par un maintien agréable qu'on ne trouve pas, en général, chez la claffe commune des hommes. Je crois que ce fait eft vrai, & que fi ce n'eft pas dans le gouvernement féodal qu'il faut en chercher la caufe, on peut du moins efpérer de la trouver dans le fyftême patriarchal, par l'efpèce de relation qui y a lieu entre le feigneur & fon vaffal, ce qui autorife le dernier à fe trouver dans la compagnie de fon fupérieur, & occafionne un commerce plus familier qu'il ne fubfifte ailleurs entre la nobleffe & le tiers état. Il n'eft donc pas furprenant que, malgré la groffièreté de ces tems, on ait trouvé tant de courtoifie dans les châteaux des barons feudataires ; furtout parmi ceux qui y paroiffoient dans le caractère militaire, & plus particulièrement encore parmi les chevaliers errans.

Les chevaliers étoient fort délicats & fort fufceptibles fur le point d'honneur ; & le combat fingulier leur étoit fi familier & l'on y attachoit un tel honneur, qu'ils ne manquoient jamais de fe venger par les armes du moindre mot équivoque qui pouvoit bleffer leur honneur, fur-tout relativement à leur religion & à leur courage. On évitoit par conféquent tout ce qui pouvoit révolter l'amour-propre ; ce qui, en rendant plus circonfpect dans la converfation, fit mettre de l'aménité dans les mœurs. C'eft donc de cette manière qu'on peut dire que l'ufage des duels, qui n'étoit pas connu dans la Grèce & à Rome, & qui prit naiffance du tems du gouvernement féodal, quoique à plufieurs égards abfurde & coupable même, a cependant contribué à la politeffe, en rendant circonfpect de ne point offenfer les perfonnes avec qui l'on vivoit.

Tout chevalier errant étoit l'ennemi

déclaré de l'oppreſſion, le vengeur des offences & le défenſeur de l'innocence. Or, comme les femmes ſe trouvoient bien plus expoſées aux injuſtices, & que les dames de diſtinction & de mérite étoient, pour les raiſons alléguées plus haut, les objets de la vénération de tous les hommes bien nés, le vrai chevalier ſe faiſoit ſur-tout un honneur de paſſer pour le champion du beau ſexe ; & pour mériter ce titre glorieux, il tâchoit d'acquérir toutes les qualités qui pouvoient le rendre digne de leur confiance. Il étoit donc courtois, aimable, loyal & honnête ; vertus à la pratique deſquelles il s'engageoit par des vœux ſolemnels; de ſorte qu'auſſi long-tems qu'il rempliſſoit avec honneur ſa profeſſion, une femme pouvoit ſe confier à ſes ſoins ſans avoir à craindre que ſon honneur pût être compromis ; car ces vertus le mettoit au-deſſus de tout ſoupçon, bien plus que ne l'eſt aujourd'hui un eccléſiaſtique. Et pour que les femmes de qualité puſſent ſe trouver avec plus de ſûreté ſous ſa protection, il s'attachoit ordinairement à quelque dame qu'il déclaroit être la ſeule maîtreſſe de toutes ſes affections,

& à qui il juroit une fidélité inviolable. Rien n'eſt plus ridicule que l'amour de Don Quichotte pour la Dulcinée du Toboſe, de la manière dont Cervantes l'a décrit ; cependant il étoit en quelque ſorte néceſſaire que chaque chevalier errant eût une maîtreſſe qui n'exiſtât qu'en idée ; car ſans cet aveu d'un attachement particulier, & les vœux qu'il faiſoit en conſéquence, ſa conduite auroit pu être ſuſpecte toutes les fois qu'une perſonne du ſexe ſe feroit trouvée mêlée dans ſes aventures ; ce qui l'auroit rendu incapable de remplir les fonctions qu'il regardoit comme les plus honorables de ſa profeſſion. En un mot, la chaſteté d'un chevalier errant ne devoit pas être moins irréprochable que l'eſt aujourd'hui le crédit d'un négociant ou le courage d'un militaire.

J'ai taché de tracer les traits diſtinctifs du caractère extraordinaire d'un chevalier errant, & d'en indiquer la cauſe dans la nature du gouvernement & des mœurs de ces tems-là. Le vrai chevalier étoit pieux, vaillant, paſſionné pour les aventures ſingulières, partiſan de la juſtice, protecteur des foibles, ennemi des méchans; d'ailleurs modéré, courtois, loyal & chaste, mais sur-tout plein de zèle & de respect pour le beau sexe. Voilà aussi le caractère que donnent aux chevaliers errans tous les anciens romans & toutes les poésies où il est question de leurs tures.

Quelque respectable que la chevalerie errante fût dans son institution, elle devint bientôt dangereuse. L'armure gothique couvroit entièrement le corps; & sous ce déguisement, un grand nombre de gens couroit le monde qui en effet n'étoient que des bandits & des voleurs; & qui, au lieu d'être les protecteurs de l'innocence, devoient être regardés comme les fléaux de la société. Voilà pourquoi le vrai chevalier croyoit qu'il étoit de son honneur de s'informer de la condition de ceux qui paroiffoient dans le même accoutrement; de manière qu'il n'étoit guère possible que deux chevaliers inconnus se rencontraffent sans se combattre; l'on peut même hardiment supposer que les plus distingués & les plus sages de ces aventuriers attaquoient souvent un homme innocent, sans aucune nécessité, & dans la seule idée de signaler leur courage & de faire honneur à la dame de leur cœur. Dans la suite des tems il suffisoit pour se battre, que le chevalier inconnu refusât de reconnoître que la maîtresse de son adversaire étoit moins belle que la sienne. C'est-là ce qui fut cause que la loi intervint pour mettre d'abord certaines gênes à la chevalerie auxquelles les chevaliers ne pouvoient pas se conformer, & qu'elle déclara enfin la profession même illicite. La chevalerie errante avoit déja été défendue en plusieurs pays avant la publication de Don Quichotte. Elle étoit aussi véritablement devenue inutile, à cause des altérations qui, comme il sera dit dans le paragraphe suivant, s'étoient introduites, peu-à-peu, dans le système féodal; & l'on peut même ajouter que par l'extravagante conduite des chevaliers errans, on devoit en regarder l'existence comme dangereuse pour la société (1).

---

(1) Il semble que ces désordres n'étoient pas moins grands en Allemagne qu'en Angleterre. Les *cartels*, au sujet desquels la Bulle d'Or, publiée par l'empereur Charles IV, en 1356, donne quelques règles, étoient devenus d'un usage universel, sans distinction de rang & de possession. On avoit vu

De

De tous ceux qui murmuroient des uſurpations & des déprédations des barons feudataires, c'étoient les rois d'Europe qui les voyoient avec le plus d'impatience, & qui véritablement en ſouffroient auſſi le plus. Ces rois pouvoient, à la vérité, ſommer leurs ſujets à prendre les armes ; mais comme ils avoient fort peu de choſe à leur don-

---

les boulangers de l'électeur Palatin envoyer le défi à quelques villes impériales. Le comte de Solens avoit reçu le 30 Novembre 1457, un cartel de la part de ſon cuiſinier. Ce déſordre s'appelloit *Jus Pugni*. On ne voyoit dans toute l'Allemagne que meurtres, incendies & violences de toutes eſpèces. Les gentils-hommes, devenus autant de voleurs de grand chemin, ſe faiſoient honneur de leur brigandage. L'impudence fut portée juſqu'à mettre en maxime du droit Germanique l'excellence du vol. On traduit ainſi deux vers Allemands qui la contiennent : *Voler n'eſt rien de honteux ; les voleurs ſont ce qu'il y a de meilleur dans un pays.*

Le clergé, alors fort écouté, ſignala ſon zèle pour le rétabliſſement du bon ordre, par la publication d'un recueil de mandemens intitulé : *Treuga*, vieux mot Allemand, qui ſignifie *bonne paix, paix du Seigneur*. Il invita les brigands de toute eſpèce à reſpecter le ſaint jour du Dimanche, & il leur défendit de voler les voyageurs & les marchands, de piller les gens de la campagne, de violer les femmes & les filles les jours de fête. Les brigands trouvèrent qu'on exigeoit trop de leur piété, & ils bravèrent les menaces du clergé. *Note du Traducteur.*

ner, il ne leur étoit guère poffible de les tenir au-delà de quelques femaines en campagne. Pendant la paix le pouvoir des rois ne s'étendoit pas, pour ainfi dire, au-delà de leur territoire ; de forte que les grands barons, qui cherchoient toujours à croifer les vues du fouverain, leur extorquoient de nouveaux privilèges, & s'oppofoient ouvertement aux effets de la loi. Tel étoit, plus ou moins, l'état de chaque gouvernement féodal. La mode d'aller combattre les infidelles dans la Terre-Sainte étoit paffée; & les princes hors d'état d'affoiblir la prépondérance de leur turbulente nobleffe en l'occupant à des guerres étrangères, étoient obligés, pour fe maintenir chez eux, d'ufer de toute leur puiffance & de toute leur politique ; afin de reprendre, s'il étoit poffible, les prérogatifs qu'on leur avoit arrachés par la violence. Un grand laps de tems fe paffa dans de pareils débats entre les rois & les nobles, à qui rien ne put mettre fin qu'une révolution dans la forme du gouvernement; ce qui eut lieu dans quelques contrées plutôt, & dans d'autres plus tard. Cependant l'autorité des rois prévalut à la longue, & le fyftême féodal fut détruit; mais on en retrouve néanmoins encore les lois & les mœurs dans tous les états monarchiques de l'Europe.

A mefure que le pouvoir des nobles fe trouva plus circonfcrit, celui des rois s'étendit davantage. Cela fut fans doute peu favorable à l'indépendance, ou plutôt à la licence des grands; mais la paix fe rétablit, les lois reprirent leur force, & la fociété devint plus régulière & plus fûre. Les chevaliers errans ne purent même plus exercer leur profeffion; on les regarda comme des hommes dangereux & comme des vagabonds.

Mais l'ancien efprit de la chevalerie n'étoit pas entièrement éteint; & le peu qui en reftoit fe ranima par la lecture des romans, qui alors étoient communs en Europe; & qui étant écrits dans les langues vivantes & remplis d'aventures merveilleufes, ne pouvoient manquer d'être recherchés & lus avec beaucoup d'avidité, dans un tems que les livres étoient rares & les hommes fort crédules.

Il n'eft pas poffible d'indiquer maintenant toutes les caufes qui concoururent à la renaiffance des lettres. Les fiècles qui ont précédés ce grand événement étoient plongés dans une profonde ignorance, & il nous en refte peu de renfeignemens. Les croifades quoique des expéditions fanguinaires, & contre la nature & le bon fens, femblent néanmoins avoir donné une fecouffe favorable à l'efprit humain; car les guerriers firent à leur retour chez eux des récits étonnans de l'Afie, ainfi que de leurs malheurs, de leurs fuccès & de toutes les aventures qui leur étoient arrivées. C'eft ainfi qu'on peut fuppofer que l'imagination des peuples de l'Europe a été élevée, leur mémoire garnie d'idées nouvelles & leur curiofité reveillée. L'efprit humain, préparé de cette manière, dût fe livrer naturellement à l'invention. Or, fi l'on admet que l'aurore de la littérature moderne a précédé la première croifade, ou a commencé à fe montrer dans ce tems-là, il ne fera pas abfurde de s'imaginer que le même efprit d'activité, quelque exalté qu'on le fuppofe, qui a porté les hommes à vouloir fe diftinguer par des faits d'armes dans leur patrie, ou à courir chercher des aventures dans d'autres pays, peut auſſi avoir ſtimulé les facultés de l'ame, & pouſſé le génie à ſe livrer à une nouvelle manière de voir & de penſer, comme à une nouvelle manière d'exiſter. Les guerres de Thèbes & de Troye doivent inconteſtablement être comptées parmi les cauſes qui donnerent naiſſance à la littérature dans la Grèce (1).

Quoiqu'il en ſoit, il eſt certain que vers le commencement du douzième ſiècle, ou peut-être même un peu plutôt, il parut dans la Provence une eſpèce d'hommes appellés *Troubadours*, qu'on doit regarder comme les pères de la littérature moderne. Ce pays, connu anciennement ſous le nom de

---

(1) Les croiſades furent, encore à pluſieurs autres égards, avantageuſes à l'Europe : elles agrandirent les idées de commerce, épurèrent le goût, polirent les mœurs, & occaſionnèrent une nouvelle diſtribution de propriété ; ce qui fut cauſe que le pouvoir des princes ſouverains s'accrut, que les lois eurent plus de force, que l'ariſtocratie fut moins formidable, & que le peuple acquit plus de liberté. Ces cauſes après une lente &, pour ainſi dire, imperceptible progreſſion, pendant pluſieurs ſiècles, opérerent à la fin une totale abolition du ſyſtême féodal.

Province romaine, est situé sous un heureux climat. Sa proximité de Marseille, qui étoit peuplée par une colonie grecque, & le bonheur d'avoir pendant fort long-tems joui des arts & des mœurs des Romains, ne nous permettent pas d'être surpris que cette province ait conservé quelques traces de l'ancien esprit, pendant que le reste de l'Europe étoit tombé dans un état d'ignorance grossière. Elle doit avoir eu un grand avantage à cet égard sur Rome, à cause de son éloignement du saint siége, qui dans ce tems-là favorisoit la stupidité; quoique dans la suite Léon X ait encouragé la culture des arts & des sciences.

Les mots *troubadour* & *trouverre*, ne diffèrent pas beaucoup dans le sens qu'ils offrent du mot grec *poëte* : les uns signifient un *inventeur* & l'autre un *faiseur*. En Italien *trovare*, veut dire *trouver* ou *inventer*; *trovatore* est donc un *trouveur*, *inventeur* ou *compositeur* de poésie; & *trovatore* & *troubadour* ont visiblement la même origine. Les troubadours composoient leurs vers en langue provençale ou romane, laquelle (comme on peut le conjecturer par la situation du pays), tenoit beaucoup de l'Italien, & beaucoup du François, & l'on assure qu'il contient plusieurs mots & idiômes grecs; ce qu'il faut attribuer sans doute au voisinage de la ville de Marseille (1). Il semble que c'est la première langue moderne dans laquelle on ait écrit, ou qu'on ait employée à composer. Et le rang de ceux qui ont composé dans cette langue, (car il y avoit plusieurs princes parmi les troubadours (2), ainsi que la

---

(1) Suivant Huet, ce langage Romancé ou Provençal, étoit celui que les Romains introduisirent dans les Gaules après les avoir conquises, & qui s'étant corrompu avec le tems, par le mélange du langage Gaulois qui l'avoit précédé, & du Franc ou Tudesque qui l'avoit suivi, n'étoit ni Latin, ni Gaulois, ni Franc, mais quelque chose de mixte, où le Romain pourtant tenoit le dessus, & qui pour cela s'appelloit toujours la langue romancée, pour la distinguer du langage particulier & naturel de chaque pays, soit le Franc, soit le Gaulois ou Celtique, soit l'Aquitanique, soit le Belgique : car César écrit que ces trois langues étoient différentes entr'elles; ce que Strabon explique d'une différence qui n'étoit que comme entre divers dialectes d'une même langue. *Note du Traducteur.*

(2) Richard I, roi d'Angleterre & comte de Poitou, fut un généreux protecteur des troubadours, & finit par les imiter avec un assez heureux succès. On trouve deux poëmes & quelques autres pièces de ce prince fort bien versifiés en langue provençale, dans un volume intitulé : *Rimes,*

vie errante que menoient d'autres, la firent circuler promptement dans la partie occidentale du monde.

Les premiers poëtes de la Grèce chantoient eux-mêmes leurs vers; mais les premiers poëtes provençaux ne faisoient que composer leurs poëmes, & laissoient le soin de les chanter à des hommes d'un rang inférieur, appellés *Jongleurs*. C'étoit du moins là l'usage général, quoique sans doute les premiers aient également chanté & les seconds composé dans l'occasion. Les uns & les autres aimoient à parcourir le monde, mais le chanteur bien plus que le poëte ; quelquefois aussi ils alloient ensemble. Le Jongleur cherchoit à se rendre agréable par différens talens, comme de jouer des instrumens de musique, d'imiter le chant des oiseaux, de sauter au travers de cerceaux, & de faire des tours de passe-passe. C'est de-là que les Anglois ont probablement pris le mot *Juggler*, pour signifier un bâteleur, un vendeur de mithridate.

---

imprimé chez Dilly en 1781. Il y a dans ce recueil beaucoup d'idées poétiques exprimées avec force, élégance & harmonie.

Les poëtes furent toujours tenus en plus grande eſtime que les troubadours. Raimond V, comte de Provence, les exempta des taxes. Ils ſe rendirent dans pluſieurs pays, & trouverent par-tout des protecteurs & des protectrices. Les dames aimoient ſurtout à être célébrées par eux; & préféroient de s'expoſer aux importunités de leur amour, plutôt que d'encourir leur haine en les dédaignant; car comme le troubadour portoit ſes louanges juſqu'à l'extravagance, il ne donnoit pas moins de force à la ſatyre quand il ſe croyoit offenſé ou mépriſé. La paſſion pour l'eſpèce de célébrité qu'on prétend que les poëtes peuvent donner, doit ſans doute être attribuée à l'ignorance des lettres qui, dans ce tems-là, étoit auſſi grande que générale, particulièrement parmi le beau ſexe. Bernard de Ventadour parle du talent de lire, comme d'une des qualités extraordinaires qui diſtinguoient la reine Eléonore, qui en premières noces avoit épouſé Louis VII, roi de France, & qui fut enſuite mariée à Henri II, roi d'Angleterre (1).

---

(1) *Litterary Hiſtory of the Troubadours*, page 12.

En confidérant la galanterie de ces tems-là & les égards que le beau fexe montroit pour ces poëtes, il eft naturel de fuppofer que l'amour faifoit le premier objet de leurs chants ; ce qui étoit en effet réellement ainfi. Mais quoique cet amour puiffe avoir été quelquefois fincère, il étoit, en général, foumis à tant de formalités, qu'il eft difficile de croire qu'il ait été, la plupart du tems, autre chofe qu'une vaine parade de complimens affectés d'admiration & d'attachement, dans lefquels le cœur étoit pour fort peu de chofe, & qui n'avoit d'autre but que de s'affurer de la protection du beau fexe & des grands feigneurs. Le poëte provençal fe rendoit à la cour de quelque prince ou feigneur, où il n'étoit pas plutôt établi qu'il commençoit à compofer des fonnets en l'honneur de la femme de fon Mècene, & à feindre ou à s'imaginer peut-être même d'être amoureux d'elle. C'étoit-là, en général, la conduite, non d'un feul ou d'un petit nombre, mais, pour ainfi dire, de toute la claffe de ces aventuriers ; de forte qu'il paroît qu'on doit regarder cette galanterie comme une chofe de mode & d'ufage.

L'amour de Pétrarque pour Laure, quoique désintéressé, semble cependant avoir été, jusqu'à un certain point, purement imaginaire, ou du moins n'étoit-il pas, à beaucoup près aussi sérieux que plusieurs écrivains paroissent le croire. « Il fut malheureux pour » montrer qu'il avoit de l'esprit », comme le dit la chanson. Il aima à la manière des troubadours ; il eut besoin de faire des vers passionnés ; & Laure, qui étoit une belle femme, & qui plus est mariée, avec un nom assez romanesque, convenoit aussi parfaitement à sa verve poétique, que la Dulcinée du Tobose avoit été propre pour exciter Don Quichotte à de hauts faits d'armes. Si Pétrarque avoit eu le cœur véritablement engagé, il n'auroit pas pu produire tous les jours les mêmes doléances élégantes & limées : une sincère passion ne lui auroit pas laissé le tems, ni la tranquillité d'esprit nécessaire pour de pareils amusemens. Ce qu'on a remarqué dans un ancien aphorisme touchant l'extrême affliction, savoir, qu'elle est silentieuse ; tandis qu'un léger chagrin s'exhale en paroles, est aussi très-applicable à plusieurs autres affections de l'ame. Hammon (1) n'étoit pas amoureux lorsqu'il écrivit ses élégies, ainsi que je le fais de fort bonne part; & Young n'étoit pas moins gai que dans d'autres tems, pendant qu'il étoit occupé à composer ses *Nuits* (2). On pense bien que ce ne sont pas là les seuls exemples de cette espèce que je pourrois produire (3).

---

(1) Samuel Johnson, (dans la préface qu'il a mise à la tête des écrits de Hammon), dit que ce poëte offre peu de sentimens peints d'après nature ; & peu d'images de la vie domestique actuelle ; que tous ses écrits sont remplis d'une certaine pédanterie, & qu'il seroit difficile de trouver chez lui trois stances qui méritent d'être retenues. L'opinion générale paroît néanmoins plus favorable à Hammon. *Note du Traducteur.*

(2) L'esprit de Young n'étoit nullement affecté de cette sombre mélancolie qui règne dans quelques-uns de ses poëmes. Il composoit souvent ses vers sur les grandes routes , & entroit dans le premier cabaret qu'il rencontroit pour les mettre par écrit. *Note du Traducteur.*

(3) Que la passion de Pétrarque ait été sincère, ou assez forte du moins pour lui donner de l'inquiétude pour un tems considérable, c'est ce qui paroît par un passage du récit de sa vie & de son caractère écrit en prose par lui-même en latin, & qui se trouve à la tête d'une édition de ses œuvres, imprimée à Basle en 1554. Mais que cet amour ait été aussi constant & aussi impétueux qu'on le suppose en général, peut également être révoqué en doute sur la même autorité. Il fut une

Je ne parlerai point ici du *Cicisbisme*, (ainsi qu'on l'appelle aujourd'hui en Italie), qui est une espèce de galan-

---

fois, dit-il, épris d'un violent amour dans sa jeunesse ; mais c'étoit d'un *amor honestus*, d'un amour honnête & vertueux. En supposant que Laure (ou plutôt Laurette), la femme de Hugue de Sade, fut l'objet de cet amour, & que son amant l'appellât un *amour honnête*, à cause qu'il étoit dépourvu de toutes idées criminelles ; quelle preuve avons nous que cette passion dura jusqu'à la fin de sa vie, ainsi que quelques écrivains se plaisent à l'affirmer ? Il y a une évidence *apparente* & une autre même *positive* du contraire, & qu'il étoit peut-être moins soumis que la plupart des hommes peuvent prétendre l'être au pouvoir de l'amour.

L'*évidence apparente* est fondée sur la vie laborieuse que Pétrarque doit avoir menée pour se donner les connoissances littéraires qu'il a possédées. Sa jeunesse fut consacrée à l'étude, dans un tems que, faute de maîtres & de livres, il étoit fort difficile d'acquérir des lumières. Il devint l'homme le plus instruit de son siècle, & c'est à lui que nous devons la conservation de plusieurs auteurs anciens, qu'on assure qu'il a lui-même copiés. Ses œuvres, dans l'édition que j'en ai, composent quatorze cens cinquante pages in-folio, d'une impression fort serrée, dont ses sonnets italiens ne font guère que la vingtième partie ; le reste est écrit en latin ; & l'une de ces pièces latines, qui est un poëme épique intitulé : *Africa*, est presque aussi longue que *l'Enéide*. Est-il croyable qu'un homme d'une extrême sensibilité, & qui se seroit consumé pendant trente, quarante ou même cinquante ans d'un amour sans espoir, auroit pu être un littérateur aussi ardent & un écrivain aussi fécond ? Sa retraite

terie qu'on témoigne aux femmes mariées ; quoique je fois perfuadé qu'il faut regarder cet ufage comme un

à Vauclufe n'a fans doute pas été confacrée à l'amour & à la belle Laure. « C'eſt-là, dit-il, que j'ai fini, commencé ou conçu tous les ouvrages que j'ai publiés ; & ils étoient en fi grand nombre que même aujourd'hui encore, ils prennent tout mon tems & me fatiguent ». *Diverticulum aliquod quafi portum quærens, repperi vallem per exiguam, fed folitariam atque amœnam, quæ Claufa dicitur, quindecim millibus ab Avinione diſtantem ubi fontium rex omnium Sorga oritur. Captus loci dulcedine, libellos meos, & meipfum illuc tranſtuli. Longa erit hiſtoria, fi pergam exequi quid ibi multos de multos egerim per annos. Hæc eſt fumma, quod quicquid fere opufculorum mihi excidit ibi vel actum, vel cæptum, vel conceptum eſt: quæ tam multa fuerunt, ut uſque ad hanc ætatem me exerceant ac fatigent.* Fr. Petracha, *de origine fua, vita & converfatione.*

L'évidence pofitive fe trouve dans le paffage fuivant du même traité, de la troifième fentence duquel je prendrai la liberté de rayer deux mots, pour en mettre un autre à leur place, pour une raifon que le lecteur inftruit devinera facilement. — *Amore acerrimo, fed unico, & honeſto, in adolefcentia laboravi; & diutius laboraſſem, nifi jam tepefcentem ignem mors acerba, fed utilis, extinxiſſet. Libidinum me prorfus expertem dicere poſſe optarem quidem, fed fi dicam mentiar; hoc fecure dixerim, me, quanquam fervore ætatis & complexionis ad id raptum, vilitatem illam tamen femper animo execratum. Mox vero ad quadragefimum annum adpropinquas, dum adhuc & caloris fatis eſſet, & virium, non folùm* AMOREM, *fed ejus memoriam omnem fic abjeci, quafi numquam fœminam afpexiſſem. Quod inter primas felicitates memoror, Deo gratias agens, qui me adhuc integrum & vigentem,*

malheur pour le pays où il exiſte; non-ſeulement à cauſe qu'il contribue infiniment à la corruption des mœurs, mais encore parce qu'il ſert de prétexte à la fainéantiſe, à la moleſſe, aux actions puériles & au bavardage inepte. Mais ſi cette coutume doit ſon origine à l'influence enchantereſſe de la poéſie de Pétrarque, comme quelques écrivains le prétendent, & comme cela eſt même aſſez probable, il y a lieu de croire qu'elle n'étoit au commence-

---

tam vili & mihi ſemper odioſo ſervitio liberavit. Sed ad alia procedo.

Gérome Squarzafichi, dans une vie de Pétrarque placée à la tête de la même collection de ſes œuvres, nous apprend que *Laurette* étoit le véritable nom de la maîtreſſe de ce poëte qui, par contraction, le changea en celui de *Laure*. Ce nom ainſi altéré lui fournit un grand nombre d'alluſions au laurier (qu'il ſignifie en Italien), & à l'hiſtoire d'Apollon & Daphné. Pétrarque n'auroit-il peut-être pas eu en vue dans pluſieurs de ſes ſonnets d'indiquer allégoriquement, par ce nom, les lauriers poëtiques qui lui furent offerts, dans ce tems-là, par des députés de France & d'Italie, & par leſquels il fut réellement couronné à Rome? Dans ce cas, ſon amour pour la gloire & la poéſie ſe ſeroit heureuſement trouvé coïncider avec ſa tendreſſe pour la belle Laure, & auroit ſervi à donner naturellement de la chaleur & de l'élévation à ſes idées relativement à l'une ou à l'autre de ces trois paſſions.

ment qu'une liaison dictée par la gaieté & la folie, ou, tout au plus, par l'intérêt. Adélaïde, vicomtesse de Baux, étoit extrêmement indulgente envers le troubadour Pierre Vidal, aussi long-tems que sa passion ne fut que purement poétique; mais après qu'il eut un jour pris la liberté de lui donner un baiser pendant qu'elle étoit endormie, elle lui commanda de ne plus paroître en sa présence, & ne voulut jamais lui pardonner malgré toutes les instances de son mari. Vidal trouvant la comtesse inexorable s'enflamma d'amour pour une autre dame qui s'appelloit *Loup*; de sorte que pour lui plaire il se couvrit de la peau de cet animal, & s'exposa ainsi à être dévoré par des chiens, qui, l'ayant rencontré dans cet accoutrement, lui donnerent la chasse & le poursuivirent dans les montagnes où ils commençoient déja à vouloir le mettre en pièces, lorsqu'il fut délivré avec beaucoup de peine par des bergers.

Quoique Vidal fut fort fantastique dans ses amours, il paroît ne pas avoir été ridicule en toute autre chose. Son *Avis à un Jongleur* est curieux, &

nous fait voir que quoiqu'il y eût dans ce tems-là fort peu de connoiſſances en Europe, on y poſſédoit néanmoins, dans quelques parties, les principes d'une bonne éducation & d'une conduite honnête & décente (1).

_____

(1) Qu'il me ſoit permis de joindre ici le dernier paragraphe de cette excellente pièce, afin d'en donner une idée au lecteur. — « Ne condam-
» nez jamais les autres Jongleurs; car ceux qui
» ſont ſévères envers les perſonnes qui exercent la
» même profeſſion, montrent qu'ils ont l'eſprit
» méchant & envieux, & prouvent bien plus
» leur propre jalouſie que les fautes de leurs frères.—
» Lorſqu'on vous demande le récit de ce que
» vous avez vu & entendu dans le monde, ne
» ſoyez pas trop diffus, mais allez par gradation:
» étudiez les diſpoſitions de vos auditeurs, juſ-
» qu'à ce que vous vous apperceviez qu'on prenne
» plaiſir à vous entendre: parlez alors des braves
» & honnêtes ſeigneurs que vous avez rencon-
» trés, & des dames qui jouiſſent de la plus grande
» eſtime; & tâchez d'inſpirer à ceux qui vous
» écoutent l'amour de la vertu. Si dans la com-
» pagnie il ſe trouve des perſonnes d'un haut
» rang & d'un eſprit élevé, mettez dans votre
» contenance & dans votre voix l'éloquence que
» vous inſpire votre ſujet. Soyez décent & grave
» dans vos manières; préſentez vous d'un air aſſuré
» & gracieux; & cherchez à éviter les expreſſions
» baſſes & triviales. Il y a des Jongleurs qui
» trouvent du mal par-tout; mais ils ont ſoin de
» ſe prôner beaucoup eux-mêmes; & telle eſt
» leur ignorance & leur vanité, que quand ils
» ſe trouveroient en préſence du roi même, ils
» n'en affecteroient pas moins le ton libre &

L'amour n'étoit pas le feul fujet du chant des poëtes provençaux. Ils joignoient auffi quelquefois, par occafion, leur voix à celle du pape, des moines & des rois de l'Europe, pour animer l'efprit des peuples aux croifades. Ils mêloient également dans leurs productions la fatyre fpirituelle, politique & perfonnelle, ainfi que de petits contes, des traits hiftoriques, & même de la controverfe. Mais leurs poéfies

---

» familier des gens d'importance. Gardez-vous de
» les imiter ; car mieux ils font connus & moins
» on les eftime. Mais pour vous, quelque foit
» votre génie, votre favoir & votre efprit, ne
» vous en vantez point ; foyez modefte, & vous
» trouverez affez de perfonnes qui feront connoître
» votre mérite & vos talens. Évitez tout excès ;
» fuyez la mauvaife compagnie, & ne paroiffez
» méprifer qui que ce foit ; car les hommes les
» plus vils & les plus méchans font ceux qui fe
» déclareront le plutôt vos ennemis ; & ils pour-
» fuivent quelquefois ceux qu'ils haïffent avec tant
» de violence, qu'ils parviennent à les perdre dans
» l'opinion des gens honnêtes & judicieux. — Pen-
» dant que vous êtes jeune & robufte recom-
» mandez dans vos écrits, & prêchez par votre
» exemple le refpect qui eft dû à la vieilleffe ;
» & ne ceffez d'avancer cette vérité, que ceux
» qui fréquentent la compagnie des perfonnes dont
» la vie a été confacrée à la vertu, obtiendront un
» bonheur & une récompenfe éternelles ». Voyez *The Litterary Hiftory of the Troubadours*, par Mademoifelle Dobfon, pag. 338, 349.

plurent fous toutes les formes, & elles obtinrent une grande vogue, tant par le talent de ceux qui les compofoient que par l'art de ceux qui les chantoient.

Un livre ou un poëme dans une langue vivante, étoit dans ces tems-là une chofe fort extraordinaire, & que toute l'Europe admiroit. La langue provençale & la manière d'écrire des poëtes de ce pays-là, étoient alors à la mode; & les nations voifines voulurent effayer fi leurs langues ne pourroient pas être pareillement employées pour le même objet ou d'autres femblables.

Les premiers fuccès en ce genre eurent lieu en Italie, où il y avoit alors plufieurs hommes d'un grand génie, dont l'exemple & l'autorité donnerent à la langue italienne à-peu-près la confiftance qu'elle a aujourd'hui. Parmi ces écrivains on compte le Dante, Pétrarque & Bocace, qui tous fleurirent vers la fin du treizième fiècle, ou au commencement du quatorzième. Le Dante fe diftingua dans la poéfie, & donna fa *Divine Comédie* divifée en trois parties, *l'Enfer*, le *Purgatoire* & le *Paradis*, écrite d'un style qui n'est pas moins hardi qu'extravagant, & dans lequel il a mêlé la satyre aux descriptions poëtiques & allégoriques dont plusieurs sont fort belles, & dont quelques vers sont d'une expression singulièrement énergique & naïve (1). Pétrarque a écrit plusieurs poëmes, & une infinité de lettres, d'essais & de colloques en latin, qu'il a regardé comme la seule langue durable; car il étoit persuadé que ses vers italiens ne seroient plus goûtés ni compris après le laps d'un siècle. Mais il s'est grandement trompé en cela ; car ses ouvrages latins sont, pour ainsi dire, tombés dans l'oubli, tandis que ses sonnets italiens sont encore l'admiration de toute l'Europe, par la délicatesse des pensées & l'élégance du style qu'on y trouve. Et, en effet, on attacha un si grand mérite à ces morceaux, que le Dante seul fut considéré, & qu'on négligea

---

(1) Voltaire a dit, en parlant du poëme de Dante : « Il y a des vers si heureux, si naïfs, » qu'ils n'ont point vieilli depuis quatre cens ans, » & qu'ils ne veilliront jamais ». M. le Prévôt d'Exmes vient de donner la *Vie de Dante*, dans laquelle il y a des recherches fort curieuses sur cet admirable écrivain & sur ses ouvrages. *Note du Traducteur.*

entièrement les troubadours, ſes maîtres. Le *Decameron* doit être regardé comme la principale production de Bocace (1). C'eſt une ſuite de nouvelles, dont quelques-unes ſont ſérieuſes, d'autres comiques, & pluſieurs érotiques & même indécentes. Il ſuppoſe une grande compagnie d'hommes & de femmes, qui, pour s'amuſer, ſe content mutuellement des hiſtoires, dans le tems que la peſte ravageoit la ville de Florence. Il faut que cet écrivain ait eu une prodigieuſe imagination ; & ſa proſe eſt encore tellement admirée de nos jours en Italie, qu'un écrivain moderne de ce pays là (2) déclare qu'il eſt impoſſible de ſe former une idée de la richeſſe & de l'énergie de la langue italienne, quand on n'a pas lu Bocace.

Le quatorzième ſiècle produiſit

---

(1) Le préſident Fauchet a prouvé que c'eſt dans les anciens romans françois que Bocace a pris la plupart des nouvelles de ſon *Decameron ;* & que Pétrarque a puiſé les plus beaux traits de ſes poéſies dans les chanſons de Thibaud, roi de Navarre, de Gaces Bruſſez, du châtelain de Coucy, ainſi que dans les vieux romanciers françois. *Note du Traducteur.*

(2) *Vicende della Litteratura*, del C. Denina.

aussi l'illustre Chaucher , qui n'est pas , à la vérité , le premier qui ait écrit en anglois , mais qu'on doit néanmoins regarder comme le premier de nos bons auteurs , & qu'on peut appeller , à juste titre , le père de la langue & de la littérature angloise. Ses ouvrages sont la plupart de simples versions ou des imitations des écrivains provençaux & italiens de son tems. Mais c'est avec la plus grande liberté qu'il les a traduits , & il y a joint plusieurs beaux traits caractéristiques , gais & descriptifs ; de manière qu'on peut le regarder comme un auteur original ; puisqu'en effet il a donné , dans ses contes de Canterbury (*Canterbury Tales*) une peinture beaucoup plus vraie & beaucoup plus naturelle des mœurs angloises de son siècle , qu'on n'en trouve dans aucun autre auteur. Il n'a cependant pas fixé la langue angloise , ainsi que ses contemporains , Pétrarque & Bocace ont fixé la langue italienne. Un grand nombre de mots qu'il a employés tombèrent bientôt en désuétude ; & l'on ne comprend même presque plus aujourd'hui son langage, à moins qu'on n'en ait fait une étude particulière. Il mourut l'an quatorze cens. Quelques-uns de ses contes, & entr'autres son conte du chevalier (*the Knight's Tale*), auquel Dryden a donné un air moderne, sont écrits dans le style de la chevalerie ; mais cependant pas dans le goût extravagant qui commençoit à s'introduire alors dans les romans espagnols & françois, & qui, dans la suite, fut adopté & orné de toutes les graces & de toute l'harmonie du style par l'Ariosfe en Italie, & par Spencer en Angleterre.

Nous voici enfin arrivés, après cette longue discussion historique, à l'origine de l'ancien genre de romans dont il a déja été question, & qu'on doit regarder comme une des suites de la chevalerie. Les premiers écrivains de ces sortes d'ouvrages produisirent des espèces de fables fort différentes de tout ce qu'on avoit imaginé jusqu'alors. Ils entreprirent de raconter les aventures des héros qui professoient l'état de la chevalerie errante. On étoit dans ce tems-là fort ignorant, fort crédule, & par conséquent fort pasfionné pour les aventures extraordinaires & pour les actions de valeur. On croyoit aux géants, aux nains, aux dragons, aux châteaux enchantés, & à toutes les efpèces de nécromancie. Voilà quelles font les matières qui forment la bafe des anciens romans. Les chevaliers étoient repréfentés comme courtois, religieux, loyaux, vaillans, hardis & chaftes. Il y avoit des enchanteurs qui les protégeoient, & d'autres qui leur étoient contraires. Pour faire honneur à leurs maitreffes & pour prouver qu'ils étoient dignes d'elles, ils devoient combattre des guerriers, tailler en pièces des géants, tuer des dragons, rompre les charmes des nécromanciens, renverfer des châteaux enchantés, parcourir les airs fur des chevaux de bois ou aîles, ou defcendre, conduit par quelque magicien, dans le fein de la terre, & traverfer des cavernes au fond de l'océan, fans recevoir le moindre mal. Ils décéloient & puniffoient les faux chevaliers, exterminoient ou convertiffoient les infidelles, rétabliffoient fur le trône les fouverains que quelque usurpateur en avoit chassé, & rendoient à leurs parens les femmes & les filles enlevées & captives ; ils combattoient aux tournois, assistoient aux fêtes du seigneur dans sa salle, & partageoient ses honneurs militaires ; ou, quand le magicien qui protégeoit leurs ennemis triomphoit, ils alloient faire pénitence dans le désert, se plaindre & gémir dans une grotte, ou peut-être même brouter dans une vallée, métamorphosés en cerf ou en cheval, jusqu'à ce que quelque vaillant chevalier vînt rompre le charme & leur rendît la forme humaine. A la fin, après des travaux, des malheurs & des victoires sans nombre, ils épousoient leurs maitresses & devenoient grands seigneurs, princes, ou même par-fois empereurs.

Ce que je viens de dire suffit sans doute pour prouver que ni la vérité, ni la probabilité, ni même la possibilité n'étoient pas beaucoup observées dans ces compositions. Cependant on lisoit dans toute l'Europe ces romans avec un plaisir singulier ; & tous les peuples qui ont eu quelque prétention à la littérature en ont produit un grand nombre, tant en vers qu'en profe. Il eft auffi inutile qu'il feroit ennuyeux de faire ici l'énumération de cette efpèce d'écrits. *Amadis des Gaules* eft un des premiers qui parurent, & fuivant Michel Cervantes, un des meilleurs. Cet excellent auteur en cite & en analyfe plufieurs autres dans la defcription qu'il fait de la bibliothèque de Don Quichotte.

Il eft facile de s'imaginer que le vrai favoir & la belle fimplicité des auteurs claffiques ne fut pas en grande eftime auffi long-temps que régna ce goût pour le merveilleux & l'incroyable. Ainfi, quoique les langues grecque & latine commençaffent dans ce tems-là à fe répandre lentement dans la partie occidentale du monde, on n'en négligeoit pas moins Homère, Virgile, Cicéron & tous les autres bons auteurs. Les premières notions qu'on ait eu en Angleterre concernant le fiege de Troye femblent avoir été prifes non dans Homère, mais dans Darès le Phrygien, & dans Dictys de Candie, deux profateurs qui ont donné une hiftoire fabuleufe & merveilleufe de cet événement;

& du tems même de George Buchanan, nos poëtes latins modernes étoient encore tous, à l'exceptiou de Vida, plus jaloux d'imiter dans leurs vers hexamètres Claudien que Virgile. Ovide étoit sur-tout un auteur favori, tant à cause des choses étonnantes qui se trouvent dans ses *Métamorphoses*, que pour ses élégies amoureuses, dont l'esprit convenoit si bien à ce siècle de galanterie (1).

Cette passion pour les romans eut encore d'autres mauvaises suites. Des hommes d'un esprit guerrier & d'une imagination exaltée, charmés jusqu'à l'excès des grandes actions des chevaliers errans, voulurent aussi paroître dans ce caractère sur la scène du monde, quoique cette profession étoit considérée alors comme dangereuse, & proscrite comme telle par la loi

---

(1) « Pour éviter les railleries de ceux qui se moquent de mon inutile constance, j'employerai cette idée : je puis feindre que je suis favorablement reçu ; on me croira ; car les femmes se laissent aisément fléchir. *Ainsi le dit Ovide, & tous les poëtes galans* ». Ce passage se trouve dans Arnaud Daniel, troubadour du douzième siècle. *History of Troubadours*, pag. 215.

dans quelques parties de l'Europe. Cette manie paroît avoir sur-tout régnée en Espagne, & en voici je pense la raison. Les premiers romans furent écrits dans la langue de ce royaume ; & les Espagnols étoient dans ce tems-là, comme ils le sont encore actuellement, vaillans & portés aux grandes entreprises. Ils avoient longtems gémi sous le joug des Maures d'Afrique, qu'ils parvinrent enfin à chasser d'Espagne, suivant les historiens, après une guerre de sept cens ans, & après avoir livré trois mille sept cens batailles. Cette suite de combats perpétuels produisit plusieurs évènemens extraordinaires, leur donna un esprit farouche, romanesque, altier, & leur inspira un grand attachement pour leur religion, en leur rendant plus odieuse celle de leurs ennemis.

Mais on touchoit alors à l'extirpation entière de la chevalerie & de toutes les chimères qui y tenoient. Ce que les lois & la force n'avoient pu obtenir, fut exécuté par la plume d'un seul écrivain, par celle de Michel Cervantes Saavedra. Cet homme, étonnant pour son siècle, vit le jour à Madrid en mil cinq cens quarante-neuf. Il paroît avoir été doué de tous les avantages que donne une bonne éducation, & fort versé dans la belle littérature ; mais la fortune lui fut d'ailleurs peu favorable. Il servit long-tems dans les armées d'Espagne en qualité de simple soldat, & se trouva sous les ordres de don Juan d'Autriche à la bataille de Lépante, où il eut le malheur, ou plutôt, comme il le prétendoit, l'honneur de perdre la main gauche. N'étant plus propre pour l'état militaire, il se mit à faire le métier d'auteur, & composa plusieurs pièces de théâtre qui furent jouées avec succès ; ce qui lui valut beaucoup d'éloges & d'argent. Mais le défaut d'ordre & une générosité sans bornes ne lui permirent pas de jouir du fruit de son travail, & il fut mis en prison pour dettes dans le tems qu'il composoit la première partie de son *Histoire de Don Quichotte*, ouvrage admirable par le bon sens & la gaieté qui y règnent ; de manière qu'on doit le regarder comme une production très-utile qui causa une grande révolution dans les mœurs & la littérature de l'Europe, en diffipant les idées extravagantes de la chevalerie, & en faifant revivre le goût du fimple & du vrai. Sous ce point de vue la publication de *Don Quichotte* peut être regardée comme formant une époque importante dans l'hiftoire du genre humain.

Don Quichotte eft repréfenté comme un homme qu'il eft impoffible de ne pas eftimer pour fon efprit orné & fon excellent cœur ; mais qui, par une continuelle lecture des anciens romans, a tellement égaré fa raifon, qu'il les confidère comme des hiftoires véritables, & qu'il fe décide à prendre le caractère & les armes d'un chevalier errant pour aller courir le monde. Son imagination déréglée lui fait trouver les rencontres les plus ordinaires pour des aventures femblables à celles qu'il a lues dans les livres de la chevalerie. L'extravagance de ces romans fe trouvant de cette manière placée, pour ainfi dire, dans le même groupe avec les vraifemblances de la nature & les évènemens réels de la vie, la difproportion terrible de ces folies devient si évidente par ce contraste que l'observateur le moins attentif ne peut manquer d'en être frappé. La personne, les prétentions & les exploits du chevalier errant sont présentés sous mille aspects ridicules. En un mot, l'esprit & la satyre qui règnent dans cet ouvrage ne permettent pas qu'on y résiste ; & véritablement leur effet a été aussi prompt qu'efficace.

A peine eut-on publié les *Aventures de Don Quichotte* que la chevalerie disparut, ainsi que la neige se fond devant le soleil. On se réveilla comme d'un songe, & l'on sourit en pensant qu'on s'étoit laissé bercer si long-tems par de pareilles absurdités, tout surpris de ce qu'on ne s'en étoit pas plutôt apperçu. On fut émerveillé de voir que la nature & le bon sens pouvoient donner un plaisir plus délicat & plus réel qu'on n'en avoit goûté par les sublimes folies de la chevalerie. Car il est facile de se persuader que l'*Histoire de Don Quichotte* fut plus lue & plus goûtée que ne l'avoit jamais été jusqu'alors aucun roman, si l'on songe à l'impression vive & profonde que ce livre fit sur les esprits, & si l'on se rappelle la déclaration de l'auteur, qui assure qu'on vendit douze mille exemplaires de la première partie, avant qu'il put mettre la seconde en état d'être imprimée; ce qui doit sans doute paroître une chose fort étonnante, lorsqu'on pense qu'à cette époque le nombre des personnes qui lisoient ou qui achetoient des livres étoit fort petit en comparaison de celui d'aujourd'hui.

Don Quichotte fit donc disparoître l'ancien genre de romans, & en produisit un nouveau. De ce moment la fiction se dépouilla de sa grandeur gigantesque, de son aspect effroyable, de sa marche fantastique; &, se mettant au niveau de la vie ordinaire, s'entretint avec l'homme comme avec son égal, & comme un compagnon honnête & agréable. Non, que tous les écrivains qui depuis cette époque ont composé des romans se soient conformés au plan & à la manière de Cervantes; mais c'est de lui qu'ils apprirent à éviter les choses extravagantes & à imiter la nature; & dès-lors on s'étudia autant à chercher la probabilité

lité qu'on l'avoit jufqu'alors négligée.

Mais avant que je paffe au nouveau genre de romans fur lequel je ne dirai que peu de chofe, il eft néceffaire que je parle d'une autre efpèce de narré romanefque qui n'appartient ni à l'ancien, ni au nouveau genre de romans, mais qui eft un mêlange bifarre de l'un & de l'autre. De ce genre font les romans du *Grand Cyrus*, de *Clélie* & de *Cléopatre*, compofés chacun de dix ou douze gros volumes, & qu'on fuppofe avoir pour bafe l'hiftoire ancienne. On y trouve raffemblés & mêlés d'une manière confufe tous les faits & tous les caractères, tant véritables que fabuleux, ainfi que les fyftêmes politiques & les mœurs des Grecs, des Romains, du tems féodal & des modernes ; de la même manière que fi un peintre repréfentoit Jule Céfar prenant le thé avec la reine Elifabeth, Jupiter & Dulcinée du Tobofe, & ayant le front ceint de la couronne de laurier de l'ancienne forme, avec une armure gothique fur les épaules, des manchettes de dentelle au poingnet, une pipe de tabac à la bouche, & une paire de piftolets à la ceinture. Mais

P

ce feroit aller au-delà de mes forces, que de vouloir critiquer ces compofitions monftrueufes ; car j'avoue que je n'ai jamais eu le courage de lire la moitié d'un volume de ces ouvrages, & que jamais non plus je n'ai trouvé perfonne qui ait pu m'en dire autre chofe, fi ce n'eft qu'ils font d'un ennui mortel & d'une abfurdité incroyable.

Le nouveau genre de romans peut-être divifé en *Romans férieux*, & en *Romans comiques* ; & chaque genre peut à fon tour être diverfement fous-divifé.

I. 1. Parmi les *Romans férieux* il y en a qui fuivent *la forme hiftorique*, & qui, au lieu de commencer, comme Homère & Virgile, par le milieu du fujet (1), donnent un récit fuivi de la vie du héros ou de l'héroïne, depuis fa naiffance jufqu'à fon entrée dans le monde, ou jufqu'au moment qu'on peut fuppofer que fes aventures ont pris fin. De cette efpèce font les *Aventures de Robinfon Crufoë*. Voici l'idée

---

(1) Effay on Poetry and Mufick, Part. I, chap. 5.

qu'on donne communément de cet ouvrage si généralement connu.

Alexandre Selkirk, marin, Ecoſſois de nation, ſe trouva, je ne me rappelle plus par quel accident, abandonné dans l'île alors inhabitée de Juan Fernandès, dans la mer du Sud. Là, il vécut ſeul pendant quatre années, ſans autre ſecours pour vivre que la chaſſe des chèvres & des autres animaux qu'il pouvoit atteindre. Pour ſe mettre à l'abri de tout danger pendant la nuit, il conſtruiſit une maiſonnette de pierres groſſièrement raſſemblées, qu'une perſonne qui y eſt entrée, (car elle exiſtoit encore lorſque milord Anſon viſita cette île), m'a dit être ſi petite qu'à peine un ſeul homme pouvoit y entrer en ſe traînant par terre, & s'y étendre de ſon long. Selkirk fut tiré de cette ſolitude par un vaiſſeau anglois qui revenoit en Europe. Un écrivain françois de nos jours, prétend que Selkirk s'étoit tellement accoutumé à la vie ſauvage, qu'il eut bien de la peine à la quitter; mais cela n'eſt pas vrai. Ce même écrivain confond auſſi l'hiſtoire véritable de Selkirk avec les fabuleuſes

Aventures de Philippe Quarl, écrites dans le goût de celles de Robinſon Cruſoë, dont elles ne ſont qu'une mauvaiſe copie ; ou bien il a dénaturé à deſſein le fait , pour juſtifier, autant qu'il lui étoit poſſible , une folle opinion qui, depuis Rouſſeau , à été en vogue parmi les philoſophes ſyſtématiques du continent ; ſavoir que la vie agreſte & ſauvage eſt celle qui convient le mieux à l'homme, & que plus il reſſemble aux brutes par l'eſprit, par le corps & par la conduite , & plus il approche de l'état de perfection & de bonheur. On conſeilla à Selkirk d'écrire & de publier ſon hiſtoire ; mais comme il ne poſſédoit aucune littérature , il raconta tout ce dont il put ſe reſſouvenir, à Daniel Defoë, écrivain qui jouiſſoit d'une bonne réputation ; mais qui au lieu de travailler pour le pauvre Selkirk , comme il le devoit, employa, dit-on, ces matériaux pour en faire la baſe de ſon roman des *Aventures de Robinſon Cruſoë*, qui, étant un livre propre à amuſer tout le monde, lui valut beaucoup d'argent.

Quelques écrivains prétendent qu'il

faut qu'il y ait de l'amour dans un roman pour qu'il foit intéreffant ; cependant *Robinfon Crufoë* eft un des romans où il y a le plus d'intérêt quoiqu'il n'y foit nullement queftion d'amour ; du moins lit on avec un plaifir fingulier tout ce qui a rapport à la defcription de l'île déferte, à caufe que cela tient à une paffion plus puiffante encore que celle de l'amour, favoir, le defir de notre propre confervation ; ce qui en rend la lecture fi attachante pour toutes les claffes de lecteurs.

Je fuis porté à croire que Defoë partagea avec le malheureux Selkirk le profit qu'il tira de la publication de fon roman ; car il y règne un air d'humanité qu'on ne doit pas attendre d'un auteur qui feroit un fourbe auffi infigne qu'auroit du l'être Defoë pour priver Selkirk d'un bien qui lui appartenoit. Dans la préface de fon fecond volume, il montre une grande fenfibilité du tort qui lui a été fait par ceux qui avoient publié un abrégé du premier, pour en diminuer le prix. « Le préjudice, dit-il, que ces gens » font aux *propriétaires* d'un ouvrage,

» eſt une choſe qui révolte toutes les
» perſonnes honnêtes, qui penſent
» qu'on peut les ſommer de montrer
» quelle différence il y a entre cette
» conduite & celle de voler ſur les
» grands chemins, ou de forcer une
» maiſon. Et s'ils ne peuvent pas nous
» convaincre qu'il y ait quelque diffé-
« rence entre ces crimes, il leur fera
» difficile de prouver qu'on doive en
» mettre quelqu'une dans la puni-
» tion ». Or, peut-on croire qu'un homme qui ait la moindre prudence s'expoſe à parler de la ſorte, dans le tems qu'on pourroit le convaincre qu'il eſt lui-même coupable d'une faute qu'il attaque avec autant de force?

Quoiqu'il en ſoit (car je n'ai aucune autorité qui me permette d'affirmer le pour ou le contre), les plus rigides moraliſtes ne peuvent diſconvenir que *Robinſon Cruſoë* eſt un des romans qu'on lit non ſeulement avec le plus de plaiſir, mais auſſi avec le plus de fruit. Il y règne par-tout un caractère de piété & de bonté; on y trouve expoſé d'une manière frappante, ainſi que je l'ai déja obſervé ailleurs, toute l'importance des arts mécaniques, que ceux qui n'en connoissent pas la privation sont si portés à mépriser ; l'esprit y prend une idée exacte & vive des horreurs de la solitude, & par conséquent des douceurs de la vie sociale, & du bonheur dont nous jouissons par la conversation & le secours de nos semblables ; en un mot, on y voit comment en employant ses propres forces on peut assurer son indépendance, & s'ouvrir plusieurs sources de santé & d'amusement. Je conviens donc, avec Rousseau, que c'est un des meilleurs livres qu'on puisse mettre entre les mains des enfans. Le style en est simple, mais peu élégant & rien moins que pur ; d'ailleurs la seconde partie est prolixe & ennuyeuse.

2°. Le second genre des romans modernes sérieux, c'est celui dans lequel on suit la forme *poétique*, & où, pour abréger le tems de l'action, on commence par le milieu de l'histoire. Tels sont, en partie, *l'Histoire de Charles Grandison* & *l'Histoire de Clarisse Harlowe*, par Richardson. Cet auteur a adopté une manière particulière de narrer : les personnes qui ont part à l'action du roman en racontent elles-mêmes les événemens ; ce qu'elles font par le moyen de lettres, dans lesquelles on reprend fucceffivement le fil de l'hiftoire, & dans lesquelles on exprime librement les paffions, fuivant que les révolutions de la fortune les font naître, & tandis que les perfonnes qui y font intéreffées font fuppofées ignorer encore les événemens qui doivent fuivre. De cette manière les différens agens font introduits chacun à fon tour, & parlent, ou, ce qui eft la même chofe ici, écrivent fuivant le caractère & la manière de voir qui leur font particuliers; de forte que la fable eft en partie épique & en partie dramatique. Cette forme dans le narré offre quelques avantages. Elle prévient qu'on ne puiffe prévoir la cataftrophe, & tient le lecteur dans une perplexité égale à celle dans laquelle on fuppofe que fe trouvent les interlocuteurs eux-mêmes ; d'ailleurs elle plaît par la variété du ftyle qui doit être analogue à l'efprit naturel de ceux qui les écrivent, & aux paffions qui les agitent actuellement. Mais cette forme préfente auffi des inconvéniens; car à moins que la fable ne foit courte & fimple, il est fort difficile de ne pas être prolixe & de tomber dans des répétitions. Et en effet, Richardson lui-même malgré toute la force de son imagination est quelquefois long, & entre dans des détails minutieux qui souvent sont fort inutiles. Ses scènes pathétiques mêmes sont trop chargées de faits, & si prolixes que l'esprit du lecteur s'en trouve fatigué. On ne peut disconvenir non plus que ses héroïnes ne soient trop prudes, & que ses héros n'offrent quelque chose qui tient de la pédanterie & de l'afféterie. Clémentine fut probablement destinée à servir d'exemple de perfection au sexe; mais quoiqu'elle mérite sans doute de la vénération comme une sainte, il n'est pas possible de l'aimer comme une femme. Et Grandison, dont le caractère est si grand & si beau, est trop parfait en toutes choses pour qu'on puisse espèrer de l'imiter jamais à beaucoup d'égards; il est d'ailleurs si réservé & si formaliste qu'il ne permet aucune familiarité, de sorte qu'on ne peut pas s'attacher cordialement à lui. Alworthy est un aussi brave homme que Grandison, mais sa vertu est purement humaine ; &

comme il a quelque chofe de notre foibleffe, fans prétendre à une trop grande fupériorité, il nous invite à faire fa connoiffance & nous engage à l'aimer.

Malgré tout cela, Richardfon eft un écrivain d'un mérite fupérieur ; fes caractères font bien peints & diftinctement marqués ; & il deffine les effets des paffions avec une exactitude pittorefque qui prouve une grande connoiffance du cœur humain. Ses idées de la morale font profondes & judicieufes ; & il ne manque ni d'efprit, ni de gaité. Sa diction femble quelquefois un peu guindée ; mais fes dialogues font pleins d'élégance & de feu. Il mérite de plus grands éloges encore pour le but moral qu'il fe propofe dans tous fes écrits ; car c'étoit un homme d'une fincère piété, & qui avoit véritablement à cœur de rendre les hommes meilleurs.

Mais il a, comme la plupart des auteurs de romans, peint fes caractères vicieux avec des couleurs plus agréables qu'il n'étoit néceffaire à fon plan ; ce qui peut en rendre l'exemple dangereux. Je crois que l'auteur d'une fable, foit en vers ou en profe, ne doit pas montrer fes perfonnages abfolument méchans ; car, premièrement, cela n'eft pas naturel, à caufe que les hommes les plus dépravés ont, en général, quelque bonne qualité ; &, fecondement, parce que cela nuit au deffein qu'on doit avoir de plaire, en rendant le fujet moins intéreffant ; vu que l'hiftoire d'une perfonne affez méprifable pour n'avoir abfolument rien de bon en elle, infpire naturellement du dégoût & de l'horreur au lieu de procurer quelque plaifir. Mais, d'un autre côté, lorfqu'un caractère tel que celui du Lovelace de Richardfon, que le lecteur doit détefter à caufe de fes crimes, eft doué de jeuneffe, de beauté, d'éloquence, d'efprit & de toutes les autres perfections intellectuelles & corporelles, on peut-être tenté de l'imiter, même en le condamnant. Il ne fuffit pas non plus d'alléguer pour excufe, que ce perfonnage a fini par recevoir le châtiment de fes vices. Il eft vrai que le lecteur fait que l'hiftoire qu'il lit n'eft qu'une fiction ; mais il n'ignore pas non plus, que fi ces qualités & ces talens fe trouvoient réellement réunis dans une perfonne ils le rendroient extrêmement aimable; & il peut même s'imaginer qu'un caractère qui offre tant de qualités agréables, doit avoir été celui que l'auteur a préféré à tous les autres. N'y a-t-il donc pas raison de craindre que quelques lecteurs soient plus portés à admirer le charmant débauché qu'à redouter sa punition ? Achille chez Homère & Macbeth chez Shakespeare ne sont pas sans quelques bonnes & même sans quelques grandes qualités, propres à exciter notre admiration & à nous intéresser à leur sort; mais personne ne court risque d'être séduit par leur exemple, parce que leur conduite criminelle est dépeinte & exposée par ces poëtes de manière à nous faire appercevoir combien elle est haïssable, & combien elle doit nécessairement produire le malheur, tant de ceux qui s'en rendent coupables en particulier, que de tout le genre-humain en général.

Je dois ajouter que la punition de Lovelace n'est pas une mort infâme, mais plutôt honorable suivant le préjugé établi ; & que ce n'est pas sa méchanceté qui en est la cause immédiate, mais la supériorité de son adversaire à manier l'épée. Avec un peu plus d'adresse de sa part dans l'art de l'escrime il auroit triomphé du vengeur de Clarisse, ainsi qu'il avoit triomphé d'elle-même & de la censure du monde. Si son crime eût été représenté comme la cause nécessaire d'une série de mortifications, qui le conduisissent par degrés à l'infamie, au malheur, au désespoir, ou qui l'engageassent, par des moyens probables, à un repentir exemplaire, la fable seroit devenue plus utile par la morale, & la lecture en auroit peut-être été plus intéressante. Il me semble que le génie de Richardson étoit extrêmement propre à l'exécution d'un tel plan. J'offre ces remarques plutôt dans la vue d'expliquer mes propres idées sur la fable des romans, que pour déprimer un auteur qui fait tant d'honneur à son pays, & dont j'admire sincèrement la vertu & les talens.

Sa forme épistolaire a été imitée par plusieurs romanciers & particulièrement par J. J. Rousseau, dans sa *Nouvelle Héloïse*, ouvrage qui n'est pas moins remarquable par la grande éloquence qui y règne, que par le nombre de paradoxes & de contradictions fenfibles & frappantes qu'on y trouve ; car ce livre eft rempli de vérités & d'erreurs, de faine philofophie & d'idées extravagantes, d'inftructions utiles & de préceptes dangereux.

II. 1. Le fecond genre de nouveaux romans c'eft le *comique*; qui, comme le premier genre dont je viens de parler, peut être fous-divifé, relativement à la marche des événemens, en *hiftorique* & en *poétique*.

Parmi les romans dont la forme eft hiftorique, on peut compter ceux de Marivaux & celui de *Gil-Blas* de le Sage. Ces auteurs font pleins d'efprit & de gaité, & offrent des tableaux naturels des mœurs de ce fiècle, dans un ftyle fimple & fort agréable, & leurs ouvrages peuvent être lus fans aucun danger, parce que le but en eft prefque par-tout moral. Il femble feulement que le Sage ait trop aimé à parler de voleurs & d'efcrocs; car cette efpèce de gens paroiffent fouvent dans fes romans ; & il ne les peints pas toujours avec les couleurs odieufes qui conviennent à ces peftes de la fociété.

Gil-Blas même, son héros, est un coquin trop fieffé, qui racontant, comme il le fait, lui-même son histoire, produit l'effet désagréable de persuader qu'on est en mauvaise compagnie, & qu'on trouve du plaisir dans l'entretien d'un homme qu'on ne peut pas estimer.

Smollet suit la même marche historique dans *Roderic Random* & *Peregrine Pickle*, deux ouvrages qui (je suis fâché de le dire) n'ont d'autre mérite que d'être gais & amusans. Cet écrivain excelle néanmoins dans la peinture des caractères des gens de mer, qu'il eut l'occasion d'apprendre le mieux à connoître dans sa jeunesse. Il semble avoir rassemblé un grand nombre d'histoires plaisantes, qu'il raconte avec beaucoup de feu & d'énergie. Mais son style est souvent un peu ampoulé, & ses tableaux grotesques sont outrés au-delà de toute vraisemblance. Il paroît qu'il n'a pas connu la contexture d'un plan régulier, qui demande que les événemens tiennent les uns aux autres, & concourrent tous au même but pour former le nœud de la fable. Ce n'est certainement pas par la morale de ces romans, que l'auteur a des droits à nos éloges. Il est quelquefois d'une licence impardonnable. Des débauchés, des protecteurs de femmes de mauvaise vie, des bretteurs & des misantropes, sont les personnages dont il s'est principalement plu à tracer les caractères. On diroit qu'il a considéré le duel comme un des plus grands efforts de vertu dont l'homme soit capable, & l'adresse au jeu de billard comme une qualité fort estimable. Deux de ses contes méritent cependant d'être traités avec plus de respect : celui du *Comte Fathom*, quoique invraisemblable, est agréable, & ne blesse, en général, pas la décence, quoiqu'il y ait plusieurs endroits peu délicats; & malgré que celui de *Lancelot Greaves* s'écarte davantage encore de la vraisemblance, il y a néanmoins beaucoup de mérite, & l'intrigue en est véritablement originale, quoique l'idée en soit prise de Don Quichotte.

2. La seconde espèce de romans comiques modernes est celle où l'ordre des événemens suit la marche poétique; & qu'on pourroit intituler, avec assez de propriété, *comédie épique*,

ou

ou plutôt *poëme épique comique. Épique* à cause qu'on y employe le récit, & *comique* parce que on y présente des tableaux de la vie domestique, & qu'on se sert pour cela de personnages de la moyenne & de la dernière classe de la société.

Cette espèce de romans comiques a été portée à sa perfection en Angleterre par Fielding, qui paroît avoir possédé plus d'esprit & de gaieté (1), ainsi qu'une plus grande connoissance du cœur humain, qu'aucun autre écrivain moderne, à l'exception de Shakespeare ; d'ailleurs il avoit épuré son goût naturel par l'étude des meilleurs auteurs de l'antiquité ; quoiqu'on ne puisse disconvenir qu'il n'ait fait quelquefois une trop grande parade de son savoir & de son esprit.

---

(1) Milord Littleton, après avoir parlé de plusieurs traits de Pope, Swift & autres beaux esprits de ce tems-ci, commence sa réponse à quelques questions que je lui avois faites touchant l'auteur de *Tom-Jones* par ces mots : « Henri Fielding » avoit, je vous l'assure, plus d'esprit & de gaieté, » que tous ceux dont nous venons de parler n'en » possédoient ensemble ». Ce témoignage de milord Littleton, qui connoissoit parfaitement Fielding, mérite d'être retenu.

Il y en a qui prétendent, que le roman de *Joseph Andrews* est le meilleur ouvrage de Fielding; mais le plus grand mérite en consiste dans le portrait du chapelain Adams, qui, sans contredit, est supérieurement bien tracé, & qui, après Don Quichotte, est le personnage le plus plaisant qui ait jamais paru dans aucun roman. Cet ouvrage, quoique plein d'une excellente gaieté, est blamable à beaucoup d'égards. Il y a plusieurs passages qui ne sont rien moins que décens ; & il n'est pas facile de concevoir ce qui a porté l'auteur à ajouter aux autres défauts de Wilson, père de son héros, ceux d'être menteur & poltron ; pour le faire passer ensuite, par des moyens peu vraisemblables, à une vie vertueuse & tranquille, & pour chercher à le rendre de toute manière un personnage fort respectable. Quelques égaremens de la jeunesse, qu'on indique plutôt qu'on ne les décrits, qu'il faut plutôt attribuer à l'imprudence & à des circonstances malheureuses, qu'à un penchant formel pour le vice, & qui sont suivis des embarras, des dangers & des remords, leurs conséquences naturellès, peuvent être attribués, dans un roman du genre comique, au principal perſonnage même, & devenir, quand ils ſont bien ménagés, une partie fort inſtructive du livre; mais des crimes qui traînent avec eux le dèshonneur, ou qui annoncent une ame dure & un cœur haineux & injuſte, ne doivent jamais entrer dans le caractère que le poëte ou l'auteur d'un conte veut rendre digne de notre amitié & de notre eſtime. D'après ces principes, Fielding auroit été excuſable relativement à toute la conduite blamable de Tom-Jones, s'il étoit entré dans moins de détails à cet égard; & ſuivant les mêmes règles, on ne peut nullement paſſer à Smollet ſon ſyſtême de débauche de la jeuneſſe, à cauſe qu'il cherche à le développer par les exemples des libertins qu'il a introduits pour cet effet dans ſes romans.

Tom-Jones & *Amélie* ſont les deux meilleurs romans de Fielding, & peut-être les plus parfaits ouvrages connus en ce genre. La fable d'*Amélie* eſt entièrement poétique, & du véritable genre épique; car elle commence par le milieu de l'action, ou plutôt autant vers la fin qu'il eſt poſſible ; & on y trouve des événemens antérieurs, en forme de récit épiſodique. Dans *Tom-Jones* la partie qui ſert d'introduction ſuit la forme hiſtorique ; mais la fable devient abſolument poétique du moment que la grande action de la pièce commence ; ce qui eſt, ſi je ne me trompe, immédiatement après la maladie d'Alworthy : car depuis cette période, les incidens ſe ſuivent dans une ſérie non interrompue, juſqu'au dernier événement qui arrive environ deux mois après.

Depuis le tems d'Homère juſqu'à nos jours, il n'a pas paru de fable épique conduite avec plus d'art. Les caractères & les aventures en ſont merveilleuſement variés ; mais les incidens ſont ſi naturels, naiſſent ſi bien les uns des autres, & concourrent tous ſi régulièrement à la cataſtrophe, lors même qu'ils ſemblent devoir la retarder, que l'attention du lecteur eſt toujours tenue éveillée, & qu'au lieu de languir, elle devient de plus vive en plus vive, à meſure que l'hiſtoire avance, juſqu'à ce qu'enfin elle ſe change en une véritable inquiétude. Et lorſqu'on eſt parvenu au bout & qu'on regarde en arrière pour examiner la contexture de la fable; on eſt ſurpris de voir que parmi un ſi grand nombre d'incidens il s'en trouve ſi peu d'inutiles; qu'il y ait tant de probabilité dans une telle variété de fictions, & qu'une narration auſſi compliquée ſoit faite avec autant de préciſion, de clarté, & une auſſi parfaite unité de deſſein.— Ces remarques peuvent être appliquées également à *Tom-Jones* & à *Amélie*; mais elles ont été faites principalement pour le premier de ces romans, qui pourroit me fournir grande matière à diſcuſſion, ſi je n'étois pas ſi preſſé de terminer ce ſujet. Depuis le tems de Fielding, qui mourut en 1754, les romans du genre dont il eſt ici queſtion n'ont fait, autant que je le ſache, que tomber rapidement de la ſimplicité & de la nature, dans l'afféterie & l'invraiſemblance.

Qu'on ne juge pas de l'importance des romans par la longueur du diſcours que j'ai conſacré à cet objet : la lecture de cette eſpèce d'ouvrages eſt un amuſement dangereux. Il y en a ſans doute quelques-uns des meilleurs qui peuvent contribuer au bon goût & aux bonnes mœurs ; mais la plus grande partie font mal écrits & tendent à corrompre le cœur & à ftimuler les paffions. L'habitude de les lire fait naître le dégoût pour l'hiftoire & pour toutes les connoiffances folides & utiles ; elle nous écarte auffi de la nature & de la vérité, & remplit l'efprit d'idées extravagantes & fouvent même le cœur d'inclinations vicieufes & criminelles. Je voudrois donc qu'on empêchât les jeunes gens de s'en occuper ; & dans le cas qu'il faille, pour leur délaffement & pour qu'ils en aient quelque notion, leur en permettre la lecture, ce ne doit être que rarement & avec une fort grande difcrétion. J,

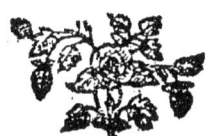

LETTRE

SUR LA PEINTURE MUSICALE,

Adreffée à M. Reichardt, Maître de Chapelle du Roi de Pruffe,

PAR J. J. ENGEL,

De l'Académie Royale des Sciences de Berlin.

TRADUITE DE L'ALLEMAND.

Les recherches fur la peinture muficale dont vous me chargez, mon ami, fe réduifent, à mon avis, aux quatre points fuivans :

1°. Qu'entend-on par peinture muficale ?

2°. Quels font les moyens par lefquels la mufique peut peindre ?

3°. Que peut-elle peindre par ces moyens ?

4°. Que doit-elle peindre, & que ne doit-elle pas peindre ?

Pour répondre exactement à ces queftions, il faudroit fe livrer à des difcuffions très-fines, & même trop abstraites : je les éviterai, pour me borner à quelques obfervations théoriques qui me paroiffent abfolument néceffaires avant que de parler de leur application dans la pratique.

On appelle peindre, lorfqu'on repréfente un objet, non pas en l'indiquant à l'efprit par des fignes de convention, mais en l'offrant à la perception des fens par des fignes naturels. Le mot lion ne réveille qu'une fimple image dans mon efprit ; la peinture du lion offre réellement à mes yeux la forme vifible de cet animal. Le mot rugir a déja quelque chofe de pittorefque ; mais l'expreffion dont Benda s'eft fervi dans fon Ariane eft la peinture la plus complette du rugiffement.

Dans la poéfie le mot peindre a encore une autre acception. Le poëte mérite d'autant plus le nom de peintre, que, 1º. il détaille davantage fes repréfentations, & qu'en les animant par une détermination précife, il les rend plus fenfibles. La langue lui offre, pour la plupart, feulement des notions générales pour l'efprit, que le lecteur ou l'auditeur doit transformer en images. Le poëte, par une détermination plus exacte de ces notions, vient au secours de l'imagination, & l'engage à examiner les images avec plus de force & de clarté sous un point de vue donné & moins vague. 2°. Le poëte est peintre, lorsqu'il fait obtenir un parfait accord entre le mécanisme du mètre & du son des mots & le sens des paroles ; ou lorsque les signes dont il se sert pour représenter un objet, offrent dans leur effet sur les sens une ressemblance exacte avec le même objet ; ou, pour mieux dire encore, quand ses moyens de convention approchent autant qu'il est possible de la nature.

Le premier sens du mot peindre n'est pas fait pour la musique, mais bien le second. Les sons de la musique ne sont pas des signes de pure convention ; car on n'est pas convenu que l'esprit doive y attacher précisément aucune idée quelconque. Ils produisent de l'effet, non par ce qu'ils doivent désigner, mais par eux-mêmes ; c'est-à-dire, par leur action sur le sens de l'ouïe. Le compositeur n'a rien de général à particularifer ; il n'a aucune notion à embellir en l'offrant à l'efprit avec une détermination plus précife ; mais il peut par fes fons, comme par des fignes naturels, réveiller des idées d'objets analogues ; il peut nous indiquer ces objets par fes fons, comme le peintre indique les fiens par les couleurs ; & alors il fe trouve dans la pofition du poëte fuivant le fecond fens attaché au mot peinture; c'eft-à-dire, qu'il doit chercher à rendre fes fons les plus imitatifs qu'il pourra, afin d'y mettre toute l'analogie poffible avec l'objet même qu'il veut peindre.

Cette peinture eft parfaite ou imparfaite : dans le premier cas, tout le phénomène devient fenfible ; & feulement quelques parties ou qualités ifolées dans le fecond.

La peinture parfaite ne peut avoir lieu que lorfque l'objet eft par luimême en état de frapper le fens de l'ouie, comme étant fufceptible de rhythme & de mefure.

Quant à la peinture imparfaite, il fe peut, 1º. que l'objet foit un phénomène qui agit fur différens fens;

comme, par exemple, sur ceux de la vue & de l'ouie; alors le compositeur excite dans l'imagination la représentation de l'ensemble, en imitant ce qui frappe l'ouie : c'est ainsi qu'il peint une bataille, une tempête, un ouragan.

2°. Il est possible, à la vérité, que l'objet n'ait aucune action sur le sens de l'ouie; mais qu'il puisse s'assimiler aux sons par certaines qualités générales qui, dans ce cas, aideront l'imagination à passer facilement des unes aux autres.

Il subsiste des ressemblances non-seulement entre les objets d'un même sens, mais aussi de différens sens. Par exemple, la lenteur & la célérité se trouvent aussi-bien dans une succession de sons, que dans une suite d'impressions visibles. J'appellerai toutes ces ressemblances *transcendantes*.

Le compositeur doit donc s'attacher à ces ressemblances transcendantes, & il faut qu'il cherche à peindre au moins imparfaitement, par une suite de sons accélérés, la course rapide d'une Atalante, que la pantomime seule peut rendre parfaitement. S'il a le talent d'y ajouter l'imitation d'une refpiration haletante, alors il repréfentera auffi la partie du phénomène qui eft fenfible à l'ouie, & il aura doublement peint.

De cette manière le champ de la peinture muficale s'agrandit beaucoup. Nombre d'objets des autres fens, fur-tout de la vue, fi fertile en impreffions extérieures, deviennent par leurs reffemblances tranfcendantes avec les fons du reffort de l'imitation muficale.

Ceci explique au moins en partie pourquoi l'imitation muficale eft, en général, fi indéterminée, & pourquoi il eft fi difficile de comprendre le muficien-peintre fans le fecours des paroles. L'imitation eft prefque toujours imparfaite ; elle ne rend que des parties ifolées ou des qualités générales, foit qu'il s'agiffe de peindre un fentiment intérieur, ou un objet dont l'action agit fur les fens. Le fentiment ne peut également fe peindre que d'une manière vague & générale ; on ne parvient à l'exprimer d'une manière individuelle que par la repréfentation déterminée de l'objet qui le fait naître. J'en parlerai plus particulièrement ci-après.

Il feroit auffi fuperflu qu'il eft impoffible de rapporter ici toutes les reffemblances tranfcendantes dont l'imitation muficale peut fe fervir. La nature échappe ici aux recherches les plus fubtiles ; cependant ceux qui fe font occupés de l'origine des langues, & entr'autres une célébre fecte d'anciens philofophes ont fourni beaucoup d'idées, qui peuvent fervir à la théorie dont il eft ici queftion.

Ces mêmes anciens philofophes me rappellent encore un moyen très-puiffant pour notre peinture imparfaite ; c'eft-à-dire, que le compofiteur peint, 3º. lorfqu'il n'imite ni une partie, ni une qualité de l'objet, mais l'impreffion que cet objet a coutume de produire fur notre ame. La peinture muficale agrandit le plus fa fphère par ce moyen ; car à préfent elle n'a plus befoin de ces reffemblances que j'appelle tranfcendantes. Elle peut même peindre la couleur, à caufe que l'impreffion d'une couleur tendre fur l'ame a beaucoup d'analogie avec celle d'un son doux & agréable.

Pour sentir la possibilité de peindre ces impressions, ainsi que tous les sentimens de l'ame, pour connoître pourquoi cette peinture convient le mieux à la musique, & enfin pourquoi on y trouve cependant presque toujours quelque chose d'imparfait, il faut répondre à la seconde question que j'ai établie au commencement; savoir, quels sont les moyens par lesquels la musique peut peindre.

Je communiquerai ici toutes les connoissances que j'ai été à portée de recueillir à cet égard. Les maîtres de l'art rectifieront mes idées si elles sont fausses, ou suppléeront à ce qui pourra y manquer. Les moyens de la peinture musicale sont donc, à mon avis.

1º. Le choix du mode. Nous avons le mode majeur & le mode mineur.

2º. Le choix du ton, dans lequel le morceau doit être composé. Chacun des douze modes majeurs & mineurs est distingué des autres par des intervalles qui lui sont propres, &

qui lui donnent un caractère particulier. L'*ut* & le *la* dièfe majeurs s'éloignent le plus par leurs caractères, à caufe de la grande différence qu'il y a entre la progreffion de leurs fons ; & un morceau de mufique inftrumentale en *ut* majeur tranfporté en *la* dièfe majeur, deviendroit certainement méconnoiffable. La même obfervation a lieu pour les modes mineurs.

3°. La mélodie. Il eft très-important de déterminer fi le chant doit fe développer d'une manière lente, uniforme & grave, ou inégale & précipitée ; fi les rapports dans les modulations doivent être plus ou moins rapprochés, & ordonnés avec clarté ou avec une irrrégularité apparente ; fi le chant doit être rendu par des notes foutenues ou variées avec des ornemens fimples ou compofés & riches, &c. Je doute qu'on puiffe indiquer à cet égard tout ce qui doit fixer l'attention du compofiteur.

4°. Le mouvement. Il s'agit ici des mouvemens égaux ou inégaux, lents ou preffés ; de la marche uniforme, grave, précipitée ou variée alternativement dans les différentes parties, & souvent aussi du contraste à observer dans les morceaux à plusieurs deffins.

5°. Le rhythme. Les périodes & leurs phrases sont longues ou courtes, égales en mesures ou inégales.

6°. L'harmonie, ou l'art d'ordonner les sons pour en former des accords. Ici il faut observer la manière d'obtenir des rapports simples ou variés, faciles ou compliqués; la progression de ces rapports par des transitions dont le nombre ne peut se calculer; la lenteur ou la rapidité des transitions; la plénitude ou la sécheresse, la clarté ou l'obscurité, la pureté de l'harmonie ou son désordre, qui souvent n'est qu'apparent.

7°. Le choix des voix. Différens effets de l'emploi des voix aigues, moyennes ou graves, & de leur réunion artistement ménagée.

8°. Le choix des instrumens. Chaque instrument a un caractère & une qualité de sons qui lui sont propres; on doit donc les employer avec discernement.

9°.

9º. Le forte & le piano avec les différens genres de nuances que le muficien habile y peut mettre.

Les obfervations fuivantes expliqueront peut-être, comment avec ces moyens le compofiteur peut peindre les fentimens & les mouvemens de l'ame.

1º. Toutes les affections de l'ame font intimement liées à de certains mouvemens relatifs qui, s'opérant dans le fyftême nerveux les entretiennent & les fortifient. Et ces mouvemens ont non-feulement lieu dans le fyftême nerveux lorfque les affections analogues de l'ame les excitent ; mais elles exiftent également lorfque l'impreffion correfpondante eft produite fur les fens. L'action eft réciproque, & la même route qui va de l'ame au corps, reconduit du corps à l'ame. Rien n'ébranle fi fortement les nerfs que les fons, & la nature s'en fert principalement pour produire cette fympathie, qui exifte entre les animaux d'une même efpèce. Le cri plaintif de l'animal fouffrant produit dans le nerf de celui qui ne fouffre pas un femblable ébranlement, qui réveille dans fon

R

ame une affection pareille, qu'on nomme pitié. La même obfervation s'applique à la joie qu'on partage avec un autre.

2°. Chaque efpèce d'affections fe diftingue par la richeffe & l'abondance des idées qui s'y réuniffent ; par le plus ou le moins de diverfité entr'elles ; par leurs rapports plus ou moins éloignés, qui en rendent la perception ou l'examen facile ou difficile ; par une fucceffion lente ou rapide des idées, par les intervales plus ou moins grands des idées intermédiaires ; par l'uniformité, la célérité ou l'irrégularité dans cette fucceffion ; &c.

Par exemple, les idées fublimes font d'une perception plus difficile, parce que leur développement eft lent ; les idées agréables font faciles à faifir, à caufe que leur marche eft vive & animée, fans de grands écarts ; l'animofité & la terreur s'efforcent à pénétrer fubitement à travers une foule d'idées incohérentes, mais avec des interruptions marquées; la mélancolie, au contraire, parcourt lentement & avec une efpèce de complaifance une fuite d'idées prefqu'uniformes & très-liées entr'elles.

Ces obfervations fervent à expliquer :

1°. Comment la mufique peut peindre & imiter les mouvemens de l'ame. Elle choifit des fons dont l'action fur les nerfs eft conforme à l'impreffion d'un fentiment donné ; l'inftrument qu'elle emploie, le fon grave, aigu ou doux, le mouvement & le mode, tout doit concourir au même but. Si avec une fenfibilité ordinaire on ne peut fe défendre d'une douce mélancolie en entendant les fons plaintifs de l'harmonica de Francklin ; les timbales & la trompette réveilleront dans l'ame de l'auditeur l'idée d'une fête noble & majeftueufe, ou du courage des guerriers. La joie s'exprime par les fons aigus ; les fentimens doux & tendres par les fons moyens ; & les fons graves conviennent aux fituations triftes, terribles & lugubres. Dans ce vers : *Sacri orrori, ombre felici!* Haffe, après avoir fait defcendre le chant dans les trois premiers mots, ne l'élève que dans le dernier.

Mais la muſique peindra les ſentimens de l'ame avec plus de ſuccès encore, ſi, par un choix heureux & ſage du mode, de la mélodie, de l'harmonie, du mouvement, du travail des inſtrumens, elle parvient à renforcer, par les analogies dont j'ai parlé plus haut, les ébranlemens relatifs du ſyſtême nerveux, dans leur ſucceſſion naturelle. Une harmonie plus ou moins riche, facile ou compliquée; la marche de la mélodie dans des rapports plus ou moins déterminés; la lenteur, la rapidité, l'uniformité ou le déſordre apparent du mouvement, ſont autant de moyens que la muſique emploie alors avec ſuccès.

2º. Ceci explique pourquoi la peinture des ſentimens réuſſit le mieux en muſique; car ici tous ſes moyens ſont réunis, concentrés & dirigés vers le même but. Il n'en eſt pas de même lorſqu'il s'agit de peindre les objets qui font naître les ſentimens. La muſique ne peut indiquer ces objets que par des reſſemblances foibles, isolées & éloignées ; tandis qu'une foule de ressemblances plus déterminées lui servent à peindre les sentimens.

3º. Malgré cela, on trouvera également la raison pourquoi cette peinture des sentimens même doit être imparfaite. J'ai observé plus haut, que le sentiment ne peut être indiqué d'une manière individuelle, à moins d'une exacte représentation de l'objet qui le produit; mais en cela les moyens de la musique sont insuffisans. Par leur réunion elle ne peut indiquer les sentimens que d'une manière générale ; toutes les idées individuelles ; qui tiennent uniquement à l'objet même, apperçu & examiné sous tous ces rapports, ne pouvant être rendues, parce que la musique ne sauroit indiquer ces qualités & ces rapports particuliers.

D'après ces deux dernières observations, qui me paroissent justes & convaincantes, on peut établir les règles suivantes :

I. Le musicien doit plutôt peindre les sentimens que les objets qui les produisent ; il doit s'attacher à la peinture de l'état où l'ame, & avec elle le corps, fe trouvent en examinant une chofe ou un événement, plutôt que la chofe & l'événement même; car chaque art ne doit exécuter que ce que fes moyens lui permettent. Au lieu de peindre une tempête, il faudroit que le muficien s'attachât plutôt à la peinture des mouvemens que l'ame éprouve pendant ce grand fpectacle de la nature, parce qu'il y réuffira plus facilement ; quoique ce phénomène, par fes effets fur le fens de l'ouie, puiffe, en quelque façon, être imité en mufique. Par cette raifon, la tempête dans la chaffe de Hiller eft infiniment préférable à celle de Philidor.

Une autre preuve, à mon avis, fert à établir la juftefle de cette règle. La mufique étant uniquement faite pour remuer la fenfibilité, & ce but étant le feul de fes efforts, il arrivera toujours que le compofiteur, en voulant peindre un objet, excitera des fentimens que l'ame fe plaira à entretenir ; mais lorfque la chofe ou l'événement fera l'objet de fon imitation, alors l'ame fera forcée de paſſer rapidement d'un ſentiment à un autre, & toute la filiation de ſes idées ſera interrompue.

La ſeconde règle eſt que le compoſiteur ne doit pas peindre une ſuite de ſentimens qui dépendent d'une ſérie d'événemens ou de réflexions, & dont la ſucceſſion eſt incompréhenſible ou contradictoire; à moins que la penſée n'embraſſe également la ſérie de leurs cauſes. Je vais m'expliquer plus clairement. Suppoſons qu'un récitatif de Haſſe, avec le plus riche accompagnement, ou plutôt un duodrame de Benda ſoit exécuté par l'orcheſtre ſeul ſans les paroles; les morceaux écrits avec le goût le plus pur paroîtront des productions d'un malade en délire. La raiſon en eſt, ſans doute, parce qu'on aura ôté de l'enſemble la ſuite des idées ou des événemens néceſſaires pour expliquer la ſuite des ſentimens qui en dépendent. Ne fera-ce pas la même choſe, ſi un compoſiteur, comme pluſieurs l'ont déja eſſayé, cherche à placer dans l'ouverture d'un opéra toute la ſuite des ſentimens qu'il ſe propose de développer dans le cours de la pièce (1) ? D'après cette observation, les ouvertures du *Déserteur* & de *La Belle Arsene* de Monsigny, si

---

(1) L'auteur a raison, lorsqu'un compositeur cherche à entasser dans l'ouverture d'un opéra la peinture des sentimens qui doivent affecter les personnages dans le cours de la pièce, & plus encore lorsqu'il y place au hasard des traits de chant, qui reviennent ensuite dans les situations intéressantes. Une pareille ouverture, à moins d'être excessivement longue, n'offrira que des phrases morcellées & disparates dont la réunion, peut-être impossible, ne produira jamais un bel ensemble. Mais je suppose que l'auteur ne prétend pas proscrire ces ouvertures, par lesquelles le compositeur cherche à préparer le spectateur aux sentimens dont il doit être affecté. Par un heureux choix du mode, du ton, du mouvement & du rhythme, une ouverture peut annoncer le sujet d'un opéra, ainsi que l'orateur sacré ou profane annonce par l'exorde le sujet qu'il se propose de traiter dans son discours. Des ouvertures conçues d'après ces principes & liées au sujet, seront toujours préférables à ces symphonies insignifiantes, qu'on peut exécuter indifféremment au concert ou au spectacle ; mais qui là, bien loin d'intéresser le spectateur, le fatiguent souvent par un luxe musical mal entendu. Pour appuyer mon assertion, il suffira de citer les ouvertures des deux Iphigénies & de l'Alceste du chevalier Gluck : leur effet constant au théâtre & le jugement que tous les connoisseurs en ont porté, me dispensent de toute autre preuve à cet égard. *Note du Traducteur.*

admirées par beaucoup de personnes, m'ont toujours paru déplacées.

Une symphonie, une sonate & chaque morceau de musique qui n'est soutenu ni par les paroles, ni par la pantomime, pour ne pas être seulement un bruit harmonieux ou une suite de sons agréables, doit présenter le développement d'une passion, & offrir une succession de sentimens, tels qu'ils naissent sans effort dans une ame abandonnée à elle-même, tranquille, & libre de toute impression étrangère. S'il m'étoit permis de présupposer ici une théorie des différentes filiations des idées & de leurs lois, dont personne n'a encore parlé, je crois, je dirois que les idées ne doivent se suivre que d'une manière lyrique.

Je passe au principal objet de votre demande, c'est-à-dire, aux règles à établir pour la composition du chant. Il faut ici distinguer le chant de l'accompagnement. Quant à cette partie de l'art musical, tout ce que j'en ai à dire ici se réduit à la différence qui existe entre l'expression & la peinture musicale, qu'on a observée depuis long-temps, mais qu'on n'a peut-être jamais bien développée.

Une fimple idée fans aucun rapport à nos befoins, la froide image d'une chofe, telle qu'elle eft, fans l'indication fi elle eft bonne ou mauvaife & fi elle peut favorifer ou contrarier nos inclinations, n'eft pas une penfée digne d'intéreffer les beaux arts. Un poëte délicat & vraiment infpiré n'en offrira jamais de pareilles au muficien. On doit donc diftinguer deux chofes dans chaque penfée poétique, ou plutôt mufico-poétique : la repréfentation de l'objet, & l'idée de fon rapport à nos befoins ; c'eft-à-dire, autant que cet objet excite l'eftime ou le mépris, l'amour ou la haine, la colère, la crainte, la joie, le defir ou la terreur.

En un mot, deux chofes doivent être diftinguées dans une pareille penfée ; je les nommerai *l'objectif* & *le fubjectif*.

Afin de prévenir toute confufion dans les idées & toute fauffe interprétation, j'avertis que ce qui étoit originairement fubjectif peut devenir objectif. La repréfentation d'un fentiment, foit qu'il appartienne à nous mêmes ou à un autre , peut être la cause d'un nouveau sentiment , souvent différent ou même tout-à-fait opposé. La joie d'un autre peut exciter ma colère ; je puis m'attrister en découvrant en moi un secret attachement à quelque chose que désapprouve ma raison. Dans ces cas, la joie & l'attachement sont l'objectif, & la colère & la tristesse le subjectif.

La représentation de l'objectif s'appelle peindre dans la musique vocale ; rendre le subjectif n'est plus *peinture*, mais *expression*.

Au fond l'un & l'autre semblent se confondre dans la définition que nous avons donnée plus haut de la peinture musicale. L'expression pourroit s'appeler la peinture du subjectif ou du sentiment. Cependant je ne voudrois pas me servir de ce mot, parce que le sentiment n'est pas toujours le subjectif, c'est-à-dire, l'affection actuellement dominante de l'ame. J'ai dit plus haut que le subjectif peut devenir objectif, je dirai donc également que l'expression peut devenir peinture ; savoir, lorsqu'un sentiment en cause un autre.

Le compofiteur peint en exprimant le premier, ou lorfqu'un objet a coutume de produire tel ou tel fentiment; ou lorfque, dans un cas donné, ce même objet produit un fentiment différent ou oppofé, le compofiteur s'attachant au fubjectif, peint & n'exprime pas.

Je me flatte que ces réflexions déterminent & expliquent fuffifamment la règle répétée fi fouvent : Que le compofiteur dans la mufique vocale doit exprimer & non pas peindre.

Cette règle n'a pas befoin de preuves; car, 1º. fi l'objectif n'eft pas par lui-même fubjectif, c'eft-à-dire, une chofe étrangère, alors conformément aux obfervations dont il a été queftion plus haut, le compofiteur qui préféreroit la peinture à l'expreffion, s'attacheroit précifément à rendre l'effet que fes moyens ne peuvent atteindre. Et quand même l'objectif feroit originairement fubjectif, il feroit ridicule de vouloir peindre de préférence un fentiment fecondaire, & de négliger celui qui domine, & qui s'eft emparé de toutes les facultés de l'ame.

2º. Que doit être le chant, fi ce n'eft la déclamation la plus animée;

la plus vraie & la plus paſſionnée ?
Mais dans la paſſion que cherche
l'homme en élevant la voix ? qu'eſt-
ce qui l'intéreſſe le plus ? Certainement ce n'eſt pas de faire connoître
la nature & les qualités de l'objet
qui excite ſa paſſion, mais de ſuivre
les élans que lui inſpire cette même
paſſion, de la communiquer en la ré-
pandant ſur tout ce qui l'entoure. Le
ton de ſa voix, le mouvement des
muſcles de ſon viſage, tous les geſtes
& toutes les attitudes de ſon corps annoncent la paſſion dont il eſt agité.

Ainſi l'expreſſion ſeule remplit le
but du chant, & la peinture le détruit.

Mais, dira-t-on peut-être, la peinture
& l'expreſſion ne peuvent-elles pas ſe
confondre quelquefois enſemble ; c'eſt-
à-dire, la peinture de l'objectif ne peut-
elle pas devenir l'expreſſion du ſubjectif ;
& même l'expreſſion de celui-ci ne peut-
elle pas ſouvent avoir lieu ſans la peinture de l'autre ?

En effet, cela arrive ſi ſouvent que
je ferois tenté d'établir la régle :
*Dans la muſique vocale le compoſiteur
ne doit pas peindre, mais exprimer,*
de la manière ſuivante : *Dans la mu-*

sique vocale le compositeur doit se garder de peindre contre l'expression; car il ne fait pas une faute en peignant; il le peut & le doit; mais il péche en se trompant dans l'objet qu'il falloit peindre, & dans la situation où la peinture devoit être placée.

Cette connoissance est fondée sur une différence dans nos sentimens, qui peut-être n'a pas été assez remarquée. Je ne saurois l'indiquer plus clairement, qu'en disant que dans une espèce de sentimens le subjectif se transforme & se perd dans l'objectif; que la passion n'est satisfaite que lorsque l'objectif est embrassé en tous sens autant qu'il est possible; que dans la seconde espèce de sentimens le subjectif & l'objectif sont opposés entre eux; & qu'il suffit à la passion que l'ame soit mise dans un état entièrement opposé à la nature de l'objet. Cette différence donnant une autre classification des sentimens qu'on n'en a faite jusqu'à présent, je risquerai une nouvelle dénomination, afin de m'exprimer avec plus de concision: j'appellerai donc la première espèce *sentimens homogènes*, & la seconde, *sentimens hétérogènes*.

Des exemples expliqueront mes idées. L'admiration d'un objet grand & élevé est un sentiment homogène. Le sujet qui admire cherche à s'élever jusqu'à la nature & aux qualités de l'objet admiré. Home dit : « Lorsque » l'esprit est occupé de grands objets, » la voix devient pleine & la poitrine » se dilate. Des pensées sublimes font » élever la tête, la voix & les bras. » Le sujet cherche par toutes sortes » de moyens à imiter l'objet ».

Il en est autrement de l'adoration & du respect. Ici le sujet se met en opposition avec l'objet. Le sentiment de sa foiblesse, de son abaissement, de sa petitesse, de ses imperfections, lui fait incliner la tête ; la voix baisse & les bras tombent.

Les mêmes effets ont lieu relativement à la crainte. La force, la grandeur qu'on remarque dans l'objet, sont dirigés vers le sujet : plus l'un est puissant & élevé, plus l'autre sent sa foiblesse & rentre dans le néant ; par conséquent, plus la peinture de cet objet sera majestueuse & parfaite, & plus l'expression sera petite, foible & rampante.

De-là on peut déduire cette règle : que dans les fentimens homogènes la peinture produit l'expreffion, tandis que dans les fentimens hétérogènes elle la détruit.

Mais pourquoi le compofiteur ne doit il pas fe livrer à la fougue de fon imagination, même lorfqu'il lui eft permis de peindre ? Je rapporterai ici, fans preuves, les précautions qu'on doit obferver en fuivant la règle que je viens d'établir, car je me flatte que la preuve en eft déja donnée dans ce qui précède.

1°. Un objet qu'on veut peindre peut avoir plufieurs attributs dont la mufique peut s'emparer ; le compofiteur doit être attentif à ne choifir que ceux qui entrent dans la férie des idées dont l'ame s'occupe. Par exemple, fuivant une liaifon donnée dans les penfées, l'idée de la mer ne peut laiffer appercevoir que fa profondeur, fon étendue & fes périls ; ce feroit une faute manifefte contre l'expreffion, fi dans ce cas on vouloit peindre la douce agitation des flots. Si ma mémoire n'eft pas infidelle, je crois que Haffe, dans fon air de Sainte-Hélène,

lène, est tombé dans cette faute. L'extenſion que dans ces vers :

» *Queſto è il ſuol, per cui paſſai*
» *Tanti regni è tanto mar.*

il a donné à ce dernier mot, exprimé, ſuivant la méthode italienne, une douce ondulation, à laquelle il étoit impoſſible que ſon perſonnage penſât. En général, dans ce paſſage il ne falloit nullement peindre cette idée. Il eſt incroyable combien de fois la routine pitoyable des Italiens a fait manquer l'expreſſion à nos plus habiles compoſiteurs.

2°. Si l'idée n'a qu'un ſeul attribut propre à la peinture muſicale, qui ne mérite aucune attention dans la ſérie donnée des ſentimens, le compoſiteur doit éviter toute imitation & ſe borner uniquement à la déclamation ſimple.

3°. Dans la ſérie des idées il doit examiner l'importance de chacune, & déterminer le tems & le degré d'intérêt avec leſquels l'ame peut s'en occuper ; afin de ſavoir juſqu'où il peut la peindre, ſi le cas ſe préſente où la

S

peinture devient expreffion. Si au lieu de l'idée principale qui fixe l'ame entière, & dans laquelle fe réuniffent toutes les idées fecondaires, il s'attache à peindre de préférence une de celles-ci, alors il péche auffi lourdement, que s'il plaçoit un faux accent. Bien plus, comme une peinture muficale ne paffe pas avec la même rapidité qu'un feul fon, cette faute devient encore plus défagréable par fa durée.

4°. La plus grande faute contre l'expreffion feroit, fi le compofiteur au lieu de peindre l'idée ne peignoit que le mot; s'il cherchoit à exprimer une idée détruite par le fens des paroles; s'il s'attachoit uniquement à l'image, à la métaphore, fans s'occuper de la chofe. --- Mais de pareils avertiffemens font fuperflus; car tout eft perdu pour ceux qui peuvent fe tromper auffi groffièrement.

J'ajoute encore quelques réflexions pour répondre d'avance aux objections que vous pourriez me faire.

D'abord, il peut arriver que dans des fentimens hétérogènes la peinture devienne accidentellement l'expreffion; comme, par exemple, dans l'objet de la vénération, foit, par l'humilité, la douceur, ou la foumiffion d'un faint ; ou dans l'objet de la crainte, foit par le danger qui accompagne l'obfcurité, ou par un bruit fourd, éloigné & continuel; alors le compofiteur ne pourra pas choifir une autre expreffion que celle qui peint également l'objet.

2°. Il fe peut que la peinture d'une circonftance fecondaire qui ne devroit pas être confidérée dans la férie des idées, foit favorable à l'expreffion, ou au moins ne la détruife pas. Dans l'air de l'oratorio déjà cité :

> *Del calvario già forger le cime*
> *Veggo altere di tempio fublime*
> *E i' gran duci del rè delle sfere*
> *Pellegrini la tomba adorar.*

Haffe a employé une pareille peinture dont au moins mon goût n'a pas été bleffé. Il peint l'arrivée de ces grands chefs par une phrafe de marche brillante & majeftueufe, à mon avis très-convenable au fentiment fublime & joyeux qui doit dominer dans l'enfemble de l'air. Dans tous les arts le génie fe permet de pareils écarts apparens des règles ordinaires, & les critiques feroient mal de les reprendre. Mais on auroit également tort de permettre qu'un homme de génie bleffât toutes les règles. Plus il aura de génie, & plus il fera fidelle aux règles reçues ; il s'écartera feulement de celles qui feront vagues & indéterminées. En effet, on obferve dans tous les arts ce rapport entre leurs théories & leurs productions, que la théorie fert moins à perfectionner les ouvrages, que ceux-ci ne fervent, à déterminer la théorie.

Ce qui me refte à dire de l'accompagnement des inftrumens fe réduit à obferver que le compofiteur eft infiniment plus libre de peindre dans cette partie, que dans celle du chant. Auffi les plus grands maîtres ont ils cherché dans les accompagnemens des airs, & fur-tout des récitatifs, à prolonger non feulement l'expreffion du fentiment, mais à la fortifier par la peinture de l'objet qui le produit.

Dans un air d'un oratorio allemand, Graun a placé dans l'accompagnement une peinture magnifique de l'arrivée du juge terrible de la vallée de Jofaphat. Ce n'eft pas là une faute ; mais c'en eft une, d'avoir aussi placé cette peinture dans la partie du chant.

Au reste, la peinture musicale doit se borner à rendre par les accompagnemens les attributs les plus essentiels de l'objet qui agissent sur l'ame, & elle ne doit pas contrarier l'expression au point de détruire le sentiment plutôt que de le fortifier. Cela arriveroit, si, par exemple, une série d'idées sérieuses étoit interrompue par une peinture comique. Un compositeur moderne ou plutôt devenu célébre depuis peu de tems, & d'ailleurs très-habile, a souvent péché en cela. Lorsque dans une pièce d'un style élevé & sérieux, on entend rendre les battemens du cœur par un accompagnement en *pizzicato*, ou le sifflement des serpens imité par les violons, il en résulte le plus mauvais effet du monde.

Les règles que je viens de tirer de ces réflexions pourroient s'appliquer à la déclamation & à la pantomime, si une pareille discussion n'étoit pas déplacée dans cette lettre (1); car elles

---

(1) L'auteur a depuis appliqué ces idées à la pantomime, dans un excellent ouvrage sur cette matière, en deux volumes in-12, dont nous nous proposons de donner une analyse dans la suite. *Note du Traducteur.*

peuvent fervir à tous les arts d'imitation où il s'agit de mettre de l'énergie. Cependant cette application fe fera facilement du moment qu'on aura la moindre idée de ces arts, & des moyens qu'ils peuvent employer. K

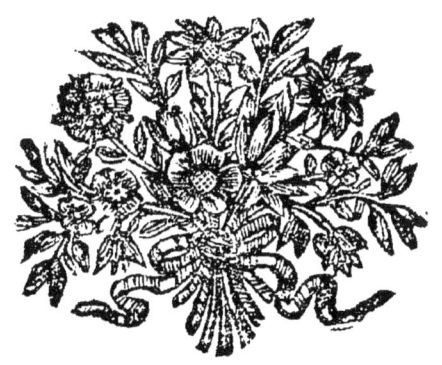

PIÈCES DÉTACHÉES

DE G. E. LESSING,

TRADUITES DE L'ALLEMAND.

I.

L'Art du Comédien doit-il être rangé parmi les arts libéraux?

Il n'eſt pas ſurprenant qu'on ne ſoit d'accord ni ſur le nombre, ni ſur le rang des arts libéraux, puiſque l'idée qu'on en a, ainſi que des belles-lettres, n'eſt pas encore fixée avec exactitude. Les anciens en comptoient ſept, probablement parce que ce nombre leur étoit ſacré. Depuis que ce préjugé n'exiſte plus, on s'eſt permis d'en exclure l'arithmétique & la grammaire; mais il ne s'enſuit pas que le nombre des arts libéraux doive être borné à ſept, & qu'il ne ſoit pas ſuſceptible d'augmentation. Je vais eſſayer d'élever à ce rang l'art du Comédien.

Dans cette diſſertation il ne ſera queſtion que des théâtres réguliers, ſoit par le choix des pièces qu'on y repréfente, avec les décorations & le coftume propres aux sujets, foit par le talent des acteurs, & par la police qui doivent diftinguer tout fpectable bien ordonné. Ainfi, j'en écarte les troupes ambulantes & les tréteaux de la foire, dont les farces & la manière de les jouer révoltent autant le bon goût, qu'elles corrompent les mœurs.

Un talent quelconque qui dépend uniquement de la mémoire, fans occuper l'efprit ni le jugement, n'eft pas un art, mais un fimple métier. Le tailleur qui a appris de fon maître la coupe des différentes pièces néceffaires à un habit, & la manière de les affembler, eft fuffifamment inftruit de fon métier, & fe trouve enfuite claffé au nombre des artifans. Cependant une certaine intelligence eft néceffaire dans chaque métier; le tailleur, par exemple, en a befoin pour affortir les étoffes & leurs différens deffins, & pour varier fes coupes felon les tailles avec goût & élégance; mais cette adreffe ou cette habileté n'en fera pas un artifte. Il n'en eft pas ainfi de l'horloger ou du jardinier. Ce dernier a befoin de beaucoup d'esprit & de jugement, pour bien raisonner son terrein, afin d'y réunir l'utile à l'agréable par une sage disposition des embellissemens & des parties destinées à la culture. Ce travail n'est pas celui d'un simple artisan ; c'est-à-dire, qu'il ne suffit pas de mettre en pratique les leçons où de suivre l'exemple du maître. Le Jardinier doit réfléchir lui-même & ordonner son plan suivant les qualités & l'étendue de son terrein. Par conséquent tout talent qui, comme celui du jardinier, exige un travail d'esprit plus ou moins suivi, mérite d'être compté parmi les arts.

Les arts libéraux se trouvent dans une classe plus élevée. Il faut plus que de la mémoire pour les apprendre, & leur exercice demande beaucoup de jugement, & plus d'esprit encore. Celui qui travaille en instrumens de mathématique, de physique ou de mécanique est un artiste. Sans esprit & sans jugement il n'apprendra ni n'exercera son art ; ces deux facultés de l'ame lui sont donc essentiellement nécessaires, & le souvenir de ce qu'il a vu exécuter à son maître ne suffit pas pour le mettre en état de varier les inftrumens d'une forme & d'un ufage connus ; car toutes les fois qu'on lui en demande quelqu'un avec des changemens pour le rendre propre à d'autres ufages, l'artifte doit chercher la manière la plus fimple & la plus commode de les adapter à la forme primitive de l'inftrument. Souvent on invente des machines ou des inftrumens nouveaux ; on en donne la defcription ; mais pour les exécuter l'artifte y doit mettre beaucoup du fien. Qu'un phyficien, par exemple, demande un inftrument propre à conftater & à expliquer certaine théorie relative à la ligne décrite par un corps mis en mouvement par des forces compofées; il faudra, pour l'exécuter, qu'indépendamment de la mémoire, l'artifte poffède un jugement fain & d'un efprit inventif. La même obfervation s'applique aux arts libéraux, quoiqu'on ne puiffe les apprendre ni les exercer fans mémoire, qui cependant n'eft pas la qualité la plus effentielle pour les beaux arts ; car celui qui travaille feulement de mémoire fe diftingue à peine de l'artifan, comme le peintre copifte qui ne peut pas travailler après nature. Il a appris à peindre mécaniquement, & il copie son original avec le secours de sa mémoire. Celui, au contraire, qui lui-même peut composer & dessiner d'après nature, exerce véritablement un art libéral ; car le jugement, & sur-tout l'esprit, lui sont absolument nécessaires pour la composition & l'exécution de ses ouvrages. Pareillement ceux qui à la connoissance pratique de la musique, réunissent le talent de la composition, peuvent se flatter de posséder un art libéral. Il ne suffit pas de savoir la lire à livre ouvert ; ce n'est là qu'une affaire de mémoire : cependant le talent que cela exige peut être nommé un art mais non pas un art libéral ; & ceux qui le possèdent ne sont que des musiciens, tandis que le compositeur seul est le véritable artiste en musique. Son savoir se montre dans la mélodie & dans l'harmonie, qui font l'essence de la musique. La mélodie exige beaucoup d'esprit, & l'harmonie un bon jugement ; il résulte donc de-là que l'esprit étant plus occupé à la partie principale de la musique, le talent de la composition est donc également un art libéral.

Je le répète, tout talent dont l'exercice demande plus d'esprit & de jugement que de mémoire, ou même plus d'esprit que de jugement, est un art libéral. Je vais prouver que l'art dramatique se distingue par ces qualités.

J'entends par art dramatique le talent de représenter toutes les bonnes pièces de théâtre de quelque genre qu'elles soient, d'une manière conforme à leurs sujets. Ce talent est d'une très-grande étendue, & en réfléchissant sur ses parties essentielles, on n'y trouvera rien qui ressemble à un métier ; mais plutôt on remarquera, qu'à certains égards, ce talent est même supérieur aux arts.

L'art dramatique se divise en deux parties essentielles ; 1°. les préparatifs nécessaires à la représentation des pièces ; & 2°. la représentation même. Les préparatifs embrassent toutes les dispositions & tous détails préliminaires, sans lesquels une représentation ne peut pas avoir lieu ; tels sont le choix de l'emplacement, le plan & la construction de la salle, disposée suivant le genre de pièces qui doivent y être représentées. L'examen en appartient au jugement : il choisit le meilleur des projets que l'esprit a inventé. Il n'existe pas un modèle déterminé pour toutes les salles de spectacle, dont il suffiroit que la mémoire rappellât les dimensions, pour s'en servir au besoin ; celle-ci devient, pour ainsi dire, inutile : l'esprit décide presque tout. Voilà donc déja un signe caractèristique d'un art libéral. Ensuite, l'invention & l'ordonnance des décorations & des scènes mobiles n'est pas du ressort de la mémoire. Tout ne dépend pas non plus du peintre : le directeur du théâtre seul peut le diriger conformément à son plan. La peinture des décorations est très-différente de la peinture ordinaire : le peintre ne peut pas y travailler sur une seule superficie ; elle est rompue en plusieurs plans, dont chacun doit représenter une partie du tout. La réunion & l'harmonie de ces parties détachées, pour offrir, par exemple, un certain point de vue donné, dépend de leur distribution que le directeur du théâtre doit ordonner, & pour laquelle il a besoin d'esprit & de jugement.

Le costume appartient également aux prèparatifs. Il ne suffit pas d'avoir un magafin d'habits de différens caractères & de différentes nations; il faut qu'ils foient employés avec difcernement, & toujours de manière à ne pas bleffer la vraifemblance, ni les convenances théâtrales. Une imitation trop fervile feroit auffi ridicule que nuifible à l'effet théâtral : le véritable coftume des anciens Romains, celui des Turcs, & plus encore celui des Péruviens dans Alzire, offriroient des nudités, qui, loin de feconder l'intérêt de l'action par une heureufe illufion, blefferoient le goût des fpectateurs. Dans ces cas, il faut donc faire un changement adroit dans les acceffoires des coftumes, de manière cependant à ne pas détruire la vraifemblance. Or, il faut beaucoup de difcernement & une bonne judiciaire, pour ne pas dépaffer le point précis où les convenances théâtrales doivent fe concilier avec la vérité du coftume & l'effet qui doit être produit fur les fpectateurs. Cela exige cetainement plus que de l'adreffe. Rarement les auteurs des pièces indiquent-ils avec précifion les coftumes des caractères & des perfonnages, qu'ils mettent en fcène. Ils abandonnent prefque toujours ce foin au directeur du fpectacle, & celui-ci doit avoir affez de connoiffances pour les choifir avec difcernement. Si l'on vouloit habiller le Sganarelle de l'*Ecole des Maris* en petit maître, & Clitandre de l'*Irréfolu* de Deftouches à l'ancienne mode, ce feroient des contre-fens impardonnables. M. Desmafures dans le *Gentil-homme Campagnard* de Deftouches, eft un pédant, Fierenfat de l'*Enfant Prodigue* de Voltaire un grave petit maître; Orgon dans le *Malade Imaginaire* de Molière un égoïfte, qui fe permet tout lorfqu'il s'agit de fa fanté ou de fa commodité; tous ces caractères originaux exigent des coftumes particuliers. Un directeur de théâtre doit donc avoir ce tact fûr & délicat, qui eft néceffaire pour diftinguer les perfonnages d'une manière fi frappante, que les fpectateurs foient convaincus par les yeux autant que par les oreilles de la différence de tous les rôles. Sans cette précaution, cette unité n'exiftera jamais dans la repréfentation & la pièces feroient fouvent beaucoup plus d'effet à la lecture.

Je paffe à préfent à la feconde partie

de l'art dramatique ; favoir , à la repréfentation même. Celle - ci ne dépend pas tant du directeur que de l'acteur, & elle confifte dans une bonne déclamation des rôles avec toutes les nuances, l'action & le jeu muet, que les fituations & l'expreffion propre à chaque paffion exigent. Cet art ne s'imprime certainement pas par routine dans la mémoire. Chaque acteur doit fentir ce qu'il dit , & le rendre avec le ton de voix & les attitudes convenables. Il eft rare qu'un acteur fe trouve dans la fituation d'efprit que l'auteur a attaché à fes rôles. Or , on fait par expérience, que le plus beau paffage lu ou déclamé fans l'expreffion & l'accent propres à la fituation ne produit aucun effet. L'écolier qui récite par cœur une ode d'Horace fatigue l'auditeur par fa monotonie ; cependant à force de leçons & de foins, on peut parvenir à lui en faire fentir les beautés, & à les lui faire rendre avec l'expreffion convenable ; mais il s'en acquittera machinalement , & chaque nouvelle paffion qu'on voudra lui faire exprimer , exigera auffi de nouvelles leçons. L'acteur ne peut pas fuivre la même
marche ;

marche ; souvent dans l'espace d'un mois il aura vingt rôles de caractères différens à rendre : comment y réussiroit-il, s'il falloit les étudier uniquement avec le secours de la mémoire. Cela étant impossible, il faut qu'il ait assez d'intelligence pour saisir avec facilité les plus fines nuances des caractères qu'il sera chargé de représenter. Il est obligé de rendre ce qu'il ne sent pas & ce que cependant il n'a pas appris machinalement par cœur ; le jugement & l'esprit ne lui doivent-ils pas en faciliter les moyens ? On regarde avec raison comme une preuve de génie, lorsque le poëte a l'art de s'animer d'une passion & de la peindre avec vérité sans la sentir ; lorsqu'il développe tous les charmes de la vertu sans être vertueux lui-même ; lorsqu'avec un cœur gai il fait verser des larmes par l'effort de son esprit, & qu'il loue avec enthousiasme ce qu'il méprise souverainement : pourquoi ne rendroiton pas la même justice à l'acteur, lorsqu'il fait la même chose au théâtre ?

Quelle conséquence peut on tirer de ces réflexions ? Sans doute celle que l'art du comédien est un art libéral. Il n'y a que les ennemis déclarés du théâtre qui contefteront cette vérité, ou plutôt qui feront des efforts impuiffans pour l'attaquer.

Qu'on rende donc à l'art dramatique l'honneur qui lui eft dû! qu'on ne le regarde plus comme un talent méprifable qui ne peut être exercé que par des ames baffes & viles; car une pareille opinion feroit la preuve de l'ignorance la plus groffière. En fréquentant fouvent le théâtre, & en le jugeant fainement & fans partialité, on fera bientôt de mon avis, & on ne conteftera plus à cet art le mérite que dans tous les tems les gens éclairés lui ont reconnu. Il paroît que cette opinion étoit déja généralement répandue pendant le règne de Louis XIV. Les diftinctions & les faveurs particulières que ce monarque accorda aux acteurs de fes différens fpectacles en font la preuve (1); & l'on fait d'ailleurs qu'il

---

(1) Cette idée favorable à la comédie & à ceux qui la jouent remonte même plus haut en France. Par une déclaration de Louis XIII à cet égard, datée du 18 Avril 1641, Sa Majefté enjoint aux comédiens de ne repréfenter abfolument rien qui foit contraire aux

falloit alors aimer les spectacles, pour mériter le titre d'homme d'esprit.

Comment se peut-il que dans ce siècle de lumière & de philosophie il y ait encore des esprits assez bornés ou d'assez mauvaise foi pour condamner les spectacles ? Ce n'est pas ma faute, si dans le nombre de ses ennemis on trouve tant de personnes qui sous le masque de la vertu lui déclarent la guerre. N'est-il pas honteux que des gens qui par état doivent enseigner la sagesse & la vertu, veulent proscrire un art uniquement inventé pour rendre l'une & l'autre plus aimables ? Il seroit inutile d'observer, qu'il n'est question ici que du spectacle tel qu'il doit être pour devenir vraiment utile. C'est à une police vigilante & sévère qu'il appartient d'en écarter les farces insipides, & toutes les pièces où le vice

---

mœurs, ni qui puisse blesser l'honnêteté publique; après quoi il est dit : « Nous voulons que leur exercice, qui peut innocemment divertir nos peuples de diverses occupations mauvaises, ne puisse leur être imputée à blâme, ni préjudicier à leur réputation dans le commerce public ». Cette déclaration est enregistrée au parlement. *Note du Traducteur.*

triomphe aux dépens de la vertu. Le théâtre rendu à fa première fplendeur fera toujours la meilleure école des mœurs. Ce n'eft pas ici le lieu de traiter ce fujet; mais le philofophe qui a étudié le cœur humain eft depuis long-tems convaincu, que de grands exemples de patriotifme, de vertu publique & privée, de grandeur dans l'adverfité & de courage dans les périls, repréfentés avec l'appareil impofant des décorations & du coftume remuent plus fortement le cœur des fpectateurs, que ne le feroient de froides moralités dépouillées de tous les charmes dont l'art du théâtre les pare pour en augmenter l'impreffion. Cette opinion, que les hommes les plus éclairés parmi les anciens & les modernes ont eue de l'utilité des fpectacles, fe répandra fans doute dans ce fiècle de lumières; & heureux le peuple qui pourra fe glorifier de poffeder un théâtre vraiment national, & de le porter à la perfection où dans les beaux jours de la Grèce il étoit parvenu par l'émulation des grands génies, qui par leurs fublimes productions ont fecondé les lois pour affurer la félicité publique.

I I.

Plaute & Saint Jérôme.

SAINT Jérôme fe délaſſoit par les plaiſanteries de Plaute, lorſqu'après de longues veilles il avoit pleuré les égaremens de ſa jeuneſſe (1). Quoiqu'en diſent certains cenſeurs attrabilaires, ce goût ne me paroît ni incompréhenſible, ni blâmable. Un délaſſement honnête feroit-il défendu au chrétien? S'amuſer du vice en le tournant en ridicule, & déplorer d'en avoir été l'eſclave ne me paroiſſent pas des ſentimens ſi contradictoires. Je croirois plutôt, qu'on

___

(1) Saint Jérôme dans ſon livre *De la conſervation de la Chaſteté*, dit: *Poſt noctium crebras vigilias, poſt lacrymas, quas mihi præteritorum recordatio peccatorum ex imis viſceribus eruebat, Plautus ſumebatur in manus.* Il y a des ſavans qui liſent *Plato* au lieu de *Plautus*, ainſi qu'on le trouve dans l'édition de Baſle de 1490. Mais dans tous les autres manuſcrits on lit *Plautus*; d'ailleurs la contexture de ce paſſage n'admet pas ce changement. Cette dernière leçon eſt donc d'autant plus ſûre qu'il eſt prouvé par d'autres paſſages que Saint Jérôme liſoit ſouvent cet auteur comique.

T 3

peut fort bien faire l'un & l'autre. On considère le vice comme une chose indigne de l'homme, qui le dégrade en le précipitant dans des démarches honteuses & contraires à la raison, ou on le regarde comme une transgression de nos devoirs qui, en provoquant la colère de Dieu, doit nous rendre nécessairement malheureux. On en rira dans le premier cas, & on versera des larmes de repentir dans le second. La bonne comédie d'un côté & l'Ecriture-Sainte de l'autre, produiront chacune son effet. Je n'aurois pas une trop bonne idée de l'homme qui se borneroit à pleurer ses vices sans jamais rire des folies qu'il auroit faites en s'y livrant. Peut-être son repentir ne seroit-il fondé que sur la crainte du châtiment. Mais celui qui rit du vice, le méprise en même-tems ; & cela prouve son intime conviction que Dieu n'a pas défendu en despote de le fuir; mais que la dignité & le bonheur de l'homme lui en imposent également le devoir. On m'objectera peut-être : comment Saint Jérôme pouvoit-il se permettre de lire tant de passages trop libres qu'on trouve fréquemment dans les comédies de Plaute ? Je répondrai à cela, que tout eft pur pour ceux dont le cœur eft fans tâche. Je pourrois encore dire à ces juges hypocrites, que le caractère des perfonnages mis en fcène par Plaute, & les circonftances où il les faifoit agir, exigeoient une touche un peu libre ; je pourrois même ajouter que rien de ce qu'ils blâment tant, n'a été écrit dans la vue de fcandalifer, mais bien dans celle de corriger; cependant pour fentir ces vérités, il faudroit de leur part plus de bonne volonté & de réflexion qu'ils ne peuvent y mettre. Ils doivent donc fe contenter de l'affurance, qu'il y a des hommes dont la penfée eft auffi peu fouillée par la lecture des paffages, prétendus indécens de Plaute, que leur propre imagination peut l'être par celle de l'hiftoire de Bethfabé ; & Saint Jérôme fut, fans doute, de ce nombre.

III.

Est-il permis d'outrer les caractères dans la Comédie ?

JE fais que certains critiques trouveront cette discussion inutile, & que pleins de confiance dans la bonté de leur cause, ils répondront négativement à la question que je propose. Ce sont les trop zélés partisans de la vraisemblance théâtrale, auxquels je demande pardon si mes recherches à ce sujet peuvent leur déplaire. Après de sérieuses réflexions, j'ai enfin adopté l'opinion paradoxale, que les caractères outrés loin de devoir être rejettés dans la comédie, doivent plutôt être employés par les poëtes dans de certaines circonstances.

La règle, bonne en elle-même, mais répétée jusqu'à la satiété, qu'il faut imiter la nature en poésie, doit principalement être suivie dans les compositions théâtrales. Cependant on lui donne tant d'extension, & souvent elle est si mal entendue, que beaucoup d'acteurs tombent dans la monotonie, & deviennent foibles & languiſſans en la ſuivant trop ſcrupuleuſement. Si dans les beaux arts on vouloit ſe borner à imiter ſimplement la nature, ſans permettre à l'eſprit & à l'art de l'embellir, on ne verroit que des productions froides & inſipides, qui feroient perdre aux beaux arts l'eſtime qu'ils méritent. Je citerai la muſique pour exemple. Un compoſiteur qui, en faiſant un air, imite ſeulement la nature d'après le ſens des paroles, ſans y introduire ce qui flatte l'oreille, quoiqu'étranger au texte, parviendra rarement à plaire aux gens de goût. J'ai ſouvent entendu des airs dont la ſimple exécution me déplaiſoit ; en liſant les paroles, j'y trouvai du plaiſir à cauſe de leur exacte imitation, ſans cependant pouvoir louer la muſique. Mais ne vaut-il pas mieux imiter la nature en compoſant de manière que la muſique devienne auſſi agréable ? Ce double objet peut ſans doute être rempli ſans que le compoſiteur paroiſſe pour cela oublier la nature, pour ne s'occuper que de ce qui peut charmer l'oreille.

Il en est de même des caractères dans la comédie. Un poëte comique ne parviendra jamais à rendre un vice méprisable & ridicule, s'il n'ose pas s'écarter quelquefois de la nature. En l'imitant trop servilement, il n'offrira aux spectateurs que ce qu'ils voient journellement dans le monde. Mais qui est-ce qui va au spectacle pour y voir ce qu'il ne trouve que trop souvent ailleurs ? Ainsi pour réveiller l'attention des spectateurs, le poëte doit ajouter des traits extraordinaires aux caractères de ses personnages. Mais l'extraordinaire est-il autre chose que s'écarter de la nature ?

Je respecte infiniment le goût de certaines gens d'esprit de nos jours, qui ne trouvent rien au-dessus des pièces beaucoup plus tragiques que comiques de la Chauffée & de ses imitateurs ; ce qui me paroît blâmable, c'est leur effort de vouloir rendre ce goût général. Ce genre de comédie a son mérite particulier, & on y trouve moins d'occasion d'outrer les caractères, que dans les comédies proprement dites ; quoiqu'il ne me feroit pas difficile de prouver, que certains caractères de probité & de tendreſſe employés par un des meilleurs imitateurs allemands du poëte françois, plaiſent préciſément parce qu'ils ſont outrés. J'abandonne à la déciſion de tous les critiques impartiaux & aux connoiſſeurs des meilleures comédies anciennes & modernes, ſi Ariſtophanes, Plaute & Molière ne ſont pas les ſeuls vrais modèles qu'on doive imiter pour mériter le nom d'un poëte qui a la véritable force comique à ſa diſpoſition. Une comédie ſans de bonnes plaiſanteries & ſans caractères ſatyriques, dont les paroles & les actions apprêtent à rire, ne pourra mériter ce nom, tant que ces trois grands génies feront de bons modèles ; & aucun critique n'oſera ſans doute nier qu'ils le ſoient. Cependant la beauté principale de leurs comédies conſiſte uniquement dans la peinture outrée des ridicules des hommes. Et qui pourra conteſter que cette peinture rempliſſe préciſément l'objet de la comédie, en rendant le vice odieux par le ridicule, qui en eſt inſéparable.

Après ce que je viens d'établir, j'ofe avancer que, fans outrer un peu les caractères, un poëte comique ne peut atteindre ce but. Il eft vrai que chaque vice a fon côté ridicule : mais fi l'on vouloit le montrer fur la fcène tel qu'on le voit dans la fociété, plus d'une comédie feroit rire tout au plus deux ou trois fois : & même pourroit-elle plaire ?. Qu'on examine un avare dans fa vie privée, on remarquera beaucoup de chofes choquantes dans fa conduite, mais bien peu qui feront rire. Qu'on mette cet avare en fcène, en le laiffant tel qu'il eft, je doute fort qu'il y excite l'indignation du fpectateur ; & fi cela arrive même, ce tableau plaira-t-il, fera-t-il de quelqu'utilité ? Mais qu'on le préfente plus du côté ridicule que du côté méprifable, on en rira, on trouvera fon portrait plaifant, & l'on méprifera l'avarice. *L'Avare* de Molière plairoit-il tant, fi fon Harpagon étoit un avare ordinaire ? Cent avares font réunis dans fa perfonne, & dans mille il n'y en a peut-être pas un feul à qui, comme à Harpagon, la perte de quelques milliers d'écus trouble tellement la raifon, qu'en voulant arrêter le voleur il s'attrape lui-même ; qu'il croit être mort & prêt à être porté en terre ; qu'il fouhaite de reffufciter pour demander des nouvelles de fon argent, & pour faire pendre tout le monde & lui-même, afin de fe faire rendre juftice. Cependant cette exagération outrée plaît dans ce caractère, même aux plus fins connoiffeurs ; car dans une pareille comédie il vaut beaucoup mieux trop rire de l'extravagante conduite d'un avare, que de le voir envoyer la maréchauffée à la pourfuite du voleur, tandis qu'il déplore dans un coin la perte de fa chère caffette. Certes, cela s'appelle exagérer heureufement un caractère. De la même manière Molière outre la folie de Jourdain dans le *Bourgeois-Gentilhomme*, au point que celui-ci fe détermine à apprendre dans un âge avancé les langues, la danfe, à faire des armes & à chanter. Trouve-t-on quelque chofe de femblable dans les Jourdains de la fociété ? Et qui aura le droit de blâmer Molière ?

Je fais très-bien ce que l'on oppofe

à l'exagération des caractères. Il en réfulte, dit-on, que les vicieux méconnoiffent leur portrait repréfenté fur la fcène, & fe confolent, par la réflexion que de pareils caractères outrés n'étant pas dans la nature, la chofe ne peut pas les regarder. C'eft ainfi qu'on juge en s'occupant du théâtre feulement dans le cabinet, & tant qu'on ne voit qu'en efprit les effets d'une comédie bien jouée. Mais qu'on aille au fpectacle, qu'on examine bien les fpectateurs, & l'on trouvera que toutes les pièces, dont les caractères font trop foiblement prononcés & trop rapprochés de la nature, plaifent moins que celles qui offrent des caractères un peu exagérés. La pareffe & une certaine infouciance naturelles à l'homme l'empêchent de fentir ce qui eft méprifable ou ridicule, à moins qu'il n'en foit plus fortement frappé qu'il ne peut l'être par les événemens journaliers de la vie humaine. D'ailleurs, les hommes font toujours plus portés à groffir les fautes & les ridicules des autres qu'à les diminuer. Qu'on entende raconter une aventure plaifante par un homme jovial, il exagérera toujours les événemens & les situations, & son récit plaira pourvu qu'il fasse rire, quand même on sauroit à quoi s'en tenir sur ce qu'il dit. En un mot, toute peinture trop naturelle ne sera pas une peinture vraiment comique.

En examinant avec attention les pièces de Molière, on trouvera que leur grand succès n'est dû qu'à l'exagération des caractères. Je n'ignore pas que certains critiques ne sont pas de mon avis ; *Le Misantrope* & *L'Avare* trouvent tout au plus grace à leurs yeux ; mais le suffrage accordé depuis plus d'un siècle aux productions de ce grand homme, & leurs fréquentes représentations sur le théâtre de Paris (1) suffisent pour détruire

---

(1) L'auteur avoit sans doute appris que, suivant la résolution unanime des comédiens François, un jour de chaque semaine devoit être consacré aux représentations des pièces de Molière. Mais il ignoroit sûrement que pour rendre cet hommage hebdomadaire, décerné au fondateur de la bonne comédie Françoise, on a choisi les jours qu'on appelle *mauvais*, & que la salle est souvent déserte ; tandis qu'on s'étouffe aux représentations de certaines farces modernes, aussi dangereuses pour les mœurs, que désavouées par le bon goût. *Note du Traducteur.*

les misérables sophismes de ces critiques. Je le répète donc, tant qu'on n'écrira pas dans le goût de Molière, on fera peut-être de bons drames, mais jamais de bonnes comédies.

Cependant je ne défendrai pas l'exagération dans les caractères comiques jusqu'à approuver les intermèdes de *L'Avare* & du *Bourgeois-Gentilhomme*. Il est très-probable que Molière lui-même ne les auroit pas ajoutés à ces pièces, si le goût de son siècle & sur-tout celui de la cour ne lui en avoient pas fait la loi. Il avoit trop de génie pour croire que le succès de ses comédies dépendoit de pareilles farces.

I V.

De la Comédie larmoyante ou sentimentale (1).

LES innovations caractèrisent autant le grand génie que le petit esprit. Les méthodes anciennes déplaisent à l'un, parce qu'il les trouve insuffisantes

---

(1) C'est ce dernier nom que ses partisans lui donnent en Allemagne. *Note du Traducteur.*

insuffisantes ou fausses ; & à l'autre seulement parce qu'elles sont vieilles. D'un côté, les recherches sont fondées sur des connoissances réelles ; de l'autre, la satiété & le dégoût font naître le désir de la nouveauté ; & si le génie, en se frayant de nouvelles routes, cherche à surpasser ses devanciers, le singe du génie reste dans le chemin battu en variant seulement sa marche.

Il est très-difficile d'en faire la distinction au premier coup-d'œil. L'amour du changement dispose à trop d'indulgence, & l'obstination de la pédanterie rend souvent trop sévère. Un jugement sain & une parfaite impartialité doivent caractériser le critique, & il faut que ses décisions puissent aussi peu être attribuées à un amour-propre exalté qu'à une molle condescendance.

Cette réflexion générale ne me paroît pas déplacée ici, puisque je me propose de discuter les innovations qu'on a faites de nos jours dans la poésie dramatique. La comédie, ni la tragédie n'ont pas été épargnées. En abaissant celle-ci de quelques dégrés, on a élevé celle-là.

V

On a cru que dans l'une le ridicule des vices ayant affez long-tems amufé le public, il falloit faire couler fes larmes en lui offrant des vertus douces & modeftes; & l'on a trouvé injufte que les rois & les autres grands perfonnages euffent feuls le droit d'exciter la terreur ou la pitié; on a donc pris des héros dans les états moyens, à qui l'on a chauffé le cothurne, dégradé jufqu'alors par des hommes de cette trempe.

La première innovation produifit chez les François la comédie *fentimentale*, ainfi que fes partifans l'appellent, ou *larmoyante* fuivant fes adverfaires. La *tragédie bourgeoife* dût fon origine à l'autre chez les Anglois. Je ferois prefque tenté d'attribuer cette double origine au génie particulier de chacune de ces nations. Le François, toujours porté à vouloir paroître au-deffus de fon état s'eft peut-être laffé de fe voir mis en fcène par fes côtés ridicules; un fecret amour-propre l'a pouffé à repréfenter fes femblables fous un point de vue plus élevé. L'Anglois, au contraire, accoutumé à mefurer tout à fon niveau, a cru que les grandes paffions & les traits d'héroïsme n'appartenoient pas exclusivement aux têtes couronnées, & que ses pareils en étoient également susceptibles. Ceci n'est probablement qu'une conjecture ; aussi je ne m'y arrêterai pas davantage. Je parlerai ici de la comédie sentimentale ou larmoyante ; la tragédie bourgeoise fera l'objet d'une autre discussion.

Je rapporte cette double dénomination pour ne pas paroître adopter exclusivement l'une ou l'autre. D'ailleurs il convient de ne pas laisser perdre cette fine nuance de ridicule que les François ont imprimé à ce genre en l'appellant *larmoyant*. Ses partisans l'ont bien senti, puisqu'ils ont changé ce nom en celui de *comédie sentimentale*, qui donne l'idée d'un bon ouvrage, tandis que le mot *larmoyant* semble annoncer un je ne sais quoi de bizarre & de ridicule. Cette double dénomination prouve que ce nouveau genre peut être considéré sous deux points de vue très-différens ; car sans cela on ne trouveroit pas des littérateurs également distingués au nombre de ses partisans & de ses détracteurs. Le parti le plus sage sera donc de rapporter les preuves des uns & des autres, ou de chercher le point où il feroit poffible de les réunir. Deux auteurs également habiles fe préfentent ici. Un François (1) condamne ce nouveau genre, & un Allemand (2) en prend la défenfe : tant il eft vrai que les nouvelles découvertes font rarement eftimées & protégées dans leur pays natal.

Je rapporterai tout ce qui a été dit pour & contre, avec l'attention de claffer & de fixer les idées, afin d'en écarter toute ambiguité, & de mettre le lecteur à même de juger fainement de l'objet de la conteftation.

Avant tout, il faut s'accorder fur ce que l'on entend par comédie larmoyante ou fentimentale. Eft-ce une pièce qui a quelques fcènes touchantes, où l'on ne rit pas toujours, & dans laquelle il y a des caractères nobles à côté de caractères burlefques, ou

―――――――――――――――――――――

(1) *Réflexions fur le comique larmoyant*, par M. D. C., tréforier de France, 1749.
(2) Differtation du profeffeur Gellert: *Pro comædia commorente*, 1751.

eſt-ce une pièce entièrement compoſée de ſcènes intéreſſantes & de ſituations touchantes, où l'on ne rit jamais, & dans laquelle il n'y a que des caractères nobles ?

On n'objectera certainement rien contre le premier genre, où le ſpectateur eſt alternativement amuſé & attendri, & je ne me rappelle pas que perſonne ſe ſoit jamais aviſé de le blâmer ; car la raiſon & l'exemple des anciens le juſtifient. Plaute, ſi riche en ſaillies & en bonnes plaiſanteries, & qui, à ce que l'on dit, leur a ſouvent ſacrifié l'eſprit & la décence, a fait les *Captifs*, & qui plus eſt, il a emprunté de Philemon ſon *Tréſor* ſous le titre du *Trinumme*. Ces deux pièces offrent des ſcènes qui font couler des larmes. Molière même a beaucoup de ſcènes touchantes dont l'effet ſeroit plus marqué s'il n'avoit pas accoutumé le ſpectateur à rire trop ſouvent. Tout ce qui a été dit des tranſitions trop bruſques de la joie à la triſteſſe, ne tombe pas ſur la choſe même, mais ſur la maladreſſe dans l'exécution. Qu'on voie l'exemple que l'auteur françois cite

V 3

de la pièce intitulée *Samſon*. Sans doute le poëte doit obſerver une certaine gradation, & de certaines nuances, afin de ne pas bruſquer les tranſitions. Il y a une très-grande différence entre le paſſage ſubit d'un extrême à l'autre, & entre l'adreſſe d'y conduire par une gradation inſenſible.

Ce ſera donc l'autre genre dont il s'agit ici; c'eſt-à-dire, celui où le ſpectateur ne rit jamais, & où toutes les ſcènes & ſituations n'ont d'autre but que de l'attendrir. Mais encore ici on peut faire cette double queſtion : une pareille pièce eſt-elle ce que juſqu'à préſent on a entendu par *comédie* ? Gellert lui-même répond négativement. Cependant une pièce de ce genre peut-elle être utile & agréable à une certaine claſſe de ſpectateurs ? On ne peut le nier, & l'auteur françois en convient auſſi.

Que reſte-t-il donc à diſcuter ? A mon avis il s'agit de fixer avec préciſion le degré d'utilité du nouveau genre, en comparaiſon de celle de l'ancienne comédie, & de voir enſuite ſi les mêmes prérogatives leur conviennent également. J'ai déja dit qu'on n'a jamais critiqué les pièces où la bonne plaifanterie contrafte heureufement avec des fituations touchantes. Je puis citer à l'appui de mon fentiment, que jamais Deftouches n'a été placé avec La Chauffée dans la même claffe, & que les adverfaires les plus opiniâtres de ce dernier n'ont jamais refufé à l'autre le mérite d'un excellent auteur comique, quoiqu'on trouve beaucoup de caractères nobles & de fcènes touchantes dans fes pièces. J'ofe même avancer qu'on ne peut regarder comme de véritables comédies que celles qui offrent la peinture de la vertu & du vice, du décent & du ridicule, parce que ce mêlange les rapproche le plus de leur original, c'eft-à-dire, de la vie humaine. Les fages & les fous font confondus dans le monde; mais quoique le nombre des derniers l'emporte fur celui des autres, une fociété entièrement compofée de fous eft auffi invraifemblable qu'une autre uniquement formée de gens raifonnables. La comédie doit imiter ce tableau de la vie humaine ; ce n'eft que par cette imitation fidelle qu'elle parviendra à offrir au public non-seulement ce qu'il doit éviter & rechercher, mais auffi à préfenter l'un & l'autre fous un point de vue que le contrafte rend plus frappant. Il eft aifé à voir qu'on peut s'égarer de deux manières de cette feule & bonne route ; d'abord par la farce, dont la qualité caractèriftique eft de peindre les vices & les ridicules feulement avec des traits qui font rire, fans s'embarraffer qu'il y ait du fens commun ou de l'utilité. Des fentimens nobles, des paffions férieufes, des fituations critiques & délicates, où la belle nature peut fe montrer dans toute fa force, font bannis de la farce ; & quelle qu'en foit la régularité, le critique jufte & févère ne la mettra jamais au rang de la comédie. En quoi confiftera donc la feconde manière de quitter la route ci-deffus indiquée ? Probablement en ne peignant rien que des vertus & de bonnes mœurs feulement avec des traits qui excitent l'admiration & la pitié fans regarder à l'utilité qui peut en réfulter pour le fpectateur. La fatyre enjouée & mordante, des égaremens ridicules, des situations qui offrent au naturel les folies des hommes, n'appartiennent pas à une pareille pièce; & quel nom leur donnera-t-on? Chacun s'écrira, c'est précisément la comédie larmoyante. En un mot, le but de la farce est de faire rire, celui de la comédie larmoyante de toucher; l'un & l'autre sont l'objet de la véritable comédie. Qu'on ne croie pas que je veuille ranger les deux premières dans la même classe. Elles diffèrent entre elles comme les gens de condition diffèrent de la populace : celle-ci protégera toujours la farce, & parmi les autres il se trouvera toujours des personnes d'une sensibilité factice & exaltée, qui voudront en faire preuve là où d'autres honnêtes gens ne trouveront que de l'ennui. La véritable comédie seule est faite pour le public, & elle obtiendra l'approbation générale à raison de son utilité. Elle corrigera l'un par la honte & l'autre par l'admiration ; ses moyens se multipliant selon le dégré de la sensibilité du spectateur. Ceci paroît avoir été l'origine de la *règle du contraste*, qui ordonne de ne repréfenter aucun vice fans y oppofer la vertu contraire ; & je conviens volontiers, que fans ce contrafte le poëte ne peut pas donner la force néceffaire à fes caractères.

Il me femble que, d'après cette difcuffion, on peut déterminer avec précifion l'utilité de la comédie larmoyante. Elle fe réduit à la moitié de celle qui eft l'objet de la véritable comédie ; fouvent même il en manque quelque chofe. Ce nouveau genre demande des fpectateurs choifis, qui ne feront peut-être pas la vingtième partie des amateurs des fpectacles. Leur attention, ainfi que Gellert l'obferve très-bien, n'eft fouvent qu'un hommage qu'ils rendent à leur amour propre, & je ne vois pas en quoi ils trouveroient quelque chofe pour leur inftruction. Chacun fe croit d'autant plus capable des fentimens nobles & des actions généreufes qu'on lui repréfente, qu'en ne lui offrant pas le contraire, il n'eft pas mis à même de faire des comparaifons utiles. Le fpectateur refte tel qu'il eft, & de tous les beaux fentimens étalés dans la pièce, il n'emporte que la perſuaſion de les poſſéder depuis long-tems.

Quant au nom, c'eſt une choſe purement arbitraire. On pourroit encore donner le nom de comédies à ces nouveaux drames, quand même il ne leur appartiendroit pas ; mais ils y ont des droits, parce qu'ils ne compoſent abſolument qu'un genre inférieur de la véritable comédie.

Ce que je viens de dire ne doit s'appliquer qu'aux pièces qui ſont entièrement dans le goût de celles de La Chauſſée. Je ſuis bien éloigné de regarder Gellert comme ſon imitateur. Le lecteur attentif trouvera dans les comédies de ce dernier pluſieurs caractères ridicules & beaucoup de traits ſatyriques dont il n'y a aucune trace dans les pièces du poëte françois. Les ſcènes touchantes dominent ſeulement dans les comédies de Gellert ; perſonne n'ignore que le plus ou le moins annonce bien les différens caractères des écrivains, & leur manière d'enviſager & de traiter les choſes, mais qu'il n'en réſulte pas une différence eſſentielle entre leurs ouvrages.

Ce que je viens de dire ſuffit ſans

doute pour établir mon opinion fur ce nouveau genre de fpectacle, & pour la garantir de toute fauffe interprétation. K.

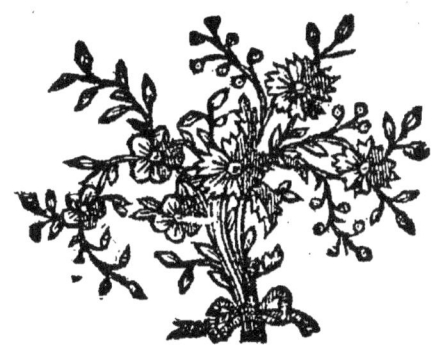

NOTICE

Sur le Chevalier Martin Behaim, célébre Navigateur Portugais.

Avec la Description de son Globe terrestre.

PAR M. DE MURR.

*Qui mare, qui terras, qui descripsitque profundum
Terræ orbem radio ; adgressus fabricamque globumque,
Ingentem hunc Nautam conor comprendere chartis.*
                                RESENDIUS LUSITANUS.

TRADUIT DE L'ALLEMAND.

ON trouvera ici ce que Martin Behaim a réellement été, & rien de plus ni rien de moins : *uni Æquus veritati*. Je me suis fait un agréable devoir d'examiner avec attention tout ce qui concerne ce célébre navigateur ; travail qui m'a été rendu facile par la complaisance de la personne qui possède actuellement les papiers de cette famille. Me trouvant donc si richement muni d'actes & de titres authentiques, j'ai cru ne devoir épargner ni soins, ni peines, pour jetter un jour lumineux

sur un point aussi important de l'histoire de la navigation. J'espère du moins avoir satisfait par-là aux vœux que M. le professeur Gebauer a faits dans son *Histoire de Portugal*, page 123.
« Il me paroît fort incertain, dit-il,
» que Martin Behaim ait véritable-
» ment découvert le nouveau monde,
» comme le prétend Ricciolus, ou
» qu'il ait même passé le détroit de
» Magellan, ainsi que l'assure Ben-
» zon. De ce que Schedel dit, dans
» sa chronique latine, que c'est à
» Martin Behaim & à Jacques Canus
» qu'il faut attribuer la découverte
» du Congo, qu'ils ont passé la ligne
» équinoxiale, & qu'ils ont poussé si
» loin leur navigation, qu'en regardant
» vers l'Orient leur ombre tomboit à leur
» droite, on ne peut pas conclure
» qu'ils aient été jusqu'en Amérique;
» car cela a toujours lieu du moment
» qu'on a passé la ligne. Les anciens
» actes & diplomes que Wuelfer,
» Wagenseil, Stuvenius & Doppel-
» mayr ont consulté, n'en parlent
» pas. La plus grande difficulté que
» je rencontre cependant, c'est le
» globe que Behaim doit avoir fait en

» 1492, année pendant laquelle Chris-
» tophe Colomb se trouvoit déja en
» route. Doppelmayr a donné une
» mappemonde d'après ce globe (*Ta-*
» *bula I*) ; & plus j'examine ce pla-
» nisphère, moins je trouve qu'il puisse
» rendre douteuse la gloire dont Co-
» lomb & Magellan ont joui jusqu'à
» présent. Ce ne seroit par conséquent
» pas une peine perdue que de don-
» ner la vie du chevalier Martin Be-
» haim, écrite dans le goût actuel,
» sans rien retrancher de la vérité des
» faits, & sans y rien ajouter ; en ci-
» tant les pièces authentiques qu'on
» pourroit consulter pour cela. On
» parviendroit par ce moyen à dé-
» couvrir nombre d'erreurs de toutes
» espèces, tant pour que contre ce
» navigateur, & qui, suivant la re-
» marque de l'empereur Maximilien,
» sont inséparables de la vie de ceux
» qui visitent des pays fort éloignés.
» Je puis confirmer ceci par un exem-
» ple. Pierre Van der Aa a fait impri-
» mer en hollandois un grand nombre
» de voyages, sous le titre général de
» *Recueil des plus remarquables Voyages*
» *par terre & par mer, aux Indes*

» *Orientales & Occidentales* (1), où il
» est dit, au commencement du se-
» cond volume, ce qui a engagé Co-
» lomb à tenter ses découvertes. A la
» page 7 on lit : *Il fut confirmé dans
» cette idée par Martin Behaim, Por-
» tugais, de l'île de Fayal, son ami,
» qui étoit un grand géographe* (2). Il
» seroit difficile de trouver chez quel-
» qu'autre écrivain autant d'erreurs en
» si peu de lignes ». Cela a néanmoins
été copié en 1777 par M. Robertson.

Wagenseil avoit formé le projet de donner des mémoires particuliers sur Martin Behaim, ainsi qu'on l'apprend par le passage d'une lettre de Leibnitz, à Burnet (3), écrite en 1697 ; mais il

---

(1) *Verfameling der gedenkwaardigste zee - en-land-reysen na Oost-en-West-Indien 30 deelen*, in-8°. Amsterdam 1706.

(2) « Deeze meening werd hem door Martin
» van Boheeme, va t'Eiland Fayal geboortig, een
» Portugees, zynen vrind, een groote weereld-
» kundiger, bevestigd. ».

(3) « On nous fait espérer des mémoires d'un
» gentilhomme de Nuremberg ; qui, à ce qu'on
» prétend, a connu l'Amérique avant Colomb.
» M. Wagenseil en parle dans un ouvrage de
» géographie, (*Pera juvenili ; Synops. Geograph.*
» *page* 105) ». *Œuvres de Leibnitz*, édit. de Dutens, tome VI. p. 261.

est

est à présumer que sans les pièces authentiques que j'ai actuellement entre les mains, il n'auroit rien pu dire de nouveau sur ce sujet.

Il est surprenant que M. Robertson (1) veuille enlever à l'Allemagne la gloire d'avoir donné le jour au chevalier Behaim ; & que, faute de bons renseignemens, il prétende que ç'ait été un Portugais, appellé *Martino de Boemia ;* à cause qu'Herrera (*Decad. I. L. I. cap.* 2. *& Decad. II. L. II. cap.* 19.) parle d'un certain *Martino de Boemia* comme d'un ami de Colomb & que Gomera (*Hist. gener. de las Indias* , *ch.* 91), dit que le roi de Portual a possédé un globe de ce Martin de Bohême. Il en conclut assez singulièrement, dans là note XVII du tom. II, *in-*12, de la traduction françoise. « Qu'il est probable que le nom de cet
» artiste (Martin de Boemia) a porté les
» Allemands à croire qu'il étoit né en
» Bohême , & que c'est sur cette suppo-
» sition qu'ils ont établi leurs prétentions
» imaginaires ».

---

(1) *Histoire de l'Amérique.*

X

Il faudroit au moins quand on veut fe mêler d'écrire l'hiftoire de l'Amérique, qu'on connût le traité de Stuvenius. Pour éviter qu'on commette à l'avenir de pareilles bévues, j'ai communiqué le réfultat de mes recherches à M. Ruffel, qui écrit actuellement une hiftoire de l'Amérique, dans laquelle il doit relever plufieurs erreurs de M. Robertfon ; & M. Forfter, qui fe propofe de publier une critique de l'ouvrage de M. Robertfon, doit pareillement parler de la faute groffière où cet écrivain eft tombé à cet égard.

Comme en rapportant les paroles de Behaim j'aurai fouvent occafion de renvoyer à fon globe terreftre, je crois qu'il eft néceffaire que je commence par en donner la defcription, après avoir préalablement dit quelque chofe des anciens globes & des anciennes cartes géographiques.

D'après un paffage de Ptolemée on pourroit conclure que, cent cinquante-cinq ans avant l'ere chrétienne, Hipparque a tracé les figures des étoiles fur un globe (1). On ignore cependant

---

(1) Voyez Montucla, *Hiftoire des Mathémati-*

quel a été le premier inventeur d'un globe terrestre. Probablement que c'eſt Anaximandre, diſciple de Thalès, ainſi que cela paroît confirmé par le témoignage de Diogène Laërce, (*Liv. II. ch. I.*) où il eſt queſtion d'un globe terreſtre & non d'une carte géographique : Καὶ γης καὶ θαλασσης περιμετρον πρωτος ἐγραψεν ἀλλα καὶ σφαιραν κατεσκυασε. « Il deſſina les limites des terres & des » mers ſur un globe. On voit de ces globes ſur les médailles & dans les tableaux des anciens (1). Demetrius Poliorcetes avoit ordonné de repréſenter un globe terreſtre ſur ſon manteau royal : εἰκασμα του κοσμου (2). Xiphilin dit, d'après Dion (3), que Domitien fit tuer Métius Pompoſianus, à cauſe qu'il avoit peint dans ſa chambre un globe terreſtre, comme s'il eût aſpiré au ſuprême pouvoir. On peut conſulter Fabricius (4) & Hauber (5) ſur l'anti-

---

ques, tom. *I*, pag. 274. Fabricius, *Biblioth. Gr.* lib. *IV*, pag. 455, ſeqq.

(1) Pitture d'Ercol. *tom. II*, *tav.* 8.
(2) Voyez Plutarque, dans la vie de Demetrius.
(3) Page 1111, édit. Reimarius.
(4) *Biblioth. Antiquaria*, p. 195.
(5) Hauber, *Verſuch einer geſchihte der landkarten.*

quité des cartes géographiques. Plus d'un interprète prétend qu'il est question de cartes géographiques dans le livre de Josué, chapitre 18. En Egypte, Sesostris, que le père Tournemine croit être le Pharaon de l'Ecriture-Sainte, doit avoir fait dessiner des cartes géographiques (1). Aristagoras, tyran de Milet, montra à Cléomène, roi de Macédoine, une table d'airain qui contenoit la situation de toutes les terres, de toutes les mers & de toutes les villes, depuis Sparte jusqu'à Suze, la ville capitale de la Perse (2). On connoît ce vers de Properce : *Cogor & e tabula pictos ediscere mundos* (3); ainsi que la carte de Peutinger, du tems de Dioclétien (& non de Théodose), que feu mon ami, M. Scheyb, publia à Vienne en 1753. Agathodemon, mécanicien d'Alexandrie, qui vécut au cinquième siècle, fut le premier qui fit des cartes pour la géographie de Ptolémée. Ce sont les vingt-sept cartes qui subsistent encore

---

(1) Voyez Eustathe *ad Dionys. Periegetem.*
(2) Voyez Hérodote, *liv. V, ch.* 49.
(3) Properce, *liv. IV, élég. III, v.* 35.

actuellement; mais qui certainement ont été fort altérées avant que Nicolas Donis, moine Bénédictin de Reichenbach, les eût traduites, l'an 1471, en latin; car jufqu'à ce tems-là les noms des lieux étoient écrits en grec. En 1762, j'ai vu chez M. Reimarus, à Hambourg, un fragment de la carte de l'Italie (*Ptolémée , tab. VII.*) avec les noms ainfi en grec, faite au onzième fiècle. On imprima en 1478, à Rome, une copie de cette carte gravée fur du laiton ou fur de l'étain, dont les noms des lieux y étoient emboutis avec des poinçons. Léonard Hol la fit graver en bois à Ulm, en 1482, ainfi que cinq autres cartes de la géographie moderne, faites par Nicolas Donis. Vingt-trois cartes de cette collection d'Ulm, qui a été réimprimée en 1486, fe trouvent imprimées fur vélin, & bien enluminées, dans le manufcrit latin de Ptolémée, fait en 1502, qui appartient à la bibliothèque de la ville de Nurenberg. Dans la bibliothèque d'Ebner, il y a un beau manufcrit latin de Ptolémée, de cent & trois feuilles, grand *in-fol.* avec les vingt-fept cartes de Nicolas

Donis, peintes en gouache. On peut voir quelle idée ridicule les premiers chrétiens d'Alexandrie s'étoient formée de la figure de la terre, par la repréfentation qui s'en trouve dans la *Topographie chrétienne*, que quelques écrivains attribuent à Rofmas Indopleuftes (1). Charlemagne avoit coutume de dîner à une table d'argent fur laquelle étoit repréfentée une mappemonde, ainfi que nous l'apprend Eginhard.

Dans un volume qui contient un recueil des voyages de Marc Paul, Saint-Brandan, Mandeville, Ulric de Frioul & Jean Schildperger, qui eft dans la bibliothèque de la ville de Nurenberg (*Catal. Bibl. Solg. I. N°. 34*), l'ancien poffeffeur de ce livre, appellé Matthieu Brazl, receveur des domaines de l'électeur de Bavière, y a mis, entr'autres, cette note, en 1488 : « J'ai » raffemblé & joint enfemble les fufdits » livres à caufe d'une très-belle & » très-précieufe mappemonde que j'ai » fait faire avec beaucoup de foin ;

---

(1) Fabricius, *Biblioth. Gr. lib. III*, pag 613.

» pour que la vue de cette mappe-
» monde indique à ceux qui liront les
» récits de ces voyageurs, & leur
» apprenne à connoître les pays in-
» connus, leurs mœurs & leurs ufa-
» ges ; & afin que, fi l'on trouve que
» le texte ne fuffit pas pour faire
» comprendre ces chofes, on puiffe
» avoir recours à la dite mappemonde
» pour la comparer avec le texte, &
» s'inftruire ainfi de la véritable rou-
» te, &c. ». Je defire & je veux que
» ceux de mes héritiers qui viendront
» à pofféder cette mappemonde, y
» laiffent joint le fufdit volume, &
» que l'un ne foit jamais féparé de
» l'autre ». Cette mappemonde ne fe
trouve plus parmi les manufcrits de
la bibliothèque de Nurenberg, & il
y a même lieu de croire qu'il y a long-
tems qu'elle eft perdue.

Description du globe terrestre de Martin Behaim.

Le globe terreftre de Martin Behaim a
un pied huit pouces de Paris de diamètre, & fe trouve placé fur un haut
pied de fer à trois branches. Il fe garde

dans le dépôt des archives de la famille de Behaim.

Le méridien eſt de fer, mais l'horiſon eſt de laiton, & n'a été fait que long-tems après (probablement par Jean Werner) ainſi que cela ſemble prouvé par l'inſcription qui ſe trouve ſur le bord, & qui porte : *Anno Domini* 1510 *die 5 Novembris.*

Les différentes poſſeſſions ſont indiquées ſur ce globe par des pavillons portant les armoiries des puiſſances reſpectives. Ces pavillons ſont peints, ainſi que les demeures & les figures des habitans de chaque pays, qui ſont deſſinés avec beaucoup de ſoin. Les noms des lieux ſont écrits avec de l'encre rouge & jaune. Le globe eſt couvert d'un vélin noirci. Tout y eſt indiqué ſuivant les deſcriptions de Marc Paul & de Mandeville, exactement de la manière que Colomb ſe l'étoit imaginé ; ſavoir, que Cipango (ou le Japon) eſt le pays le plus avancé vers l'eſt ; ce qui fut cauſe que dans ſes découvertes il prit l'Amérique pour une partie de l'Aſie, qu'il lui donna le nom d'Indes Occidentales, & qu'il conſerva juſqu'à la fin de ſa vie le projet de découvrir une route vers les Indes Orientales ; projet qu'eut auſſi Cortez (1), dans le même tems que Magellan avoit déja paſſé par le fameux détroit qui porte ſon nom dans la mer du Sud, & y avoit découvert les îles Philippines : car autrefois on ne penſoit qu'à Cipango & au Cathai. Si, lorſque Colomb découvrit l'île de Guanahani, qui eſt une des Lucaies, il avoit continué tout droit ſa route, il feroit entré infailliblement dans le golfe du Mexique. C'eſt ainſi qu'il manqua de même de découvrir, lors de ſon quatrième voyage, en 1502, Jucatan & toute la côte du Mexique, dont il n'étoit plus éloigné que de trente lieues (2).

Dans le dépôt des archives de la famille de Behaim il y a un deſſin aſſez exact & aſſez proprement fait de ce globe, ſur deux feuilles de vélin.

Au bas du globe, près du pole antarctique, eſt peint, dans un cercle de ſept pouces de diamètre, l'aigle de Nurenberg, avec la tête de jeune vierge. Au-deſſous, au milieu, ſont

---

(1) Voyez Robertſon, *Hiſtoire de l'Amérique*.
(2) Voyez Herrera, *liv. V, chap. 5.*

les armes de la famille de Nutzel ; à la droite de l'aigle, on voit les armes des familles de Volkamer & de Behaim ; & à la gauche celles des familles de Groland & de Holzschuer. Autour de ces peintures est écrit sur cinq lignes ce qui suit :

« À la demande & réquisition des sages
» & vénérables magistrats de la noble
» ville impériale de Nurenberg, qui
» la gouvernent actuellement, nom-
» més Gabriel Nutzel, P. Volkamer
» & Nicolas Groland, ce globe a été
» inventé & exécuté, d'après les dé-
» couvertes & les indications du che-
» valier Martin Behaim, très-versé
» dans l'art de la cosmographie, &
» qui a navigué autour d'un tiers de
» la terre. Le tout pris avec beaucoup
» de soin dans les livres de Ptolémée,
» de Pline, de Strabon & de Marc
» Paul ; & le tout rassemblé, tant
» terres que mers, suivant leur forme
» & leur situation, ainsi que cela a été
» ordonné par les susdits magistrats à
» George Holzschuer, qui a concouru à
» l'exécution de ce globe en 1492 ; le-
» quel globe a été laissé par le susdit
» seigneur Martin Behaim à la ville

» de Nurenberg, comme un souvenir
» & un hommage de sa part, avant qu'il
» ne retournât chez sa femme, qui
» étoit dans une île éloignée de sept cens
» lieues, où il a établi sa demeure, & où
» il se propose de terminer sesjours ».

Sur la partie inférieure du globe, dessous la ligne équinoxiale, on lit:

« Il faut savoir que cette figure
» du globe représente toute la gran-
» deur de la terre, tant en longitude
» qu'en latitude, mesuré géométri-
» quement, d'après ce que Ptolémée
» dit dans son livre intitulé : *Cosmo-*
» *graphia Ptolemæi ;* savoir une par-
» tie ; & ensuite le reste d'après le
» chevalier Marc Paul, qui, de
» Vénise, a voyagé dans l'Orient,
» l'an 1250, ainsi que d'après ce que
» le respectable docteur & chevalier
» Jean de Mandeville a dit, en 1322,
» dans un livre, sur les pays incon-
» nus à Ptolémée, dans l'Orient, avec
» toutes les îles qui y appartiennent,
» d'où nous viennent les épiceries &
» les pierres précieuses. Mais l'illustre
» Don Juan, roi de Portugal, a fait
» visiter, en 1485, par ses vaisseaux
» tout le reste de la partie du globe,

» vers le Midi, que Ptolémée n'a pas
» connue ; découverte à laquelle moi,
» qui ai fait ce globe, me suis trou-
» vé. Vers le Couchant est la mer ap-
» pellée l'Océan, où l'on a également
» navigué plus loin que ne l'indique
» Ptolémée, & au-delà des colonnes
» d'Hercule jusqu'aux îles Açores,
» Fajal & Pico, qui sont habitées par
» le noble & pieux chevalier Job de
» Heurter de Moerkirchen, mon cher
» beau-frère, qui y demeure avec les
» colons qu'il y a menés de Flandres,
» & qui les possède & les gouverne. Et
» vers la région ténébreuse au Nord,
» on trouve, au-delà des bornes indi-
» quées par Ptolémée, l'Islande, la
» Norvège & la Russie ; pays qui nous
» sont aujourd'hui connus, & vers les-
» quels on envoie tous les ans des
» vaisseaux ; quoique le monde soit
» assez simple pour croire qu'on ne
» peut pas aller ou naviguer par-
» tout, de la manière dont le globe est
» construit ».

Dessous les îles du Prince, de Saint-Thomas & de Saint-Martin est écrit :

« Ces îles furent découvertes par les
» vaisseaux que le roi de Portugal en-

» voia vers ces ports du pays des
» Maures, l'an 1484. Ce n'étoient que
» des déferts, & nous n'y trouvâmes
» aucun homme, mais feulement des
» forêts & des oifeaux. Le roi de
» Portugal y fait paffer tous les ans
» ceux de fes fujets qui ont mérité la
» mort, tant hommes que femmes, &
» leur donne les terres à labourer
» pour fe nourrir, afin que ces pays
» foient habités par les Portugais.

» Item, dans ces contrées il fait été
» pendant que nous avons l'hiver en
» Europe ; & tous les oifeaux ainfi que
» les quadrupedes y font autrement faits
» que les nôtres. Il croît ici beaucoup
» d'ambre qu'en Portugal on appelle
» *Algallia* ».

Doppelmayr a fait repréfenter ce globe fort en petit, quoique, en général, d'une manière affez fidelle (1). Cepen-

---

(1) Voyez *Hift. Nachricht von Nurnbergifchen Mathematicis und Kunftlern*, tab. I. Il s'y eft néanmoins gliffé quelques erreurs, ainfi qu'on pourra s'en convaincre en y comparant le planifphère que nous en donnons ici. Par exemple, Doppelmayr a mal lu ce qui eft écrit près du Pôle Arctique, car il dit : *Ici on trouve des hommes blancs* ; tandis qu'il y a : *Ici, l'on prend des Faucons blancs*.

dant il y a plusieurs lieux indiqués sur le globe que Doppelmayr ne cite pas. Je vais donner tout ce qui s'y trouve écrit, & que j'ai copié fidellement d'après le globe même.

Au promontoire du Cap de Bonne-Espérance il est dit :

« Ici furent plantées les colonnes du
» roi de Portugal, le 18 Janvier de
» l'an 1485 de Notre-Seigneur.

» L'an 1484 après la naissance de
» J. C., l'illustre Don Juan, roi de
» Portugal, fit équiper deux vaisseaux,
» qu'on appelle Caravelles, munis
» d'hommes, avec des vivres & des
» armes pour trois ans. Il fut ordonné à
» l'équipage de naviguer en passant les
» colonnes plantées par Hercule en
» Afrique, toujours vers le Midi &
» vers les lieux où se lève le soleil,
» aussi loin qu'il leur seroit possible ;
» & le dit roi chargea aussi ces vaisseaux
» de toutes sortes de marchandises,
» pour être vendues & données en
» échange, ainsi que de dix-huit che-
» vaux, avec tous leurs beaux harnois :
» qui furent mis dans les vaisseaux pour
» en faire présent aux rois Maures, à
» chacun un, quand nous le jugerions

» convenable. On nous donna auſſi
» des échantillons de toutes ſortes d'é-
» piceries pour les montrer aux Maures,
» afin de leur faire connoître par-là
» ce que nous venions chercher dans
» leur pays. Etant ainſi équipés,
» nous ſortîmes du port de la ville de
» Lisbonne, & fîmes voile, vers l'île
» de Madere, où croît le ſucre de
» Portugal; & après avoir doublé les
» îles Fortunées & les îles ſauvages de
» Canarie, nous trouvâmes des rois
» Maures à qui nous fîmes des pré-
» ſens, & qui nous en offrirent de leur
» côté. Nous arrivâmes dans le pays,
» appellé le royaume de Gambie, où
» croît la mallaguette; il eſt éloigné
» de huit cens lieues d'Allemagne de
» Portugal; après quoi nous paſsâmes
» dans le pays du roi de Furfur, qui
» en eſt à douze cens lieues ou milles,
» & où croît le poivre, qu'on appelle
» poivre de Portugal. Plus loin encore
» au-delà eſt un pays où nous trouvâmes
» que croît l'écorce de canelle. Nous
» étant maintenant éloignés de Por-
» tugal de deux mille trois cens lieues,
» nous revînmes chez nous, & le dix-

» neuvième mois nous nous retrouvâ-
» mes de retour chez notre roi ».

De l'autre côté de la pointe de l'Afrique, proche de Riotucunero, (aujourd'hui Targonero) & de Porto Bartholo Viego, est peint le pavillon Portugais, près duquel on lit :

« Jusqu'à ce lieu-ci sont venus les
» vaisseaux Portugais qui y ont élevé
» leur colonne ; & au bout de dix-
» neuf mois ils sont arrivés de retour
» dans leur pays. Doppelmayr (*x*) ».

Le Cap Verd.

« Il faut savoir que la mer, appellée
» l'Océan, qui se trouve entre le Cap
» Verd & ce pays, forme un courant
» rapide vers le Sud. Lorsque Hercule
» fut arrivé ici avec ses vaisseaux, &
» qu'il eut remarqué ce phénomène,
» il s'en retourna, & planta ses co-
» lonnes, dont l'inscription prouve
» qu'on croit qu'Hercule n'a pas été
» plus loin ; mais celui qui a écrit
» ceci fut envoyé plus avant par le
» roi de Portugal, l'an 1485 ».

Je donne ici un planisphère exact

(de la même grandeur qu'eſt cette partie ſur le globe de Behaim), depuis les Açores juſqu'à la pointe de l'Inde ou plutôt de la Chine, qui, dans le tems de notre navigateur, portoit le nom de Cathai ; c'eſt-à-dire, de la moitié de la terre, ſuivant la géographie moderne. On pourra juger par-là, ſi Martin Behaim a véritablement contribué à la découverte de l'Amérique ? Suivant la repréſentation en petit que Doppelmayr a donnée de ce globe, il ſeroit à croire, qu'il faudroit répondre négativement à cette queſtion ; & l'on apperçoit que Stuvenius n'auroit jamais écrit ſon traité *De vero Novi Orbis Inventore* (1), s'il avoit vu ce globe même, qu'il n'a connu que pour en avoir entendu parler, ainſi qu'il le dit lui-même, page 43 : *Et quo peregrinationum ſuarum exſtaret clariſſimum monumentum, globum terreſtrem perfecit Martinus, in quo itinera ſua*, ET SIMUL AMERICANAS INSULAS, HUJUSQUE CONTINENTIS LITORA CUM FRETO MAGELLANICO ADUMBRAVIT,

---

(1) Francof. ad Mœnum, 1714, in-8º.

eamque filio suo reliquit, quem inclytam Behaimorum gentem adhuc hodie servare, ab amico quodam mihi relatum est. Ce que Behaim va dire dans le moment de l'île Antilia ou *Septe Ritade*, ainsi que de celle de Saint-Brandan, il ne l'avance que sur les récits qu'on lui en avoit faits, & qu'il s'est contenté de transcrire.

« Les îles Fortunées ou du Cap Verd,
» sont d'un climat salubre, & se trou-
» vent habitées par les Portugais de-
» puis l'an 1472 ».

Les Açores ou Isles Catherides (g).

« Les susdites îles furent habitées l'an
» 1466, lorsque le roi de Portugal (1) les
» donna, après beaucoup d'instances,
» à la duchesse de Bourgogne sa sœur,
» nommée Isabelle. Il y avoit alors
» en Flandres une grande guerre &
» une extrême disette ; & la dite du-
» chesse envoya de Flandres dans ces
» îles, beaucoup de monde, hommes
» & femmes de tous les métiers, ainsi

---

(1) Alphonse V.

» que des prêtres, & tout ce qui ap-
» partient au culte religieux ; comme
» auffi plufieurs vaiffeaux chargés de
» meubles & ce qui eft néceffaire à
» la culture des terres & à la bâtiffe
» des maifons ; & elle fit donner pen-
» dant deux ans tout ce dont ils pou-
» voient avoir befoin pour fubfifter,
» afin que dans la fuite des tems on
» penfât à elle dans toutes les meffes,
» chaque perfonne d'un *Ave Maria;* lef-
» quelles perfonnes montoient au nom-
» bre de deux mille ; de forte, qu'avec
» ceux qui y font paffés & nés depuis, ils
» forment plufieurs milliers. En 1490,
» il y avoit encore plufieurs milliers
» de perfonnes, tant Allemands que
» Flamands, lefquels y avoient paffé
» avec le noble chevalier Job de Huer-
» ter, feigneur de Moerkirchen en
» Flandres, mon cher beau-frère, à
» qui ces îles ont été données pour
» lui & pour fes defcendans par la dite
» duchesse de Bourgogne ; dans lef-
» quelles îles croît le fucre Portugais.
» Les fruits y mûriffent deux fois
» par an, car il n'y a point d'hiver,
« & tous les vivres y font à bon mar-
» ché ; de forte que beaucoup de monde

» peut encore y aller chercher fa fubfif-
» tance.

» L'an 1431 après la naiſſance de
» notre Seigneur Jeſus-Chriſt, lorſque
» règnoit en Portugal l'infant don
» Pierre, on équipa deux vaiſſeaux
» munis des choſes néceſſaires pour
» deux ans, par les ordres de l'infant
» don Henri, frère du roi de Portu-
» gal, pour aller à la découverte des
» pays qui ſe trouvoient derrière Saint
» Jacques de Finiſterre ; leſquels vaiſ-
» ſeaux, ainſi équipés, firent toujours
» voile vers le Couchant, à-peu-près
» cinq cens lieues d'Allemagne. A la
» fin, ils découvrirent un jour ces dix
» îles ; & s'y étant débarqués, ils ne
» trouverent que des déſerts & des
« oiſeaux, qui étoient ſi apprivoiſés
» qu'ils ne fuioient devant perſonne ;
» mais on n'apperçut dans ces déſerts
» aucune trace d'homme ni de qua-
» drupede ; ce qui étoit la cauſe que
» les oiſeaux n'y étoient pas farouches.
» Voilà pourquoi on donna à ces îles
» le nom d'Açores, ce qui veut dire
» les îles aux autours. Et pour ſatis-
» faire à l'ordre du roi de Portugal,
» on y envoya l'année ſuivante ſeize

» vaisseaux avec toutes sortes d'ani-
» maux domestiques; & l'on en mit
» une partie dans chaque île pour
» qu'ils y multipliassent ».

Isle Antilia (1), appellée Septe Ritade (h).

« L'an 734 après la naissance de
» Jesus-Christ, année que toute l'Es-
» pagne fut soumise par les payens
» venus de l'Afrique; la dite île
» Antilia, nommée *Septe Ritade*,
» fut habitée par un archevêque de
» Porto en Portugal, avec six autres
» évêques & nombre de chrétiens, hom-
» mes & femmes, qui s'y étoient sau-
» vés d'Espagne avec leurs bestiaux
» & leurs biens. C'est un vaisseau Espa-

---

(1) Ceci est une des principales choses à remarquer sur le globe de Behaim. Les Portugais connoissoient donc déja alors le nom d'Antilles, sur lesquelles je citerai l'explication qu'on en trouve dans le *grand Dictionnaire Portugais* de Bluteau, article ANTILHAS. *He o nome de humas pequenas ilhas do Archipelago da America Méridional, assi chamadas, como quem dissera ilhas oppostas, ou frontieras as grandes ilhas da America* On leur donna ce nom par comparaison aux grandes îles de l'Amérique.

» nol qui en 1414, s'en étoit approché
» le plus près ».

Isle de Saint-Brandan (1) (*i*).

« L'an 565 après la naissance de

---

(2) *Hanc Insulam aliqui geographi & hydrographi* INSULAM S. BRANDANI *vocant, e regione terræ Cortereal, sive novæ Franciæ Americæ Septentrionalis Sitam in Oceano Boreali.* Voyez *Honorii Philoponi, ord. S. Bened.* NOVA TYPIS TRANSACTA NAVIGATIO NOVI ORBIS INDIÆ OCCIDENTALIS, RR. PATRUM MONACHORUM ORDINIS S. BENEDICTI 1621, FOL. PAG. 14. Cette île, dont l'existence est purement imaginaire, doit avoir été appellée *Ima*. Dans *Sti. Malovii sive Machutis, episcopi Alethensis urbis in Britannia Armorica*, (Saint Malo) *tertiis actis*, que Jean de Bos a publié dans sa *Bibliotheca Floriacensi*, il est fait mention au cinquième & sixième chapitres du voyage fabuleux de Saint Brandan ; & il en est aussi parlé dans LES ACTIS SANCTORUM, D. XVI, MAII (T. III, P. 602). *Insulam, in illis partibus famosissimam, in Oceano videlicet positam, vocabulo* Imam, *cum magistro* (BRENDANO) *& sociis disposuit navigando adire. Dicebatur autem non minimam Paradisiacarum habere similitudinem deliciarum. Parata itaque nave cum omnibus tantæ navigationi opportunis & necessariis, confitentes omnino & sperantes in domino Jesu-Christo, cui æternaliter ut Unigenito, Dei Patris & venti, & mare obediunt, proficiscentes nonaginta & quinque circiter numero Fratres, cum una spatiosa navi committunt se pelago. Ubi hac illacque diu navigando vagantes, cum jam prolixo tempore, licet sine discrimine vel jactura aut exitio alicujus suorum, navigio lassati, quam quærebant insulam, invenire*

» Jesus-Christ, faint Brandan arriva
» avec fon navire à cette île, où il vit
» beaucoup de chofes merveilleufes;
» & après fept ans écoulés, il s'en
» retourna dans fon pays ».

Les Ifles Féminine & Mafculine (bb).

« Ces deux îles furent habitées l'an
» 1285, l'une feulement par des hom-
» mes & l'autre feulement par des
» femmes, qui fe joignent une fois
» par an. Ils font chrétiens & ont
» un évêque, qui releve de l'archevêque
» de l'île de Scoria (1) ».

---

*nequirent ; peregratis Orcadibus ceterifque Aquilonen-
fibus infulis ad patriam redeunt*, CAP. 6, *Machutus
ordinatus Epifcopus, ad prædictam infulam multoriim
ore laudabilem, in qua fama ferebatur cælicos cives
inhabitare, cum facro quondam fuo magiftro Brendano, aliisque facris æque viris, aggreffus est navi-
gare. In qua navigatione pluribus in mari manentes
vel permanentes annis, ad feptennium ufque perve-
niunt : ficque factum eft, ut viciffim annali recurfu
annos interpolante, fepties fanctum Pafcha contin-
geret eis in mari celebrare ; &c.* Après quoi fuit
l'hiftoire connue des géans reffufcités, des baleines, &c.
Le favant jéfuite Godefroi Henfchenius, qui a fait
un examen critique de la vie de Saint Brandan, en dit
avec raifon : *cujus hiftoria, ut fabulis referta,
omittitur.*

(1) Marc Paul écrit *Scoira*.

Isle de Scoria.

« L'île de Scoria est située à cinq
» cens milles d'Italie des îles Mascu-
» line & Féminine. Les insulaires en
» sont chrétiens, & ont pour sei-
» gneur un archevêque. On y fabrique
» de bonnes étoffes de soie. Il y croît
» beaucoup d'ambre, à ce que dit
» Marc Paul au trente-huitième cha-
» pitre de sont troisième livre ».

« Item, il faut savoir que les épice-
» ries qui se vendent dans les îles des
» Indes Orientales, passent par beau-
» coup de mains avant qu'elles ne
» viennent dans notre pays ».

« Premièrement, les habitans de
» l'île appellée Grand Java les achet-
» tent dans les autres îles, où leurs
» voisins les rassemblent, pour les ven-
» dre dans leur île ».

« Secondement, ceux de l'île de Sey-
» lan (1) où Saint-Thomas est enterré,
» achetent les épiceries dans l'île de
» Java & les apportent chez eux ».

---

(1) Marc Paul écrit *Seylam*.

« Troisièmement, dans l'île de Ceilan
» on les débarque de nouveau, pour
» être échangées & vendues aux né-
» gocians de l'île Aurea dans la Cher-
» sonese, où on les met en dépôt ».

« Quatrièmement, les négocians de
» l'île de Taprobane y achetent &
» paient les épiceries, & les apportent
» dans leur île ».

« Cinquièmement, les payens Maho-
» métans, viennent s'y rendre du pays
» d'Aden, y achetent les épiceries,
» en paient les droits, & les transpor-
» tent dans leur pays ».

« Sixièmement, ceux d'Alger les
» achetent & les transportent par mer,
» & plus loin par terre ».

« Septièmement, les Vénitiens &
» d'autres peuples les achetent en-
» suite ».

« Huitièmement, les Vénitiens les
» vendent aux Allemands & les échan-
» gent avec eux ».

« Neuvièmement, on les vend ensuite
» à Francfort, à Prague & dans d'au-
» tres lieux ».

« Dixièmement, en Angleterre &
» en France ».

« Onzièmement, ce n'est qu'alors

» qu'ils paſſent dans les mains des
» marchands en détail ».

« Douziémement, c'eſt des mar-
» chands que les achètent ceux qui font
» uſage des épiceries ; de ſorte qu'on
» peut voir par-là les grands droits
» qu'elles paient, & les gains conſidéra-
» bles qui doivent en réſulter ».

« De ſorte qu'on gagne douze fois
» ſur les épiceries, dont il faut en ou-
» tre payer pluſieurs fois une livre ſur
» dix. Il faut ſavoir auſſi que dans les
» pays de l'Orient, il y a beaucoup d'an-
» nées de diſette ; que par conſéquent,
» il n'eſt pas étonnant qu'on les achete
» chez nous au poids de l'or. Voilà
» ce qu'en dit maître Bartholomé Flo-
» rentin, qui revint de l'Inde l'an
» 1424, & qui accompagna à Véniſe
» le pape Eugène IV, à qui il conta
» ce qu'il avoit vu & obſervé pen-
» dant un ſéjour de vingt-quatre ans
» dans l'Orient ».

Iſle de Taprobane.

« On nous dit beaucoup de choſes
» admirables de cette île dans l'Hiſtoire
» ancienne, de la manière dont elle

» a prêté des secours à Alexandre-le-
» Grand, & comment ses habitans
» marchèrent vers Rome, & firent
» une alliance avec les Romains &
» avec l'empereur Pompée. Cette île
» a quatre mille lieues de circuit, &
» elle est divisée en quatre royaumes,
» dans lesquels il y a une grande quan-
» tité d'or, de poivre, de camphre,
» de bois d'aloës, & beaucoup de sable
» d'or. Le peuple adore les idôles;
» les hommes y sont grands, robustes
» & bons astronomes ».

Isle de Madagascar.

« Les marins des Indes, où Saint
» Thomas est enterré, dans la pro-
» vince de Moabar (1), vont ordi-
» nairement en vingt jours avec leurs
» vaisseaux jusqu'à l'île appellée Ma-
» dagascar; mais lorsqu'ils s'en retour-
» nent chez eux à Moabar ils peu-
» vent à peine arriver en trois mois,
» à cause du courant de la mer qui y
» est fort rapide vers le Midi. Voilà

---

(1) Marc Paul écrit *Maabar*.

» ce qu'écrit Marc Paul dans son
» troisième livre, chapitre trente-neu-
» vième ».

Isle de Zanziber (1).

« Cette île appellée Zanziber a deux
» milles lieues de circonférence; elle
» a son propre roi, son langage
» particulier, & les insulaires sont ido-
» lâtres. Ils sont extrêmement grands,
» leur force égale celle de quatre hom-
» mes de notre pays, & un seul
» mange autant que cinq autres hom-
» mes. Ils vont tout nu, & sont
» entièrement noirs, fort laids, avec
» de grosses & longues oreilles, d'énor-
» mes bouches, des yeux épouvan-
» tables & quatre fois plus grands
» que ceux des autres hommes. Leurs
» femmes sont aussi affreuses à voir.
» Ce peuple se nourrit de dattes,
» de lait, de ris & de viandes. Il
» ne croît pas de vin chez eux; mais
» ils composent néanmoins de bon-
» nes boissons avec du ris & du sucre.

---

(1) Marc Paul écrit *Zanzibar*.

» Il font un grand commerce d'am-
» bre & d'ivoire. Il y a beaucoup
» d'éléphans & grande quantité de
« baleines, qu'ils prennent, ainſi que
» des léopards, des giraffes, des lions
» & pluſieurs autres eſpèces d'ani-
» maux, qui diffèrent extrêmement
» des nôtres. Voilà ce que dit Marc
» Paul, livre III, chapitre 41 ».

Iſle de Ceilan.

« Dans l'île de Ceilan, on trouve
» beaucoup de pierres précieuſes &
» des perles orientales. Le roi de cette
» île poſſéde le plus grand & le plus
» beau rubis qu'on ait jamais vu.
» Les inſulaires vont nu, tant hom-
» mes que femmes. Il n'y croît point
» de bled, mais du ris. Le roi de
» cette île ne dépend de perſonne,
» & adore les idôles. L'île de Ceilan a
» deux mille quatre cens lieues de
» circonférence, ainſi que le dit Marc
» Paul, dans le vingt-deuxième cha-
» pitre de ſon troiſième livre ».

« Il y a quelques années que le
» grand cham de Cathai envoya un
» meſſage à ce roi de Ceilan, &

» lui fit demander ce beau rubis,
» pour lequel il offrit de grands tré-
» fors. Mais le roi lui fit répondre
» que, comme cette pierre avoit long-
» tems appartenue à fes ancêtres, il
» penfoit que ce feroit mal faire à
» lui que d'en priver fon pays. Ce
» rubis a, dit-on, un pied & demi de
» long, fur un empan de large, fans
» aucun défaut ».

Ifle de Java Minor.

« Cette île a deux mille lieues d'Ita-
» lie de circonférence, & l'on y
» compte huit royaumes. Les habi-
» tans ont leur langue particulière,
» & font adonnés au culte des idôles.
» Il y croît auffi toutes fortes d'épi-
» ceries. Dans le royaume de Boff-
» man (1) il y a beaucoup de licor-
» nes, d'éléphans & de finges, qui
» ont la phyfionomie & la figure
» humaine. Item, il n'y croît point
» de bled, mais on y fait cependant
» du pain avec du ris ; & au lieu

---

(1) Marc Paul écrit *Bafman*.

» de vin, on y boit une liqueur que
» les infulaires tirent des arbres : il
» y en a de la rouge & de la blanche.
» c'eft une affez bonne boiffon pour le
» goût, qu'on trouve en abondance
» dans le royaume de Samara. Dans le
» le royaume de Dageram (1) l'ufage
» eft, que quand l'idôle dit qu'une
» perfonne ne peut fe relever de fa
» maladie, on l'étouffe fur le champ,
» & fes amis font cuire fa chair &
« la mangent enfemble avec grande
» joie, pour qu'elle ne devienne pas,
» difent-ils, la pâture des vers. Dans
» le royaume de Jambri (2) les habi-
» tans, tant hommes que femmes,
» ont par derrière une queue comme
» les chiens. Il y croît une extraor-
» dinaire quantité d'épiceries ; & il
» y a toutes fortes d'animaux, comme
» des licornes, &c. Dans l'autre
» royaume, appellé Fanfur, il y croît
» le meilleur camphre qu'il y ait au
» monde & qu'on vend au poids de
» l'or. Il y a de gros arbres, dont
» on tire, entre l'écorce & le bois,

_____

(1) Marc Paul écrit *Dragoian*.
(2) Marc Paul écrit *Lambri*.

» une farine fervan à faire du pain qui
» eſt bon à manger. Marc Paul dit,
» dans le treizième chapitre de fon
» troifième livre, qu'il a paſſé cinq
» mois dans cette île ».

Iſle de Java Minor (m).

« Lorſqu'en ſortant du grand pays
» appellé le Cathai, du royaume de
» Ciamba, on remonte à quinze cens
» lieues d'Italie vers l'Orient, on trouve
» l'île appellée le Grand Java, qui a
» trois mille lieues d'Italie de circon-
» férence. Le roi de cette île n'eſt
» tributaire de perſonne, & il adore
» les idôles. On trouve dans cette
» île toutes ſortes d'épiceries, comme
» poivre, noix muſcade, macis,
» gingembre, galanga, clous de
» girofle, canelle, & toutes les eſpè-
» ces de racines, qu'on y prend &
» qu'on tranſporte enſuite dans tout
» le monde ; ce qui fait qu'il s'y
» trouve toujours beaucoup de né-
» gocians ».

Isle d'Angama (1) (q).

« Dans le vingt-deuxième chapitre
» du dernier livre de Marc Paul,
» on trouve écrit que le peuple de
» l'île d'Angama a la tête, les yeux
» & les dents comme les chiens,
» & que ce font des hommes très-
» fauvages & très-cruels ; ils préfè-
» rent la chair humaine aux autres
» viandes, & mangent le ris cuit
» avec du lait au lieu de pain. Ils
» adorent les idôles ; & ont toutes
» fortes d'épiceries en grande abon-
» dance, ainfi que des fruits qui
» croiffent chez eux, & qui doivent
» différer beaucoup de ceux de nos
» contrées occidentales ».

Isle de Cipangu (2) (r).

« L'île de Cipangu eft fituée dans
» la partie orientale du globe. Le
» peuple du pays eft idolâtre. Le roi
» de l'île ne dépend de perfonne.

---

(1) Marc Paul écrit *Anganiam*.
(2) Marc Paul écrit *Zipangri*.

» L'île produit une quantité extraor-
» dinaire d'or ; & il y a toutes fortes
» de pierres précieufes & des perles
» orientales. Voilà ce qu'en dit Marc
» Paul de Vénife, dans fon troifième
» livre, chapitre deux ».

« Marc Paul nous dit, dans fon
» troifième livre, chapitre quarante-
» deuxième, que les navigateurs ont
» véritablement obfervé, que dans
» cette mer des Indes il y a plus de
» douze mille fept cens îles qui font
» habitées, & dans plufieurs defquelles
» on trouve des pierres précieufes,
» de perles fines & des mines d'or ;
» d'autres abondent en toutes efpè-
» ces d'épiceries, & les habitans en
» font des hommes extraordinaires ;
» mais ce cela feroit trop long à
» décrire ici ».

« Il y a ici dans la mer plufieurs
» chofes merveilleufes, comme firènes
» & autres poiffons ».

« Si quelqu'un veut s'inftruire de
» ce qui regarde ces peuples finguliers,
» & ces poiffons extraordinaires de la
» mer, ainfi que les animaux terreftres,
» il doit confulter les livres de Pline,
» d'Ifidore, d'Ariftote, de Strabon,

» le *Specula* de Vincent de Beauvais,
» & plusieurs autres auteurs ».

« Dans ces livres on trouve la des-
» cription des habitans singuliers des
» îles & de la mer ; ainsi que de plu-
» sieurs autres merveilles, & des ani-
» maux terrestres qui se tiennent dans
» ces îles ; des racines & des pierres
» précieuses, &c. ».

Isle de Candie.

« Cette île de Candie avec toutes
» les autres îles, tant le petit Java
» qu'Angama, Neucuran, Pentham,
» Seilan, avec toutes les grandes
» Indes, la terre de Saint Thomas
» sont si proches du Midi que l'Etoile
» Polaire, qui dans nos contrées s'ap-
» pelle le Pôle Arctique, ne s'y ap-
» perçoit jamais ; mais on y voit une
» autre étoile nommée Antarctique ; ce
» qui fait que ce pays se trouve exac-
» tement pied contre pied au-dessous
» du nôtre ; de sorte que lorsque nous
» avons le jour il fait nuit chez eux,
» & que le soleil se couche chez
» nous quand le jour commence dans
» ce pays ; & la moitié des étoiles

» qui eſt au-deſſous de nous, & que
» nous n'appercevons point, ils les
» voient; ce qui prouve que le monde,
» avec toute ſa maſſe d'eau, a été
» fait par Dieu d'une forme ronde,
» ainſi que le dit Jean de Mandeville,
» dans la troiſième partie de ſes voyages
» ſur mer ».

Iſle de Neucuran (1).

« Marc Paul, dans ſon livre III,
» chapitre 20, dit que l'île de Neu-
» curan, eſt ſituée à cent cinquante
» milles d'Italie de l'île du grand
» Java; & que dans cette île il croît
» de la muſcade, de la canelle & des
» clous de girofle en grande abondance.
» On y trouve auſſi des forêts entières
» de bois de ſandal, & toutes ſortes
» d'aromates.

« Cette île fournit une grande quan-
» tité de rubis, d'émeraudes, de
» topaſes, de ſaphirs, ainſi que de
» perles orientales ».

---

(1) Marc Paul écrit *Necuram*.

Isle de Pentan (1).

« Lorsque du royaume de Loach, on tire vers le Midi, on arrive à l'île de Pentan, qui consiste en forêts d'arbres odoriférans. La mer autour de cette île est si basse qu'elle n'a pas deux toises de profondeur. Voilà ce que dit Marc Paul, livre III, chapitre 12. La chaleur y oblige les habitans d'aller nus ».

« Les peuples de ce royaume & du pays de Vaar vont entièrement nus, & ils adorent un bœuf ».

Isle de Coylur (2).

« C'est dans cette île de Coylur que Saint Thomas, apôtre, a reçu le martyre ».

« Ici l'on a trouvé, du tems de Jean de Mandeville, une île dont les

---

(1) Marc Paul écrit *Petan*.
(2) Marc Paul écrit *Coylum*; & chez cet écrivain ce n'est pas une île, mais un royaume de l'île de Ceylan ou Seilam. Sur le globe de Behaim, cette île de Coylur tient à l'Asie en forme de presqu'île.

» habitans avoient des têtes de chien;
» & l'on n'y voit point l'Etoile Polaire,
» qu'on appelle chez nous le Pôle Arc-
» tique. Ceux qui y naviguent fur la
» mer doivent fe fervir de l'aftrolabe,
» à caufe que le compas n'y mar-
» que point ».

» Tout ce pays & toute cette
» mer, avec les îles & leurs rois,
» ont été donnés par les trois Saints
» Rois à l'empereur Prêtre-Jean. Ils ont
» été prefque tous chrétiens; mais au-
» jourd'hui on ne connoît plus foixan-
» te-douze chrétiens parmi eux ».

« Ceux qui habitent ces îles ont
» des queues comme les animaux,
» ainfi que le dit Ptolémée dans fa
» onzième table de l'Afie ».

« Ces îles font au nombre de dix,
» appellées Mannilles. Les vaiffeaux qui
» font garnis de fer ne peuvent y
» naviguer, à caufe de la pierre d'ai-
» mant qui s'y trouve ».

Le Fleuve du Gange.

« On trouve dans le livre de la
» Genèfe, que le pays par lequel
» paffe le Gange eft appellé Hevilla.

» Il doit y croître le meilleur or qui
» soit au monde. Dans l'Ecriture-
» Sainte, au troisième livre des Rois,
» chapitre neuf & dix, il est dit,
» que le roi Salomon envoya ici ses
» vaisseaux, pour y chercher de cet or,
» ainsi que des perles, & des pierres
» précieuses, qu'il fit apporter d'Ophir
» à Jérusalem. Ce pays de Gulat &
» d'Ophir, par lesquels coule le fleuve
» de Gange ou de Gion, ont appar-
» tenus l'un à l'autre ».

La Tartarie.

« Marc Paul, dans son livre III,
» chapitre 47, dit, que dans les par-
» ties septentrionales, dans les mon-
» tagnes & les déserts, sous le Pôle
» Arctique, il y a un peuple Tartare,
» appellé Permiani. Ils adorent une
» idôle faite de fourures, qu'ils appellent
» Natigai. L'industrie de ce peuple
» consiste à se rendre pendant l'été vers
» le Nord sous le Pôle Arctique, où ils
» prennent des hermines, des martres
» zibelines, des loups cerviers, des
» renards & d'autres animaux, dont
» la chair fait leur nourriture, &

» dont les peaux fervent à les couvrir.
» Pendant l'été ils habitent dans les
» champs à caufe de la chaffe ; &
» lorfque. l'hiver approche ils fe reti-
» rent vers le Midi, du côté de la
» Ruffie, où ils vivent dans des
» cavernes fous terre, pour fe mettre
» à l'abri du vent froid, appellé Aquil-
» lon; & ils couvrent ces cavernes
» de peaux d'animaux. Chez eux il
» fait fort peu jour pendant l'hiver;
» mais pendant l'été le foleil ne les
» quitte jamais de toute la nuit.
» Lorfque nous fommes au milieu
» de l'été, il croît chez eux quel-
« que peu d'herbes & de racines ;
» mais il n'y vient ni bled, ni vin,
» à caufe des fortes gelées ».

Iflande.

« Dans l'Islande on trouve déja des
» hommes blancs, & qui font chrétiens.
» La coutume de ces peuples eft de
» vendre fort cher les chiens, tan-
» dis qu'ils donnent pour rien aux
» marchands quelques-uns de leurs
» enfans, pour que les autres aient de
» quoi vivre ».

« Item, on trouve en Islande des

» gens âgés de quatre-vingt ans, qui
» jamais n'ont goûté de pain. Il n'y
» croît point de bled, & au lieu de
» pain on y mange du poiffon fec.
» C'eft dans l'île d'Islande qu'on prend
» le ftokfiche qu'on apporte dans notre
» pays ».

Outre ce globe de Behaim il y a encore deux autres anciens globes terreftres, dans la bibliothèque de la ville de Nurenberg. Ils ont été exécutés l'un & l'autre avec beaucoup de foin, & les noms des lieux en font écrits. Le plus ancien de ces globes eft de Jean Schœner, le premier profeffeur de mathématiques qu'il y ait eu à l'univerfité de Nurenberg, qui le fit, en 1520, à Bamberg, aux dépens de Jean Seyler, fon protecteur, qui l'apporta avec lui quand il vint demeurer dans cette ville. Ce globe a trois pieds de Nurenberg de diamètre.

On y lit pour infcription ces vers latins.

Hic Globus immenfum complectens partibus orbem
Atque typum teretis finuofo corpore mundi,

Eft ftudio vigili glomeratus certe duorum,
Unius impenfis : tribuit nam cuncta Joannes
Seyler ad illius quæ commoda cenfuit ufus.
Alter Joannes Schœner multa catus arte
In Spiram hanc molem compegit arte rotundam,
Et fupper impreffis fignavit ubique figuris,
Quando falutiferi partus numeravimus annos
Mille & quingentos & quatuor addita luftra.

1 5 2 0.

L'auteur de l'autre globe terreftre n'eft pas connu.

Un an après que Martin Behaim eut fait fon globe, Antoine Roburger, fit graver en bois des cartes géographiques pour la chronique de Hartmann Schedel.

Dans la bibliothèque d'Ebner, il y a une mappemonde de tout le globe, deffinée, en 1529, fur vélin, par Diego, Ribera, géographe du roi d'Efpagne, avec l'explication en efpagnol. Il y a marqué d'une manière fort diftincte les limites du nouveau monde, d'après la démarcation du pape Alexandre VI. On peut auffi fe fervir pour l'intelligence de cette mappemonde de l'ouvrage intitulé : SIM. GRYNAEI, *Novus Orbis regionum ac insularum, veteribus incognitarum*, imprimé *in-folio*, à Bâle, en 1532 (1). J.

---

(1) Nous donnerons dans le second volume de ce *Recueil*, des notes historiques sur la famille de Martin Behaim & sur les découvertes de ce célèbre voyageur ; avec les pièces justificatives qui y ont rapport, & des notes critiques sur leur authenticité.

RÉFLEXIONS GÉNÉRALES SUR LE GOUT,
PAR M. KUHLS.

TRADUIT DE L'ALLEMAND.

LE célébre Sulzer a dit, « Que for-
» mer & épurer le goût est une grande
» affaire nationale ». Il a raison, &
depuis long-tems tout le monde paroît
être convaincu de la justesse de cette
observation. En effet, ne voyons-nous
pas une foule de gens de toutes les
classes chercher, avec une activité in-
fatigable, à mettre du goût dans tout ce
qui les entoure. Il ne semble donc pas
inutile de seconder une émulation aussi
générale. Mais les choses dans lesquelles on affecte de faire preuve de
goût sont si mal choisies, que peu de
personnes paroissent avoir des idées
nettes de celui dont Sulzer a voulu
parler ; car si cela étoit, on ne verroit
pas que la lecture de fades romans &
de quelques plattes comédies, ainsi que
toutes les extravagances des modes suf-

fifent pour mériter à quelqu'un le titre d'homme de goût. Ces fauffes idées ont une influence fenfible fur la littérature & fur les productions des beaux-arts. Il devient donc néceffaire de les détruire, en démontrant que tous les grands effets attribués au goût n'appartiennent qu'à celui qui eft fondé fur la vérité & les convenances; le feul dont parle Sulzer, connu depuis long-tems en Allemagne & dans les pays étrangers pour en avoir fixé les lois.

Un jugement sûr & jufte, capable de comparer & de péfer les objets & leurs propriétés, un efprit fin, une imagination ardente, une douce fenfibilité fufceptible de fenfations promptes & délicates; voilà les qualités effentielles qui doivent fe réunir pour former l'homme de goût. Tant que le goût ne s'écartera pas des règles invariables de la vérité, il fera toujours un guide fûr vers le beau. L'éducation y a une très-grande influence. Peut-être que beaucoup de ces érudits fi peu eftimés de nos jours feroient devenus d'excéllens écrivains, s'ils avoient eu le bonheur de vivre dans les beaux fiècles de Périclès & d'Augufte. Cependant je fuis bien éloigné de prétendre qu'il y ait des hommes dont le goût foit abfolument mauvais, ainfi que Gerard l'avance dans fon Effai fur le goût (1) ; ils auront au moins des idées juftes de certaines chofes, & ils feront par conféquent en état d'appercevoir quelquefois ce qui eft véritablement beau. Le fentiment des hommes eft affez uniforme fur certains objets. Un orage qui s'élève avec une majeftueufe lenteur fur l'horizon, offre à l'homme policé, comme au fauvage, un fpectacle grand & fublime. Qui peut voir avec indifférence le mêlange admirable des couleurs de l'arc-en-ciel ?

Cependant on remarque des différences frappantes entre les idées que des individus & même des nations entières fe forment de la beauté à l'égard des objets vifibles, & principalement de la plus parfaite de toutes, celle de l'homme. Une imagination plus ou moins active, l'affociation d'idées étran-

---

(1) Gerard's *Effay on Tafte*.

gères, des préjugés d'éducation, & mille autres caufes inexplicables, y ont toujours eu une influence marquée. L'habitant de la Nouvelle Zélande eſt tranſporté au l'aſpect d'un viſage tatoué ; celui de la Nouvelle Hollande paſſe l'os d'un oiſeau au travers des cartilages du nez, & cette parure lui paroît ſans doute très-belle.

Nous paſſerons ſous ſilence tout ce que l'on a coutume de dire de la régularité, de l'exactitude des proportions & de l'uniformité ; nous remarquerons ſeulement que la monotonie de cette dernière doit être interrompue toutes les fois que l'artiſte appercevra que l'attention a beſoin d'être réveillée. Des plaines immenſes, où règne une uniformité éternelle, fatiguent l'œil du voyageur. L'ordre doit faciliter la perception de l'enſemble. Les grands groupes formés par des objets impoſans ne laiſſent pas au ſpectateur le tems d'appercevoir le défaut d'ordre ; ils plaiſent par leur grandeur majeſtueuſe.

La noble ſimplicité appartient à tout ce qui plaît par ſon eſſence ; elle charmera le bon goût par-tout où elle pourra fe trouver. Elle plaira autant dans la Rotonde, que dans le caractère & dans la conduite d'Abraham ; la trompette de l'épopée la rendra auffi intéreffante que le chalumeau de la bergère. La noble fimplicité règne dans tous les ouvrages du créateur. Une heureufe imitation de la nature eft donc la route la plus fûre pour aller à l'immortalité. Lorfque l'artifte lui devient infidelle, ou lorfqu'il n'a jamais été initié dans fes myftères, alors des édifices gothiques, furchargés d'ornemens bifarres, s'élèvent à la place des temples d'une architecture noble & fimple; alors le muficien s'égare dans les détours de modulations difficiles & favantes pour obtenir des applaudiffemens, plutôt que de faire couler des larmes par un chant fimple & naturel.

La beauté dans le fens le plus étendu du mot eft attribuée à toutes les chofes qui nous plaifent. Le goût s'attache auffi à tout ce qui par le grand & le fublime excite l'admiration & l'étonnement. L'océan en fureur, les énormes rochers de la Terre de feu, entaffés avec une majeftueufe horreur

&

& couverts de nuages ; un torrent de lave enflammée, qui, avec le bruit & les éclats du tonnerre, fe précipite dans la mer, & la chaffe loin du rivage ; le ciel pur, tel, que fur le fommet de l'Etna, Brydone le vit au milieu de la nuit orné d'innombrables mondes étincelans avec une ravillante clarté, tandis qu'un gouffre immenfe mugiffoit fous fes pieds : voilà de grandes fcènes de la nature que l'homme de goût contemplera toujours avec extafe.

Il n'appartient pas à la feule beauté phyfique de plaire : l'imagination & l'efprit peuvent créer des images, qui produifent le même effet. La penfée qu'au-delà de la voie lactée il peut s'en trouver mille autres ne bleffe pas le goût. La méditation répétée du fublime, la contemplation fréquente de l'agréable & du beau nourriffent, épurent & perfectionnent le goût. Les élans d'une imagination déréglée étonneront celui qui ne connoît pas les lois d'après lefquelles l'invention doit être ordonnée & exécutée. L'Américain fauvage eft tranfporté de plaifir lorfqu'il entend le fon de la vielle ; il ne le feroit certainement pas, fi un Handel l'avoit charmé dans fes forêts. Celui qui s'eft familiarifé avec l'efprit de Térence, méprifera avec indignation les farces dégoûtantes des tréteaux (1). Le goût épuré enflamme davantage le defir & l'ardeur de parvenir au fuprême dégré du beau. O doux preffentiment de l'immortalité ! Le fentiment du beau eft d'autant plus vif, que la conviction de la perfection eft plus forte, que l'imagination eft plus ardente & la fenfibilité plus délicate. Le goût a mille nuances; dans chacune il eft eftimable, tant qu'il ne s'écarte pas de la vérité. Mais heureux celui qu'on peut appeller un homme de goût par excellence ! il eft à la fource des plaifirs purs, innocens & fublimes; la nature entière eft fon domaine; l'art lui offre fes productions, qui, en

_____

(1) De même que certaines pièces auffi mal écrites qu'indécentes qu'on fe permet de donner fur les deux premiers théâtres de l'Europe, & que le public, *Gratis anhelans*, *multa agendo nihil agens*, court voir en foule; tant eft vraie la maxime d'Ovide : *Parva leves capiunt animos !* De forte que c'eft bien-là, ou jamais, le cas de s'écrier: ô Athéniens ! ô Athéniens ! *Note du Traducteur.*

multipliant fes plaifirs, ajoutent à fes connoiffances ; fon imagination s'enrichit de mille tableaux agréables, & la noire mélancolie n'empoifonne aucun moment de fa vie. Le goût répand un certain charme fur toutes les actions de l'homme qui en eft doué. Dans fa bouche des vérités communes acquièrent plus de force, on les faifit plus facilement, & la conviction eft plus prompte. Le fentiment exquis qu'il a de l'ordre & de l'harmonie écarte tout ce qui les bleffe ; l'exagération, le bourfouflé, les jeux de mots, les inutiles fubtilités, les bleuettes d'un efprit futile, enfin tout ce qui caractérife le mauvais goût mérite fon mépris. Le goût, en adouciffant fes mœurs, rend fon ame plus fufceptible de fentir le bon & le noble. Il l'excite à fe familiarifer davantage avec la nature, à pouffer plus avant fes recherches, à élever fon efprit & à le préparer au commerce des êtres fupérieurs. Par-tout les beautés & les tréfors de la nature fe développent à fes yeux : les agréables vallées de la Grèce, les déferts brûlans du Pérou, le ciel parfemé d'étoiles ; en un mot, le spectacle de l'univers dans son étonnante grandeur, lui offrent des sujets de méditation. Il en est de même des productions des arts : la musique, la peinture, la sculpture, l'architecture, la poésie, l'éloquence, le théâtre épuré & devenu l'école des mœurs & des vertus : combien de sources de plaisir pour l'homme de goût !

Ces motifs suffisent sans doute pour faire sentir la nécessité de former & d'épurer le goût, & les avantages qui en résultent pour la société. Des censeurs atrabilaires, qui voudroient condamner l'homme à végéter sur la terre, nient l'influence du goût sur les mœurs ; ils prétendent même qu'il devient nuisible à la vertu. Il faut convenir que des hommes pleins de goût se sont souvent abandonnés aux vices ; mais ces monstres dans l'ordre moral, sont des exceptions à la règle, & le témoignage ainsi que l'exemple des plus grands hommes de l'antiquité & des tems modernes suffisent pour prouver le contraire. Qui pourra lire la *Messiade* de Klopstock & l'ouvrage immortel de Sulzer, sans être convaincu que, par sa nature, le goût excite à la vertu. O inſtituteurs! n'oubliez jamais que la vertu eſt l'unique & le plus ſûr moyen de former le cœur de vos élèves, & qu'en épurant leur goût vous y réuſſirez plus promptement. L'expérience vous prouvera que les jeunes ames dont le ſentiment du beau phyſique eſt perfectionné, ſont auſſi plus ſenſibles au beau moral. La raiſon, le goût & ce que Hutcheſon & Shaftesbury nomment le ſentiment moral, ſont, ſuivant Sulzer, la même faculté, modifiée ſeulement par différens objets. A la vérité, il n'eſt pas démontré que le ſentiment moral ſoit inné ; mais toutes les facultés de notre ame ſe trouvant dans des rapports intimes, on peut en conclure que la réaction doit exiſter entr'elles.

Qui pourra nier que la magie de la muſique & de la poéſie ouvre un cœur innocent à l'amitié, à la pitié, en un mot, à chaque paſſion tendre & douce. Mais n'oublions jamais que l'abus qu'on a ſouvent fait des beaux-arts oblige l'homme de goût à choiſir avec diſcernement leurs productions. Des poëtes & des peintres entraînés par une imagination déréglée ont quelquefois proſtitué leurs talens en traitant les ſujets les plus révoltans : l'homme de goût réprouvera toutes les productions qui, en bleſſant la pudeur, corrompent les mœurs ; & quel que ſoit leur mérite, il les condamnera à un oubli éternel, en déplorant que des hommes de génie, faits pour honorer les beaux-arts & leur ſiècle, ſe reſpectent aſſez peu pour ambitionner la mépriſable gloire de mériter le ſuffrage de la partie la plus vile des nations.

K

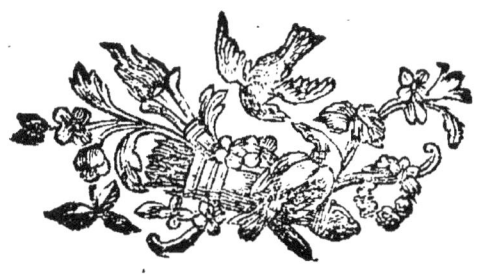

DE L'HUMOUR (1),

TRADUIT DE L'ALLEMAND.

LE célébre Saint-Evremond donna le conseil suivant à son ami le comte d'Olonne, exilé de la cour de Louis XIV. « Les malheureux ne doivent pas lire » des livres qui leur donnent sujet de » s'affliger de la misère des hommes ;

---

(1) Nous croyons devoir remarquer avec M. Riedel (*Theorie der Schöne Kunsten, Tome I. art.* LAUNE), que, quoique les Anglois s'imaginent, & que Congreve ait pris beaucoup de peine pour prouver que les mots *Humour* & *Humorist* sont originairement anglois ; il est néanmoins certain qu'ils viennent de l'Italien. On trouve déja le mot *Umorista* dans les comédies de Buonarotti, c'est-à-dire, dans les premières années du seizième siècle ; & il est également employé par d'autres écrivains de ce tems-là. Suivant le dictionnaire de la *Crusca*, ce mot signifie quelqu'un *che ha humore, persona fantastica ed inconstanta*. Il y avoit au commencement du dernier siècle, à Rome, une société ou académie appellée *Societa de gli Umoristi*.

On n'a en françois aucun mot qui réponde bien à celui d'*Humour* dans le sens dont il est ici question. *Facétiosité* seroit celui qui conviendroit le mieux, s'il pouvoit être reçu. Les Allemands ont le mot *Laune*, & les Hollandois celui de *Luim*, qui équivallent parfaitement à l'idée qu'offre le terme anglois. *Note du Traducteur.*

» mais plutôt ceux qui les invitent à
» s'amufer de leurs folies ; préférez
» donc Lucien, Pétrone & Don Qui-
» chotte à Séneque, à Plutarque &
» à Montagne ». Dans ma première
jeuneffe, le hafard me fit connoître
ce paffage, & depuis j'ai quelquefois
réfléchi fur cette grande vérité, que
des événemens, peu importans en
apparence, ont fouvent la plus grande
influence fur le bonheur ou le malheur des hommes dans le cours de
leur vie.

La vive impreffion que le confeil
de Saint-Evremond fit fur mon efprit
m'engagea de bonne heure à le fuivre;
& auffi fouvent que des événemens
fâcheux ou d'autres caufes m'affectoient
trop fortement, j'eus recours à fon
remède, & toujours avec le plus heureux fuccès. Des recherches fur la
nature de ce puiffant antidote contre
la mélancolie ne déplairont peut-être
pas à ceux qui, tourmentés de fes
noires vapeurs, peuvent en avoir
befoin. Un célébre médecin de l'ame (1)

---

(1) Fielding's *Coventgarden Journal* n°. 55.

qui, par ce remède, a opéré des cures miraculeuses, sera mon guide. Les Anglois appellent ce remède *Humor*. Voici à-peu-près son histoire. Aristophane, parmi les Grecs, en fut le premier inventeur; & après lui, Lucien & les auteurs suivans le portèrent à sa perfection. Plaute, Horace, Pétrone, Sénèque, parmi les anciens Romains; & parmi les latinistes modernes, Erasme, Thomas Morus, Holberg. Parmi les Italiens, le Pulci, l'Ariofte, César Caporali, Pafferoni, Gozzi, Goldoni. Parmi les Espagnols, Cervantes, Quevedo, Mattheo Allemann, Hurtado de Mendoza, Diego de Luna, Luis Velez de Guevara & le Père Isla. Parmi les François, Rabelais, Cyrano de Bergerac, Sorel, Molière, Regnard, Dufrefny, la Fontaine & Scaron, dans son *Roman comique*. Parmi les Anglois, Shakespeare, Ben-Johnson Buttler, Congreve, Schadwell, Swift Addison, Steele, Arbuthnot, Fielding & Sterne. Je ne dis rien des Allemands, & prie mes lecteurs de remplir cette lacune. En ne nommant personne, aucun de mes compatriotes qui a des prétentions à l'*Humor* ne pourra me reprocher de l'avoir oublié (1).

L'Angleterre est plus féconde qu'aucune autre contrée de l'Europe en caractères de ce genre. On en attribue la cause à la liberté, qui distingue le gouvernement anglois de tous les autres. Cette opinion paroît très-vraisemblable ; cependant je la croirois plus fondée en prenant le mot liberté dans un sens plus étendu qu'on ne l'a fait jusqu'à présent. Je serai donc de ce sentiment, lorsqu'on entendra par le mot liberté, non-seulement l'absence du pouvoir arbitraire,

___

(1) Les principaux écrivains *Humoristes* Allemands sont : Henri d'Alcmar, qui a donné un poëme héroï-comique, sur lequel on peut consulter la note de la page 245, de la traduction de M. d'Antelmy, des *Fables & des Dissertations sur la nature de la Fable de Lessing*; Rollenhagen, qu'ils regardent comme leur Rabelais, Liscow, Wieland, Michaelis, Lavater, &c.

Les Hollandois ont van Moonen, Rusting, Weyerman, Doedyn, Dekker, Huygens, Langendyk & Fokkenbrog, qui passe pour le Scaron Hollandois.

Aux écrivains Anglois de cette classe cités par l'auteur, on peut joindre Garth, qui a donné la *Guerre des Médecins & des Apothicaires* ; Philïps, auteur du *Brillant Shelling*; Prior, à cause de son *Histoire de l'Ame* & de plusieurs autres pièces dans le style burlesque.

Parmi les Italiens, il faut compter encore le Dolce, le Mauro, l'Aretin & l'Archevêque la Caza, auteur du *Capitolo del forno*, livre dont nous ne citerons pas ici le sujet, & sur lequel on peut consulter le *Dictionnaire de Bayle*, art.: *Le Vayer*. Note du Traducteur.

& d'une contrainte oppofée aux formes prefcrites par les lois, mais auffi l'oubli de ces règles de conduite qu'on exprime par les mots urbanité, politeffe & bon ton. Ces lois ne font pas écrites, & leur exécution eft indépendante du pouvoir fouverain ; mais dans le cercle où elles font adoptées on s'y conforme peut-être avec plus d'exactitude qu'à celles que la fanction du gouvernement a réunies en code. Une entière liberté à l'égard de pareilles règles, eft, fi je ne me trompe, abfolument néceffaire à l'*Humor*. Le Gentilhomme Campagnard *Weftern*, le *Babillard* d'Horace & *Sir Freeport* peuvent conftater la vérité de ce que j'avance. La politeffe & le bon ton renferment en effet l'art, d'extirper tous les germes de l'*Humor* que la nature a mis dans nos ames. Pour en convaincre mes lecteurs, il faut expliquer en quoi confifte l'*Humor*. Plufieurs auteurs en ont parlé comme d'un myftère impénétrable ; mais ce qu'il y a de plus extraordinaire, c'eft que d'autres en ont donné des explications affez juftes & affez claires, en affurant cependant qu'ils ne favoient pas ce que c'eft que l'*Humor*.

Je rapporterai d'abord ces explications, & je tâcherai d'en réunir les différentes idées. Congreve dit dans une lettre à Denys : « On ne peut déter-
» miner ce qu'est l'*Humor*; » & plus bas : « Il y a une grande différence
» entre une comédie où l'on trouve
» beaucoup de passages d'*Humor*,
» c'est-à-dire, exprimés avec gaieté,
» & celle dont les caractères sont tel-
» lement conçus, qu'ils servent à dis-
» tinguer essentiellement les person-
» nages entr'eux. Cet *Humor*, conti-
» nue-t-il, a sa source dans la diver-
» sité des qualités de l'ame, du corps
» & des inclinations des hommes. A
» mon avis, l'*Humor* est une manière
» particulière & inévitable d'agir &
» de parler, qui, entre tous les hom-
» mes, n'appartient proprement qu'à
» un seul, & qui distingue essen-
» tiellement ses actions & ses discours
» des actions & des discours des au-
» tres. Le rapport de notre *Humor*
» avec nous-mêmes & nos actions res-
» semble à celui de l'accidentel avec
» la substance. Cet *Humor* est une
» couleur, un goût, qui se répand
» sur tout l'ensemble. Quelle que soit
» la diversité de nos actions dans leurs

» objets & dans leurs formes, elles
» font, pour ainsi dire, toutes des
» éclats du même bois ». Cette explication de Congreve a été attaquée par Home (1). Selon cet auteur, les gestes nobles & majestueux, & la justesse de l'expression dans le discours devroient aussi se nommer *Humor*, si le sentiment de Congreve étoit vrai ; & il ajoute « qu'on ne peut appeller
» *Humor* rien de ce qui est décent &
» convenable, rien de ce qu'on estime
» & respecte dans les actions, dans le
» discours ou dans le caractère ».

Ben-Johnson, que j'ai cité comme un des premiers *Humoristes* de sa nation, dit dans une de ses comédies (2) : « l'*Humor*, dans le sens physique, est
» composé d'air & d'eau ; ses qualités
» font d'être humide & fluide. Versez
» de l'eau par terre, elle coulera en
» l'humectant. L'air coule de la même
» manière, lorsqu'il est forcé de passer
» par le cors ou la trompette ; il
» s'échappe soudain en laissant une

---

(1) *Elements of Criticism*, Tome I, p. 369.
(2) *Every Man out of his Humour.*

» espèce de rosée après lui. De-là je
» conclus que ce qui est humide &
» fluide, & n'a par conséquent au-
» cune consistance, est *Humor*. On
» appelle ainsi le phlegme, le fluide
» colérique ou mélancolique du corps
» humain, & par une métaphore
» l'ame peut aussi avoir son *Humor*,
» lorsque par, exemple, une qualité
» particulière domine tellement un
» homme, qu'elle force ses esprits vi-
» taux, ses facultés morales & leurs
» opérations à suivre une impulsion uni-
» forme & constante ».

Ces trois explications peuvent servir à en former une quatrième, qui
à mon avis sera satisfaisante. Selon
moi, *l'Humor* est donc une forte impulsion de l'ame vers un objet particulier, que l'homme juge très-important quoiqu'il ne le soit pas, &
par lequel en s'en occupant sans cesse,
avec une attention & un sérieux outrés, il se distingue des autres d'une
manière ridicule. Si cette explication
est juste, comme je l'espère, mes
lecteurs remarqueront aisément, combien *l'Humor* blesse la politesse & le
bon ton, puisque l'une & l'autre sont

l'art de conformer notre conduite à de certaines règles tacitement adoptées & généralement fuivies par tous ceux qui vivent avec nous dans la fociété.

Jufqu'ici je me fuis occupé de l'*Humor* dans les caractères ; parlons à-préfent de celui qui règne dans les écrits. Le fingulier & un certain férieux, qui excitent à rire, font les fignes de *l'Humor* de caractère ; & ils le font auffi de l'*Humor* dans les écrits. Ce fingulier & ce rifible fe trouvent ou dans l'invention (1) ou dans le ftyle (2). Un auteur poffède le véritable *Humor*, lorfqu'avec un air de gravité il peint les objets avec des couleurs qui excitent à la gaieté & provoquent le rire. Nous remarquons fouvent dans la fociété l'effet que cet *Humor* produit fur l'ame. Lorfque, par exemple, deux perfonnes amufent une affemblée par des contes plaifans, celle qui en rit avant que de parler, n'intéreffera & ne divertira jamais autant que celle qui raconte gravement & fans dérider le front. La raifon

---

(1) *Voyages de Gulliver.*
(2) *Tom-Jones.*

en est probablement dans la force avec laquelle chaque contraste frappe notre ame. Il y a des auteurs, qui traitent des sujets sérieux dans un style comique, comme, par exemple, le Tassoni dans le *Sceau enlevé*, & Scaron dans le *Typhon*. De pareils auteurs excitent sans doute à la gaieté ; mais comme ils sont l'opposé des véritables *Humoristes*, on ne peut pas trop bien les ranger dans cette classe. Ils n'ont que le burlesque qui est très-différent de *l'Humor* (1). Mais cependant si leurs ouvrages sont bons, ils ne méritent pas moins d'éloges. Aucun genre de poésie n'est méprisable depuis l'épopée & la tragédie jusqu'aux contes des fées & aux farces. Tout consiste à bien traiter son sujet, & *le Diable déchaîné* (2), peut être aussi bon dans son genre que *Zaïre* dans le sien. L'ironie & la parodie sont d'un grand secours aux auteurs *Humoristes*, ainsi que Lucien en fournit des preuves en grand nombre.

---

(1) Fielding dans la dissertation qui est à la tête de son Histoire de Joseph Andrews.
(2) Comédie allemande.

Dans

Dans ce genre d'écrits, les comparaifons comiques font d'un grand effet, principalement lorfqu'une partie eft prife du moral & l'autre du phyfique. Le premier chapitre de *Tom-Jones* peut fervir ici d'exemple. L'auteur s'y compare à un traiteur, fon ouvrage aux plats, & les titres des chapitres au menu. Il en eft de même de la fingulière manie du vieux Tobie Shandy, dans *Triftam Shandy*, de beaucoup de morceaux du *Spectateur*, du *Babillard*, &c.; qui tous peuvent fervir de modèles du véritable *Humor*.

Dans le *Fainéant*, comédie de Johnfon, il fe trouve auffi un morceau de ce genre. L'auteur prouve que tout ce qui eft néceffaire à une affemblée fe rencontre dans une jatte de punch. Cette boiffon, dit-il, eft compofée d'eau-de-vie, de fucs acides, de fucre & d'eau. L'eau-de-vie, qui eft inflammable & qui s'évapore facilement, eft l'image de la vivacité de l'efprit; l'acide du fuc de citron repréfente le mordant de la plaifanterie; le fucre eft l'emblême de l'indulgence & de la flatterie, & l'eau celui du bavardage infignifiant.

Les auteurs qui font doués de l'*Humor* de caractère, le manifestent aussi dans leurs écrits ; il leur en échappe même des traits malgré eux, lorsqu'ils veulent traiter un sujet sérieux & grave. Sir Robert l'Estrange, dans sa traduction de Josephe, parle d'une reine qui avoit les passions violentes, & à laquelle un ambassadeur fit une proposition qui lui déplut. A peine le discours de celui-ci fut-il achevé, que la reine se leva subitement. Sir Roger traduit ainsi ce passage : *Scarce had the ambassador finished his speech, but presently up was madam.* Personne ne sera étonné de l'*Humor* qui règne dans les écrits de la Fontaine, lorsqu'il saura qu'un jour cet auteur demanda très-sérieusement à un ecclésiastique (1), qui avoit eu le plus d'esprit de Saint Augustin ou de Rabelais ? Un auteur *Humoriste* fait mieux d'attaquer les peti-

―――――――――――――――――――

(1) Personne n'ignore que la Fontaine fit cette question à Boileau, frère du célèbre poëte de ce nom, qui se contenta de lui répondre, qu'il avoit mis un bas à l'envers, ce qui étoit vrai. *Note du Traducteur.*

tes fautes que les grands vices. Les hommes fans y penfer y tombent à toute heure ; ils ont donc befoin d'en être avertis, tandis que les loix veillent à réprimer les crimes. L'archevêque de la Cafa avoit par conféquent raifon de dire, qu'il feroit plus reconnoiffant d'un moyen de fe garantir de la piqûre des infectes, que de celui de prévenir les morfures des tigres & des lions.

Voilà ce que j'avois à dire fur mon antidote de la mélancolie : j'exhorte tous ceux qui en effuyent de fréquens accès à employer quelques pages de Lucien, *de Don Quichotte*, de *Tom-Jones*, de *Triftam Shandy*, & d'autres ouvrages de ce genre ; dont ils ne tarderont pas à éprouver les falutaires effets. K.

Fin du Tome premier.

ERRATA.

PAGE 9, *note* (1), Afénius : *lifez* Afinius.
—— *Note* (5), *ligne* 1 : *lifez* ἡ εν Κηποις.
Page 12, *note* (2), *ligne* 3 : *lifez* πλην ὁσα.
Page 16, *ligne* 12, préférent : *lifez* préférerent.
Page 17, *note* (3), Admirianda : *lifez* Admiranda.
Page 27, *note* (2), *ligne* 1 : *lifez* Μοιρων πρεσβοτατη.
Page 38, *note* (3), *ligne* 5, Benfof : *lifez* Denhof.
Page 42, *note*, *ligne* 14 : *lifez* απο στηθεσφιν.
Page 47, *ligne* 4, mauvraife : *lifez* mauvaife.
Page 48, *note* (2), *ligne* 3, De'vallieri : *lifez* De'Cavallieri.
Page 59, *note* (2), *ligne* 4, contabernio : *lifez* contubernio.
Page 67, *note* (1) : *lifez* ἡλικια —— —— προηκοντας ονομαζουσι.
Page 70, *ligne* 12, une hymne : *lifez* un hymne.
Page 72, *ligne* 19, brute : *lifez* brut. —— *Note*, *ligne* 2 θηροτυποι.
Page 73, *note*, *ligne* 10 : *lifez* φηρειον.
Page 76, *ligne* 22 : *lifez* ουντος.
Page 77, *note* (2), *ligne* 2 : *lifez*, Παριου λιθου.
Ibid —— *ligne* 7 : *lifez* ετερον.
Page 79, *note* (2), *ligne* 10 : *lifez* σκοπευειν.
Ibid —— *ligne* 14 : *lifez* χειρα.
Page 80, *note*, *ligne* 3 : *lifez* αποσκοπουντα.
Ibid —— *ligne* 10 : *lifez* ευπεταλαν —— —— —— ακραις.
Ibid, *note* (1), *ligne* 2 : *lifez* Σιληνων —— δασυκνημοισ.
Page 81, *note* 1, *ligne* 3 : *lifez* σειο ; *ligne* 9, d'Afinus : *lifez* d'Afinius.

Page 82, *note* (2), *ligne* 1 : *lisez* Του Σιληνου.
Page 84, *ligne* 5, une hymne : *lisez* un hymne ; *ligne* 6, une : *lisez* un.
Page 84, *note* (1), *ligne* 2. *lisez* αιγοπροσωπον.
Page 88, *note* (1), *ligne* 2 : *lisez* χιτωνες-καλουσι.
Page 106, *ligne* 8, unuques : *lisez* eunuques.
Page 116, *ligne* 3, de ces Romans : *lisez* de ce Roman.
Page 117, *ligne* 4, idécentes : *lisez* indécentes.
Page 119, *ligne* 10 *de la note*, daté : *lisez* datée.
Page 148, *ligne* 7, conçue : *lisez* conçu.
Page 154, *ligne pénultième*, regardée, *lisez* regardé.
Page 156, *ligne pénultième*, fur même pied : *lisez* fur le même pied.
Page 170, *ligne dernière*, tué *lisez* tués.
Page 171, *ligne* 4, battoit : *lisez* battoient.
Page 185, *ligne* 14, extravangantes, *lisez* : extravagantes.
Page 191, *ligne* 8, tures : *lisez* aventures.
Page 192, *note*, *ligne dernière*, pofeffion, *lisez* : profeffion.
Page 205, *ligne* 15 *de la note*, apparence, *lisez* : apparente.
Page 222, *ligne* 21, trouver : *lisez* prendre.
Page 282, *ligne* 21 d'un efprit : *lisez* un efprit.
Page 283, *ligne dernière* : *effacez* donc.
Page 287, *ligne* 11 : *après* pendant *mettez* ; au lieu de,
Page 332, *ligne* 12, beau-frère, *lisez* : beau-père.
Page 339, *ligne* 21, beau-frère, *lisez* : beau-père.
Page 354, *ligne* 19 : *effacez* ce.
Page 367, *ligne* 5, au l'afpect, *lisez* à l'afpect.

APPROBATION.

J'AI lu, par odre de Monseigneur le Garde-des-Sceaux, un Ouvrage intitulé, *Recueil de Pièces intéressantes sur l'Antiquité, la Littérature & les Beaux-Arts, par MM.* * * * ; & je n'y ai rien trouvé qui m'ait paru devoir en empêcher l'impression. A Paris, ce 27 Août 1787.

SUARD.

PRIVILEGE DU ROI.

LOUIS, PAR LA GRACE DE DIEU, ROI DE FRANCE ET DE NAVARRE, à nos amés & féaux Conseillers, les Gens tenans nos Cours de Parlement, Maîtres des Requêtes ordinaires de notre Hôtel, Grand-Conseil, Prévôt de Paris, Baillifs, Sénéchaux, leurs Lieutenans-Civils, & autres nos Justiciers qu'il appartiendra : SALUT. Nos amés les Sieurs MM.***, Nous ont fait exposer qu'ils desireroient faire imprimer & donner au Public un Ouvrage intitulé, *Recueil de Pièces intéressantes sur l'Antiquité, la Littérature & les Beaux-Arts*; s'il Nous plaisoit leur accorder nos Lettres de Privilege pour ce nécessaires. A ces causes, voulant favorablement traiter les Exposans, Nous leur avons permis & permettons par ces Présentes, de faire imprimer ledit Ouvrage autant de fois que bon leur semblera, & de le vendre, faire vendre & débiter par tout notre Royaume ; Voulons qu'ils jouissent de l'effet du présent Privilege, pour eux & leurs hoirs, à perpétuité, pourvu qu'ils ne le rétrocedent à personne ; & si cependant ils jugeoient à propos d'en faire une cession, l'acte qui la contiendra sera enregistré en la Chambre Syndicale de Paris, à peine de nullité, tant du Privilege que de la Cession; & alors, par le fait seul de la Cession enregistrée, la durée du présent Privilége sera réduite à celle de la vie des Exposans, ou à celle de dix années, à compter de ce jour, si les Exposans décedent avant l'expiration desdites dix années; le tout conformément aux articles IV & V de l'Arrêt du Conseil du 30 Août 1777, portant Réglement sur la durée des Priviléges en Librairie. Faisons défenses à tous Imprimeurs, Libraires, & autres personnes de quelque qualité & condition qu'elles soient, d'en introduire d'impression étrangere dans aucun lieu de notre obéissance; comme aussi d'imprimer, ou faire imprimer, vendre, faire vendre, débiter ni contrefaire ledit Ouvrage, sous quelque prétexte que ce puisse être sans la permission expresse & par écrit desdis Exposans, ou de celui qui les représentera, à peine de saisie & de confiscation des Exemplaires contrefaits, de six mille livres d'amende, qui ne pourra être modérée pour la premiere fois, de pareille amende & de déchéance d'état en cas de récidive, & de tous dépens, dommages & intérêts, conformément à l'Arrêt du Conseil du 30 Août 1777, concernant les contre-façons: à la charge que ces présentes seront enregistrées tout au long sur le Registre de la Communauté des Imprimeurs Libraires de Paris, dans trois mois de la date d'icelles; que l'impression dudit Ouvrage sera fait dans Notre Royaume & non ailleurs, en beau papier & beaux caracteres, conformément aux Réglemens de la Librairie, à peine de déchéance du présent Privilege; qu'avant de l'exposer en vente, le Manuscrit qui aura servi de copie à l'impression dudit Ouvrage, sera remis, dans le même état où l'Approbation y aura été donnée, ès mains de Notre très-cher & féal Chevalier Garde-des-Sceaux de France le Sieur DE LA MOIGNON, Commandeur de nos Ordres; qu'il en sera ensuite remis deux exemplaires da notre Bibliotheque publique, un dans celle de notre Château du Louvre, un dans celle de notre très-cher & féal Chevalier Chancelier de France, le sieur DE MAUPEOU,

& un dans celle dudit Sieur DE LA MOIGNON : le tout à peine de nullité des Présentes, du contenu desquelles vous mandons & enjoignons de faire jouir lesdits Exposans & leurs hoirs, pleinement & paisiblement, sans souffrir qu'ils leur soit fait aucun trouble ou empêchement. VOULONS que la copie des Présentes qui sera imprimée tout au long au commencement ou à la fin dudit Ouvrage, soit tenue pour duement signifiée, & qu'aux copies collationnées par l'un de nos amés & féaux Conseillers Secrétaires, foi soit ajoutée comme à l'Original. Commandons au premier notre Huissier ou Sergent sur ce requis, de faire, pour l'exécution d'icelles, tous actes requis & nécessaires, sans demander autre permission, & nonobstant clameur de Haro, Charte Normande & Lettres à ce contraires : CAR tel est Notre plaisir. Donné à Versailles, le vingt-septieme jour du mois de Septembre l'an de grace 1787, & de notre Regne le quatorzieme.

LE BEGUE.

Regiſtré ſur le Regiſtre **XXIII** *de la Chambre Royale & Syndicale des Libraires & Imrimeurs de Paris N°. 1185, folio 358, conformément aux diſpoſitions énoncées dans le préſent Privilege ; & à la charge de remettre à ladite Chambre les neuf Exemplaires preſcrits par l'Arrêt du Conſeil du 16 Avril 1785. A Paris, le 2 Octobre 1787.*

KNAPEN, Syndic.

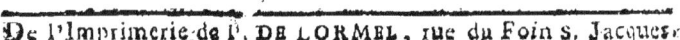

De l'Imprimerie de P. DE LORMEL, rue du Foin S. Jacques.

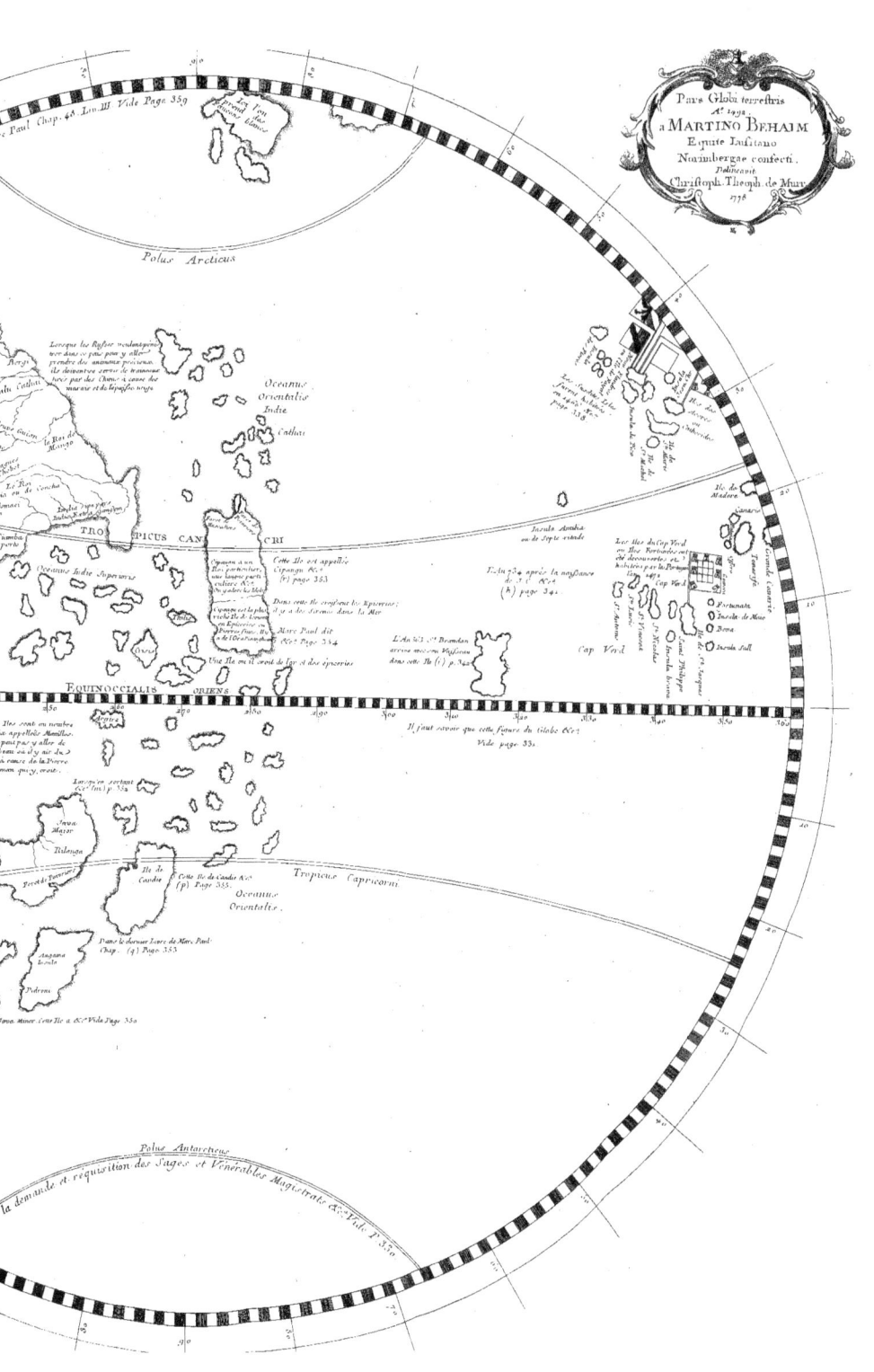

www.ingramcontent.com/pod-product-compliance
Lightning Source LLC
Chambersburg PA
CBHW052236220526
45471CB00001B/62